水－耕地－粮食关联研究

——以东北地区为例

向　雁　陈印军　侯艳林　著

中国农业科学技术出版社

图书在版编目（CIP）数据

水-耕地-粮食关联研究：以东北地区为例 / 向雁，陈印军，侯艳林著．—北京：中国农业科学技术出版社，2020.10

ISBN 978-7-5116-4996-6

Ⅰ.①水… Ⅱ.①向…②陈…③侯… Ⅲ.①粮食-生产-研究-东北地区 Ⅳ.①F326.11

中国版本图书馆 CIP 数据核字（2020）第 169454 号

责任编辑 徐 毅
责任校对 马广洋

出 版 者 中国农业科学技术出版社
北京市中关村南大街 12 号 邮编：100081
电 话 (010)82106631(编辑室) (010)82109702(发行部)
(010)82109709(读者服务部)
传 真 (010)82106631
网 址 http://www.castp.cn
经 销 者 各地新华书店
印 刷 者 北京建宏印刷有限公司
开 本 880 mm×1 230 mm 1/32
印 张 10.125
字 数 300 千字
版 次 2020 年 10 月第 1 版 2020 年 10 月第 1 次印刷
定 价 45.00 元

《水-耕地-粮食关联研究》
——以东北地区为例

著者名单

主著人员　向　雁　陈印军　侯艳林

参著人员　姜文来　易小燕　黄　霞

内容简介

本书基于1990—2017年时序数据和GIS空间分析方法，剖析了东北地区水、耕地和粮食的基本态势和时空演变特征；利用LMDI、虚拟耕地、综合灌溉定额等方法探讨了粮食生产与耕地、水资源利用的关联性；构建了水—耕地—粮食关联模型（WLF），测算了4种情境下的水、耕地和粮食三者关联关系；建立了水—耕地—粮食LSTM综合预测模型，预测了未来水、耕地和粮食三者关联状况；最后提出了相应调控策略，为农业绿色发展背景耕地资源保护与利用转型提供支撑。

关键词：粮食安全；耕地资源；水资源；水—耕地—粮食关联性；东北地区

前　言

“国以民为本，民以食为天”“手中有粮心中不慌”“无农不稳，无粮则乱”，粮食是国家长治久安的重要基础，水和耕地是支撑粮食生产最重要的资源。东北地区是我国的粮食主产区，也是种植结构优化的重点区域，研究其水—耕地—粮食关联关系，对促进区域粮食可持续生产与水土资源可持续利用具有重要意义。要探究这一问题，需要回答以下 5 个关键问题：（1）以何种研究方法评价水资源、耕地资源、粮食生产三者关联关系？（2）区域水—耕地—粮食关联的空间状况如何？（3）如何有效识别平衡区、缺水区、缺地区？（4）水—耕地—粮食关联关系能否改善？（5）水—耕地—粮食关联关系如何改善？

基于以上关键问题，本书分 3 个主要层次展开剖析。一是从水、耕地、粮食单要素着手，分析其时空演变特征；二是从水、耕地、粮食二元关系着手，揭示粮食-水、粮食-耕地之间的关系以及水土匹配状况和粮食生产变化与种植结构调整对水、耕地利用的影响；三是构建水—耕地—粮食三者关联模型（WLF），分 4 种情境解析其关联关系的时空分布特征和影响因素作用强度，识别平衡区、缺水区、缺地区，判断是否还有改善空间。

全书分为十章。第一章至第三章，为本书的绪论、国内外研究进展、理论基础和分析框架部分；第四章至第五章，明确了东北地区耕地、水资源、粮食生产的时空演变特征；第六章至第七章分别剖析了粮食与耕地、水之间的关联关系及其空间分布格局；第八章构建了水—耕地—粮食三者关联模型，探讨了多情境下关联状况；第九章建立了水—耕地—粮食的 LSTM 综合预测模型，提出了未来水、耕地和粮食关联调控策略；第十章概括了本研究的主要结论、创新点、不足与展望。本书基于以上分析内容，在时间尺度上涵盖了过去、现在和未来；在空间尺度上，包括东北地区、省域尺度、地市级尺度。本书的创新之处：一是构建了水—耕地—粮食关联模型，评价水、耕地与粮食生产的适宜和满足程度；二是建立了水—耕地—粮食的 LSTM 综合预测模型，提高了预测精度；三是揭示了东北地区粮食生产结构调整与水、耕地资源的关系，提出了调控策略。

本书以向雁的博士研究论文为基础修改调整而来，指导老师为陈印军研究员。本书是“农业绿色发展背景下的耕地质量保护转型策略研究（编号 1610132020034）”课题成果之一，得到了中国农业科学院基本科研业务专项——所级统筹项目的资助。出版本书，希望引起大家对水—耕地—粮食关联的广泛关注，并为管理决策部门调控水资源、耕地资源和粮食生产提供参考依据，为农业研究提供更为精确的方法和更多的可能性。借此成书机会，再次感谢尹昌斌研究员、罗其友研究员、尤飞研究员、雷波研究员、张洋副研究员、刘洋副研究员等在博士期间对论文的指导和帮助，感谢徐子恺教授、王红瑞教授、柳长顺教授、陈永福教授、赵敏娟教授、董晓霞研究员、李哲敏研究员、王强研究员、罗良国研究员等在博士开题、中期以及答辩汇报中提出的宝贵修改意见，感谢郦建强总经济师在水资源信息收集方面给予的帮助。本书得到了中国农业科学技术出版社的支持，他们为本书的出版花费了大量的心血，对此，深表感谢。

水—耕地—粮食关联研究是一项非常庞大的综合性系统工程，考虑的因素多、涉及面广，本书只是以东北地区为例，基于现掌握的资料和数据对“水—耕地—粮食关联关系”开展的研究，尚不能回答水—耕地—粮食关联的全部问题。另外，受认识水平所限，本书难免存在不足之处，期待有关专家、学者提出宝贵意见。

著者

2020 年 6 月于中国农业科学院农业资源与农业区划研究所

目　　录

第一章　绪　论

一、研究背景

（一）水—耕地—粮食安全是全球可持续发展急需解决的现实问题

粮食问题自古以来就是维持社会稳定的关键问题，近年来粮食问题获得了国际社会高度关注。例如，2008 年爆发国际粮食危机，粮食价格持续上涨；2012 年 7 月随着北美气候极端变化，国际粮价大涨，国际大豆、玉米两大品种期货价格均刷新历史最高纪录。在世界粮食能源化、金融化的趋势下，各国争相抢占粮食市场的话语权，粮食安全越发重要。确保粮食安全，一是要有充足的粮食供给；二是要有充分获得粮食的能力，两者缺一不可。联合国粮农组织对国家谷物库存设定的安全系数，小于 17%是不安全状态，低于 14%则需要进入紧急状态。

从国际粮食供给来看，气候变化或自然灾害会让国际粮食市场存在较大不确定性。从 20 世纪 80 年代开始，极端天气影响的日益加剧，导致了世界上很多国家的粮食增长幅度减小，有的地区粮食产量停滞不前，部分粮食生产国家和地区甚至产生了负增长。此外，因为当前国际贸易条约的限制，导致部分粮食主产国家和地区一直在不停地调整粮食生产战略和布局，对全球粮食产量产生了深远影响。从粮食需求方面看，人口数量逐年递增，食品结构日益升级，对粮食需求的数量和质量提出了更高要求，激化了全球粮食供需矛盾。

随着人口的迅速增长和气候的变化，粮食生产系统的压力预计在未来几十年会持续增加。近年来，不少学者提出通过养分和水分管理缩小作物产量差距是减轻粮食生产系统压力的一种方法（FOLEY et al.，2011；MUELLER et al.，2012），但这些战略的净效益取决于不受资源限制的环境，特别是要不受水供应的限制。灌溉是耗水大户，约占全球淡水取水量的70%和耗水量的90%（FAURES et al.，2010）。为了最大限度地提高作物产量，全球灌溉用水需要增加146%（DAVIS et al.，2017）。未来气候变化也是不可忽略的一个因素，粮食作物中玉米和小麦的产量受气候变化减产的可能性很大（MICHEAL et al.，2017）。水资源利用率的下降会抑制农业生产的扩张，未来甚至难以维持农业的可持续生产。故此，水—耕地—粮食问题是全球可持续发展急需解决的现实问题，主要在于如何在资源环境约束下，实现粮食产能的提高、结构的优化，满足越来越多的人口对粮食日益多样化的需求。粮食问题任何时候都是需要关注与研究的热点问题，资源约束是影响粮食生产的关键因素，相关研究领域应进一步拓展。

（二）我国水—耕地—粮食安全出现新的挑战

我国是世界上人口最多的国家，我国的粮食安全不仅对本国的经济发展和社会稳定具有重要意义，而且对全球粮食格局也至关重要（JIANG et al.，2017）。自20世纪70年代末以来，我国农业发生了巨大变化。30多年来，农业以平均每年4.6%的速度增长（中国农业统计年鉴，2018）。党的十八大以来，国家提出了新粮食安全观，确立了“以我为主、立足国内、确保产能、适度进口、科技支撑”的国家粮食安全战略。我国用全球9%的耕地、6%的淡水资源，生产了世界近1/4的谷物，养活了占世界1/5的人口（人民论坛，2019）。同时，我国农业和非农就业的增长提高了农民的收入，大大减少了农村的贫困，短短40年时间创造了人类减贫历史上的奇迹。

虽然过去取得了巨大的成就，但随着我国进入农业快速发展阶段，旧的矛盾日益加剧，新的挑战也逐渐出现。首先，粮食产量实现连增的同时，对农业生态环境、水、土壤等资源造成了越来越大的压力。我国粮食产量的增加对资源环境产生了一定负面影响（ZHANG et al.，2013；LU et al.，2015）。尤其是20世纪90年代以来，我国的城市化和工业化进入了加速阶段，大量的优质农田被占用、耕地质量下降、土壤污染、水资源短缺、水污染等都加剧了粮食安全问题（陈印军等，2019）。同时，较高的粮食生产成本降低了在全球农业市场的竞争力，进一步引发了我国对粮食安全的关注（HUANG et al.，2017）。

认识到这些挑战，我国政府采取了一系列强有力的政策措施。一是农业由征税转向补贴。2006年国家取消农业税，并引入农业补贴计划。主要有“良种补贴”“农机购置补贴”“种粮直补”“农资综合补贴”等直接补贴和其他技术、保险、生态补偿等间接补贴；二是努力调整农产品价格政策支持系统。主要通过实施稻谷、小麦最低收购价和油菜籽、食糖临时收储政策以及2014年开始实施的东北和内蒙古自治区大豆、新疆维吾尔自治区棉花目标价格政策，2016年开始实施的玉米“市场定价+价补分离”政策，以保障农民收入；三是调整粮食自给率目标，提高农产品竞争力。在20世纪90年代中期之前，国家的目标是几乎完全实现粮食自给自足，粮食自给率水平自1996年以来一直在95%上下。然而，随着饲料谷物需求的增加以及土地和水资源的限制，人们发现95%的粮食自给率是不可能的。2014年后，“确保谷物的自给自足和口粮的绝对安全”已成为新的国家粮食安全目标。同时，为了提高农产品竞争力和农民收入，近年来的重大政策主要集中于土地整理上，包括土地确权、土地流转、永久基本农田的划分等一系列措施。四是努力提高农业生产可持续生产能力。为稳步提升粮食产能，国家提出了“藏粮于地”“藏粮于技”的新战略与新路径，通过建设高标准农田、实施化肥农药减施、“土壤污染防治”“轮作休耕试点”等措施维持耕地的可持续生产能力。

由于我国一系列保障粮食安全政策的实施，从2004—2015年我国粮食实现“十二连增”，粮食供求总量基本平衡。但需要清醒地认识到，水资源和耕地的问题只是暂时得到缓解，长期问题依然存在。粮食总产增长的同时，生产与消费结构也发生了较大变化，粮食作物结构问题无疑也给我国的粮食安全带来了更大的压力。同时，由于各粮食作物单位产量的耗水和耗地程度差异，在确保粮食总产增长的同时，粮食内部种植结构调整势必也会影响我国粮食生产的水土资源消耗。区域间水土资源不均衡和区域水资源相对短缺已成为制约农业生产乃至国家粮食供给安全的主要瓶颈之一。基于水土资源约束条件下的粮食安全的目标如何保证、粮食的可持续生产能力如何实现、粮食作物内部结构如何调整成为我国政府急切关心的现实问题。

（三）东北地区面临新一轮粮食生产及种植结构调整的压力较为突出

东北地区是我国重要的粮食主产区，然而黑土地退化，水资源分布不均成为制约区域发展的瓶颈要素。随着改革开放的进程不断加快，东北近年来一直处于结构调整和转型升级的挣扎中，东北粮食问题更是受到广泛关注。为此，以习近平同志为核心的党中央提出了供给侧结构性改革的新战略，解决我国粮食有效需求不足问题。2018年9月，习近平总书记在东北三省进行党中央关于东北振兴的一系列决策部署考察，他强调“中国粮食，中国饭碗”“绿色发展要有可持续性，农业生产不能竭泽而渔”。可见，东北地区的“一碗米”，连着天下粮仓，连着乡村振兴的大战略。

东北一直是我国的“大粮仓”。2017年东北三省区以占全国19.63%的粮食作物播种面积生产了占全国21%的粮食，水稻、玉米和大豆产量占全国比重分别为18.46%、33.75%和52.85%，外调粮食量占全国60%以上，是全国粮食增产最快、贡献最大的区域。东北地区粮食生产直接影响到全国粮食生产水平，在我国粮食安全保障体系和农业生产中占有重要地位。东北地区粮食作物主要包括玉米、稻谷、春麦、大豆、马铃薯、小麦等，2017 年东北三省区玉米、水稻、大豆、马铃薯、小麦和其他粮食作物播种面积分别占全区粮食作物播种总面积的 54.90%、22.72%、17.40%、1.37%、0.47%和 3.14%，其中，玉米、水稻和大豆三大作物共占了东北三省区粮食作物播种总面积的 95.02%，而玉米面积超过了 1/2。

面对东北地区粮食作物的结构不合理，中共中央、国务院先后颁布文件，致力于优化东北地区玉米种植结构和区域布局，《关于“镰刀弯”地区玉米结构调整的指导意见》将东北冷凉区、北方农牧交错带等地划为玉米调减的重点区域，要求从时间和空间上合理布局，科学引导不同类型区域农业结构调整（农业部，2015）。2016 年农业部等部门印发《探索实行耕地休耕轮作制度试点方案》，率先在东北冷凉区、北方农牧交错区等地开展玉米与大豆轮作。东北地区地貌类型多样、区域差异明显，山区水多地少，平原地多水少，由此决定了水土资源匹配的区域差异性。耕地内部结构中，“旱改水”明显多于“水改旱”，在水资源如此紧张的情况下，东北地区水—耕地—粮食三者的关联关系以及种植结构调整的影响就尤为重要。

二、研究意义

（一）为水土资源匹配以及水土粮的关联研究提供新的视角

水资源的数量和利用情况直接影响耕地资源的生产能力，耕地资源的开垦程度也制约着水资源的开发利用，同时，粮食种植结构的调整也对耕地和水资源提出新的需求。水—耕地—粮食三元的时空匹配程度直接影响着区域农业的可持续发展与资源的可持续利用，尤为重要。本研究尝试直接建立水—耕地—粮食关联模型，可以很好地描述三者资源匹配及分区情况。并基于水资源可利用量、水资源总量控制目标和可利用耕地、可利用灌溉耕地的不同水土资源匹配情况，提出了4种不同的水—耕地—粮食关联情境。以期为水土资源匹配以及水—耕地—粮食三者的关系研究提供新的视角。

（二）为管理决策部门提供“控”与“调”的决策参考

一方面，本研究在全面进行水资源评价的基础上，分析了种植结构调整对综合灌溉定额和灌溉需水的影响，其空间分布情况有助于细化地市级的水资源控制红线，以水定产、以水定地，控制灌溉规模，为相关部门提供“控”的决策参考；另一方面，本研究分析过去近30年的种植结构变化特征以及水—耕地—粮食的空间匹配分布，可为新一轮种植结构调整提供空间指引，为相关部门提供“调”的决策参考。

（三）有助于提高公众对灌溉定额及灌溉需求的认识

公众参与是提升我国节水灌溉的重要途径。尽管目前用水“红线”理念已基本普及，但水资源利用现实活动中用水“红线”意识与违规、违法行动的背离依然存在，水资源浪费依然普遍，不少地区仍未制定合理的灌溉定额。这就对加强水资源保护与管理的公众认知提出了要求。本研究将结合东北地区水资源的基本态势和用水控制目标，从时间和空间两个纬度以及省级和地市两个尺度分析粮食作物综合灌溉定额与灌溉需水量的时空差异、种植结构调整对综合灌溉定额与需水量的影响。本研究将有助于切实提高公众对灌溉定额与灌溉需求的认识。

（四）有助于LSTM模型在农业领域的运用

构建人工智能平台是农业信息化的必然趋势。目前深度学习（Deep Learning）已广泛应用于智能农业的病虫害检测、植物和水果识别、农作物及杂草检测与分类、农业产量及环境预测等研究中。本研究尝试引入深度学习中的长短期记忆网络（LSTM）对耕地利用、灌溉水资源利用以及粮食作物结构等进行预测，为深度学习在农业领域的运用拓宽了渠道。

三、研究方案

（一）研究区域

东北地区一般指辽宁、吉林和黑龙江 3 省以及内蒙古东部 4 盟市，其中，辽宁、吉林和黑龙江 3 省为东北地区的主体部分。本研究所指东北地区范围为辽宁、吉林和黑龙江 3 省，其土地总面积为 $79.18\times10^4 km^2$，共 36 个地市级单元。辽宁省下辖 14 个地级市，吉林省下辖 8 个地级市和延边朝鲜族自治州，黑龙江省下辖 12 个地级市和大兴安岭地区、黑龙江垦区。黑龙江垦区数据根据各农垦农场所在地分解到所属地市。因此，本研究共包括 36 个地市级单元，辽宁省 14 个，吉林省 9 个，黑龙江省 13 个。

（二）研究目标

（1）诊断东北地区耕地、水资源、粮食生产的基本态势。

（2）明确水土资源利用与粮食生产的空间分布及演变特征。

（3）探索粮食生产结构调整对水土资源利用的影响。

（4）剖析水资源、耕地资源、粮食生产之间的关联关系。

（5）尝试多种方法在耕地、水与粮食综合预测中的运用。

（6）提出东北地区水土资源匹配与粮食生产结构优化路径。

（三）主要内容

第一章：绪论。阐述选题的 3 个方面背景与研究的四大意义，明确了研究方案、方法与技术路线。

第二章：水—耕地—粮食研究进展。梳理归纳了水土资源及粮食生产相关的研究进展，包括耕地与粮食生产的关系、耕地数量保障范畴与目标争议、耕地利用变化研究的两大类方向、耕地的可持续生产能力、水资源配置思想的转变、水资源投入与粮食生产的关系、粮食生产的水资源承载力、粮食作物虚拟水与水足迹、灌溉需水量与作物需水量、灌溉与雨养的产量差距、综合灌溉定额与种植结构、水土资源匹配的重要性、水土资源匹配的生态学与地理学解释、水土资源匹配测算、粮食结构调整的水土资源效应等方面，最后分析判断了相关研究的进程与存在问题，从5个方面挖掘了进一步研究的空间。

第三章：理论基础与分析概述。明确了耕地、水资源、粮食在本研究的含义，界定了研究范畴，详细地阐释了支撑研究的自然经济学、农业经济学、资源地理学等理论基础，归纳了水土资源利用与粮食生产空间分布、粮食作物虚拟耕地测算、粮食结构调整对耕地利用效应的影响、灌溉用水综合灌溉定额计算、水土资源匹配、水—耕地—粮食关联、LSTM 模型，并详细介绍了研究区域界定、地形地貌、气候条件、土壤条件概况以及数据来源。

第四章：水—耕地—粮食时序变化特征。以水—耕地—粮食关系要素为基础，从黑龙江、吉林、辽宁 3 省级和东北总体的角度，系统分析耕地资源、水资源和粮食生产的各指标总体特征与长时间序列的变化特征。耕地资源包括耕地总量、耕地利用结构、耕地质量等别、耕地灌溉面积 4 个方面，水资源包括水资源总量、供水能力、水资源开发利用率、用水量、用水总量控制目标、农田灌溉用水量 6 个方面，粮食生产包括粮食总播种面积、粮食总产量、粮食作物结构、玉米生产、水稻生产、大豆生产、小麦生产、杂粮生产 8 个方面。

第五章：水—耕地—粮食空间分布及演变特征。从空间角度出发，分析耕地、水和粮食的分布与变化特征，进一步明确东北地区水田与旱田的转换特征、新增耕地与减少耕地的空间分布等问题，为后续章节粮食作物结构调整问题提供依据；在水资源及其利用的空间分布方面，主要对水资源总量、供水量、水资源开发利用等级、总量与用水量的匹配、灌溉用水量等相关指标进行空间上的可视化分析；对于粮食生产的空间分布，主要从粮食总体以及玉米、水稻、大豆、小麦、杂粮等主要粮食作物的空间相关性、重心迁移以及播种面积比例的时空演变进行分析。

第六章：粮食-耕地关联研究。研究耕地利用与粮食生产之间的关系以及空间分布格局。首先，运用对数平均迪氏分解法（LMDI）将影响 1990—2017 年东北地区粮食生产变化的耕地利用因素分为规模效应、强度效应、结构效应和产能效应，并对各统计量进行描述性分析；其次，对耕地利用效应各分解因素从时间和空间两个维度上的协同性和差异性进行科学分析；进而，从虚拟耕地角度入手，探析玉米、水稻、大豆、小麦、杂粮 5 种粮食内部作物结构变化对耕地利用的影响。

第七章：粮食-水关联研究。研究水资源与粮食生产之间的关系以及空间分布格局。首先，根据各地主要粮食作物的灌溉定额，计算综合灌溉定额，分析粮食作物综合灌溉定额变化及其影响因素，探究其时空分布；其次，对粮食灌溉需水量从时间和空间两个维度上的协同性和差异性进行科学分析；进而，探析玉米、水稻、大豆、小麦、杂粮 5 种粮食内部作物结构变化对灌溉需水量的影响。

第八章：水—耕地—粮食关联研究。研究水资源、耕地与粮食生产的关联关系以及空间分布格局。首先，利用水土匹配系数分析区域水资源与耕地资源的匹配关系的空间分布及演化特征；其次，对 4 种情境下区域粮食生产可供利用水资源及耕地资源匹配状况与粮食生产对水资源需求和耕地资源利用状况的关联关系进行分析，评价水资源、耕地资源与粮食生产的适宜程度和满足程度；进而，剖析了水—耕地—粮食关联关系的影响因素。

第九章：未来水—耕地—粮食（WLF）关联及调控。在筛选时间预测常用的趋势外推模型、指数平滑模型、灰色模型、移动平均自回归、支持向量机、NAR 动态神经网络、长短期记忆模型等 7

类模型，择优预测未来粮食生产耕地、水资源利用情况和粮食种植结构变化，在此基础上对未来不同情境下的水—耕地—粮食的关联关系也进行了探讨，并结合宏观角度与中微观角度提出了破解问题的调控策略。

第十章：结论与讨论。本章总结了文章的主要研究结论、创新点、不足与展望。

四、研究方法

（一）多源信息复合

广泛采集、整理东北地区人口、国民经济、农业生产与耕地、水资源、粮食作物等基本资源的多年数据，以及与国内外农业水土资源可持续利用的相关战略、政策、法律，涉及建立东北地区水土资源对粮食支撑能力的资源保障数据库。建立东北地区以县为基本分析单元的 GIS 数据库，包括省、区、市基本属性数据，境内各地理要素及其主要属性数据。

根据研究内容，主要列举以下主要属性数据：耕地数据包括具体到东北地区省级尺度及市级尺度的 1996—2017 的国土部门统计数据。水资源数据包括 2003—2017 年东北地区省级尺度及市级尺度的降水量、水资源总量、地表水资源量、地下水资源量、总供水量、地表水源供水量、地下水源供水量、总用水量、农田灌溉用水、林牧渔业用水以及用水控制目标数据；东北地区省级及区县尺度的水稻、玉米、大豆、小麦、马铃薯、蔬菜、果树等所有粮食作物与非粮食作物的用水定额数据。2003—2017 年东北地区省级尺度及市级尺度的水稻、大豆、玉米、小麦和杂粮等粮食作物与非粮食作物的播种面积、总产与单产数据。除了录入的 GIS 空间属性数据，空间数据还包含东北地区土地利用数据，有 1990 年、1995 年、2000 年、2005 年、2010 年、2015 年 6 期数据，为更好地分析东北地区耕地的空间变化奠定数据基础。

辅助分析还包括 1990—2017 年水稻、大豆、玉米、小麦 4 种作物的收购价格与出售价格数据；2014—2018 年东北地区水稻、大豆、玉米、小麦和杂粮 5 种粮食作物所有审定品种的生育期、积温、区域单产、生产试验单产、播种期和适宜生产区数据。

（二）多模型与多指标综合

针对综合复杂的学科，多种模型与多个指标的综合研究必不可少。本研究主要体现在以下 4 个方面。

一是关于水土粮的时序特征方面：从耕地总量、耕地利用结构、耕地质量等别、耕地灌溉面积、水资源总量、供水能力、水资源开发利用率、用水量、用水总量控制目标、农田灌溉用水量、粮食总播种面积、粮食总产量、粮食作物结构、玉米、水稻、大豆、小麦、杂粮等主要粮食作物等一系列指标长时间序列的变化，全面分析水土资源与粮食生产的阶段特征。

二是关于空间分析方面：区域之间耕地时空变化，其中，涉及水田与旱田的转换，需要运用重心迁移模型判断水田与旱田的迁移方向与移动速度，同时，通过转移矩阵判断新增耕地与减少耕地的空间分布；其中，涉及水资源总量、供水量、水资源开发利用等级、水资源总量与用水量的空间匹配程度、灌溉用水量等水资源的各项指标以及粮食与各作物的空间分布与变化趋势，单纯的评价结果很难从直观上了解东北 3 省区及各地市行政区的水资源与粮食生产的空间格局，为此，本研究采用 K 均值聚类、颜色区分法以及 GIS 的空间可视化表达，来实现各行政区的水资源各项指标的区分，运用全局自相关的 Moran's I 指数、重心模型、Q 型聚类及 GIS 的空间可视化表达等方法实现粮食生产的空间演变研究。

三是在研究耕地、水、粮食二元关联与三元关联方面：引入了对数平均迪氏指数法（LMDI）、虚拟耕地模型、综合定额计算模型、改善的水土匹配模型、水—耕地—粮食关联模型。

四是关于时序拟合预测方面，对于东北地区未来情景下的耕地资源及粮食生产的变化趋势，研究采用趋势外推（TE）、指数平滑模型、灰色模型（GM）、移动平均自回归（ARIMA）、支持向量机（SVM）、动态神经网络（NAR）以及基于深度学习的长短期记忆网络模型（LSTM）等 7 类模型分别进行拟合，通过评价其拟合效果，择优进行未来情景预测。

（三）多研究尺度整合

不同地理对象的格局特征和演化过程在不同时空尺度上表现出明显的差异性。在分析东北地区水资源、粮食生产区域差异空间格局的详尽情况时，省级单元的大尺度研究有利于宏观把握耕地和粮食生产的关系，但难以反映地级单元的作用及区域内部两者相互作用的异质性。在反映揭示东北地区耕地空间分布及演变特征时，栅格尺度在空间分析上能更详尽地揭示东北其他土地类型与耕地的相互转化以及耕地内部水田与旱地分布的区域差异。本研究涵盖东北地区、黑龙江省、吉林省、辽宁省、36 个地级市以及空间 100m 栅格数据等多个研究尺度，并结合时间与空间，综合考虑多个时空尺度上的复杂特性，能为不同区域因地制宜地开展粮食优化布局提供有针对性的依据。

（四）总体研究与分类研究结合

水—耕地—粮食关联研究是一个复杂的系统工程，需要集资源学、地理学、经济学、社会学等多学科于一体，总体研究与分类研究相结合。一方面，统筹考虑耕地、水、粮食单一对象的时空演化，耕地与粮食、水与粮食、耕地与水二元的关联关系及影响效应，水—耕地—粮食三元关联关系及作用机制；另一方面，在研究粮食总体播种面积、总产量与单产的要素基础上，兼顾水稻、玉米、大豆、小麦、杂粮等主要粮食作物的播种面积、产量和单产的分类研究。同时，将东北总体粮食结构调整对水土资源的影响、与区域粮食结构调整对水土资源的影响的空间差异研究有机衔接起来。

五、技术路线

以数据搜集、资料梳理与数据处理方法的学习为基础，开展水—耕地—粮食关联性研究，技术路线，如下图所示。

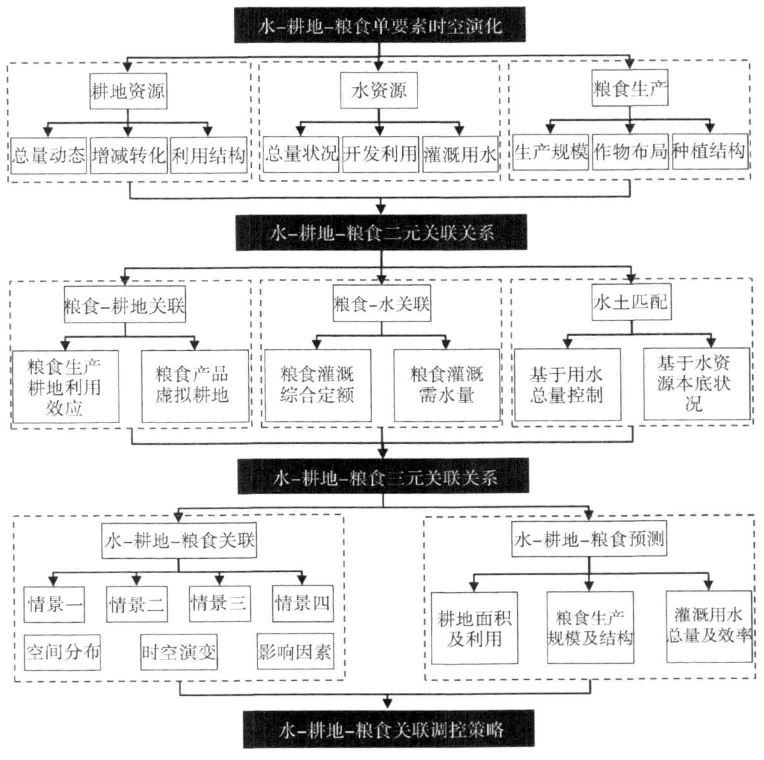

图 技术路线

Fig Technical route of the dissertation

第二章 水—耕地—粮食研究进展

一、耕地利用及粮食生产研究进展

（一）耕地数量、质量和粮食生产的表征关系

我国粮食安全的治本之策是提高粮食产出能力和粮食有效供给，而耕地的数量和质量又最终成为约束粮食生产的先决条件，因此，有必要分析耕地的数量和质量变化与粮食生产的相关关系，从资源层面保障粮食安全的实现（聂英，2015）。为反映耕地与粮食之间的关系，蔡运龙等（2002）提出了耕地压力指数概念。耕地压力指数可以衡量某一区域耕地资源的紧张程度（朱红波，2007），目前已有大量基于耕地压力指数模型测算区域耕地压力程度的研究。多数学者使用基于最小人均耕地面积的耕地压力指数，在此基础上通过构建耕地压力指数模型测算区域耕地压力程度（刘璐璐等，2018；张安录，2007）。此后，耕地压力指数拓展为集数量和质量为一体的综合性压力阈值，通过耕地质量标准系数校正耕地数量压力指数（罗翔等，2016a）。研究发现，在全国层面，耕地压力指数对粮食产量影响不显著，而一旦具体到粮食主产区，耕地压力指数对粮食产量有显著的负向影响（罗翔等，2016b）。李春华等（2007）、孙强等（2008）设计一套压力大小量化的指标体系，引入具有较强的聚类和容错能力的自组织特征映射神经网络模型，对耕地压力进行了分区分类研究。耕地压力的区域间差异逐渐增大（张利国，2011），并呈现南北分化趋势（宋小青等，

2012）。东北地区为人均耕地面积最多的区域，近25年来，耕地压力指数均下降1/2（何秀丽等，2012），但其作为商品粮基地的定位和耕地所产粮食大量输出的状况，其粮食种植结构面临调整压力。自然灾害、气候变化、耕地生产力、农业生产投入、粮食生产成本、粮食价格、粮食贸易、种粮积极性等自然因素和粮食生产因素以及经济发展、产业结构演变、劳动力结构变动等因素都能对耕地压力产生影响（张慧等，2017；张星星等，2014）。耕地压力研究已比较成熟，且能够合理表征“耕地-人口-粮食”系统的矛盾。耕地质量是耕地土壤、环境、管理、经济质量四个方面的综合属性（陈印军等，2011），耕地资源质量优劣其变化趋势直接影响国家粮食数量与质量安全走向。关于耕地的数量和质量问题，学者们已经在耕地资源数量变化、质量变化、时空差异等因素对粮食安全的影响方面做了大量工作，认为未来耕地保护政策创新方向在严控数量减少的同时，重点应该关注耕地单产提升（陈展图等，2017），为优化我国耕地资源配置和制定耕地利用政策，实施“藏粮于地”战略提供了依据。

（二）耕地数量保障范畴与目标争议

关于耕地数量，国际市场和资源对于保障粮食安全的具备一定潜力，但具有较强不确定性，确保国内粮食安全，仍要以实现国内耕地的持续有效利用为主。一方面，中央鲜明提出“谷物基本自给、口粮绝对安全”是我国新形势下国家粮食安全战略的底线，这决定了保障我国粮食安全不可能过分依赖进口，仍须坚持“以我为主”；另一方面，在新全球化背景下，国际粮食安全形势依然严峻，国际贸易摩擦和贸易争端频发，依靠从国际粮食市场进口粮食缓解耕地保护压力具有较强的不确定性（王永春等，2018）。海外耕地投资能够直接或间接增加国内粮食供给，近年来我国海外农业投资逐渐转向了耕地投资（卢新海等，2015），目前中国海外利用耕地规模约占国内耕地比例的2.0%，利用海外投资耕地生产并进口到国内的粮食占国内粮食总产量的比例在 0.5%以下（孙侦等，2018），中国海外耕地投资对于保障中国粮食安全的效果并不显著（卢新海等，2017），尽管未来海外投资耕地面积还将有所增加，但对于弥补耕地面积减少作用仍较小（漆信贤等，2018）。粮食贸易带来的国外耕地资源供给，虽然能缓解一部分资源压力，但尚不能形成耕地有效与有力的粮食供给（马述忠等，2015）。

关于国内耕地数量保障目标及保护制度存在较大争议，未来需要进一步明确。改革开放以来，中国的城市化和工业化快速发展，经济总量不断提升，人口数量日趋增长，耕地资源始终处于紧张态势（谈明洪等，2005）。近年来受到生态退耕、农业结构调整、建设占用、灾毁等因素的影响，全国耕地面积呈逐年减少之势（易玲等，2013；许丽丽等，2015），未来耕地资源的有限性短缺将是中国发展过程中需要长期关注的重大战略问题（刘影等，2015；陈丹玲等，2019）。为了扭转耕地持续大幅减少的局面，国家提出“实行占用耕地补偿制度”，但学界普遍认为现行耕地数量保护制度存在一定问题，需要进一步调整，调整方向总体可分为三类：一是调整耕地红线和粮食安全的保障，必须坚持确保 18 亿亩耕地红线不能动摇，耕地保护转型应基于现行耕地保护制度进行完善，尽量减少低质量发展占用耕地（黄贤金，2018），通过财政制度、政府绩效评估方法、土地使用权和市场制度等方面的改革促进耕地数量保护政策的实施（DING，2007，YEW，2012）。二是地方政府操作途径上的异化致使优质耕地不断被侵占（郭珍等，2016），应该将耕地保护制度工作的核心从“占补平衡”转型到“保护永久性基本农田”上来，避免牺牲耕地质量换取数量平衡问题，可以用耕地总量动态平衡来调整一般农田与建设用地的关系（吴宇哲，2017，2018）。三是应取消耕地总量动态平衡的政策，耕地数量保护关键目标应转向优质农田，尤其是粮食主产区的优质农田。主要因为国内粮食充足，适合复垦的耕地数量少，土地复垦成本高，耕地抛荒现象严重，数量平衡政策在经济上是无效的（XIN et al.，

2018）。通过对低质量耕地进行升级改造，可以保证粮食总产量，数量平衡政策可替换为仅考虑质量平衡或土地生产潜力平衡的政策（SONG，2014）。

（三）耕地利用变化研究的两大类方向

耕地利用变化研究是土地利用变化研究（LUCC）的重要内容，同时，也是研究耕地对粮食生产影响的基础。目前根据数据来源划分耕地利用变化研究主要有两类：以长时间序列的统计数据为基础，研究过去的变化特征和预测未来变化趋势；以遥感数据为基础，研究空间上耕地演变特征及未来情景模拟。

首先，利用遥感数据进行耕地资源空间分布变化的研究区域尺度较广，典型地形地貌区域、省市县中观层面、全国和全球范围都有涉及（周勇等，2013；唐华俊等，2015；张凤荣等，2014；吴文斌等，2018）。从全球来看，2000—2010 年全球耕地总量变化不大，在耕地面积总量前 10 名国家中，我国是唯一出现耕地面积减少的国家（胡琼等，2018）。从全国来看，1990—2010 年的 20 年间，我国耕地呈现“南减北增，新增耕地的重心从东北向西北移动”的基本特征（刘纪远等，2014）。东北地区是我国耕地面积最多的区域，也是高品质粮食产区，为全国的耕地保护作出了巨大的贡献，研究东北耕地变化对区域农业可持续发展和保障国家粮食安全具有重要意义（陈印军等，2019）。东北地区 300 年来经历了由“荒野”到“大都市”的发展过程，土地覆盖变化巨大（叶瑜等，2009）。近年来，东北地区耕地增加速度减小，空间上耕地呈现南减北增的趋势（满卫东等，2016）。东北地区耕地少量的增加主要是来源于东北平原（向雁等，2019）。东北地区“水改旱”与“旱改水”现象频发（刘彦随等，2005），这种变化必然影响到区域的地面辐射平衡，水汽蒸腾、地表径流等自然地理过程，水田的大面积增加已经引起地下水位下降、水土资源失衡等一系列生态环境问题（杜国明等，2017）。2000—2013 年东北地区“旱改水”与

“水改旱”比例约为7.7∶1，旱地朝水田转化是耕地变化最明显的特征，为满足优质稻米的供应，提高水田比重将是大势所趋（满卫东等，2016）。探究东北地区水旱田转换特征对水土资源配置和粮食结构调整尤为重要。

其次，利用时间序列数据进行耕地面积预测的模型主要可分为线性模型和非线性模型两类，线性模型主要有趋势预测、灰色模型、移动平均模型，非线性模型主要有随机森林模型、支持向量机模型、神经网络模型，其中，以趋势外推和灰色模型应用最为广泛。以上模型根据是否考虑影响因素可归纳为两类：（1）基于耕地面积的时间序列自身特征，利用前序数据建立拟合模型，进而利用拟合模型预测未来耕地面积（陈印军等，2016；张凤荣等，2007；季翔等，2014；程文仕等，2015；王全喜等，2018）；（2）基于耕地面积的时间序列和相关影响因素的时间序列数据，建立耕地面积预测的回归模型，进而利用相关影响因素未来值，回归预测未来的耕地面积（罗亦泳等，2015；车明亮等，2010；宫雪等，2017）。

现有研究在建立回归模型时普遍会纳入多种因素，因而利用回归模型预测未来耕地面积时，需要首先确定各因素的未来值。除参考已有研究或官方规划文件外，获取因素未来值的主要方式为利用各因素已知序列数据分别建立时间序列拟合模型进行预测，但相关研究多未考虑各因素已知序列自身变化态势筛选适用模型，而是仅采用单一的拟合模型对各因素序列分别进行拟合和预测，这将导致各因素的预测误差在回归预测中累计，进而影响目标序列预测结果的可靠性。因此，不论是基于耕地面积时间序列自身特征的拟合模型预测，还是基于多因素驱动的回归模型预测，都需要以高精度的时间序列拟合和预测为基础。

近年来，随着深度学习技术的发展，深度学习模型逐渐被应用到时间序列数据研究中，在众多深度学习模型中，循环神经网络（RNN）对时间序列数据分析展现出更强的适应性。作为一种特殊的循环神经网络模型，长短期记忆（LSTM）模型通过特殊的结构设计，有效弥补了常规 RNN 的梯度消失和梯度爆炸、长期记忆能力不足等问题，使得循环升级网络能够有效利用长距离的时序信息（王鑫，2017）。相比灰色模型、ARIMA 等线性模型和 RNN、SVM 等非线性模型，LSTM 深度学习模型对时间序列的预测性能更为出色，能够更有效地利用过去的信息预测未来时间点的信息，已经在住宅负荷、紧急事件、碳排放、石油产量、交通流量、农区地下水位等不同领域的时间序列研究中运用（CORTEZ et al.，2018；HUANG et al.，2019；SAGHEER et al.，2018；王祥雪等，2018）。深度学习引入耕地面积变化领域仍有待探索。

（四）耕地的可持续生产能力

新时期耕地的可持续生产能力研究需要考虑我国耕地高强度、超负荷利用的实际状态（陈印军等，2016）。要落实好新形势下国家粮食安全战略，保障粮食等重要农产品有效供给，必须要大力保护与提升耕地质量，切实使耕地得以休养生息（ZHANG et al.，2006；赵其国等，2017；LIU et al.，2017）。实施休养生息制度需要降低耕地利用强度，恢复和提升耕地质量（孔祥斌，2016），在保障粮食综合生产能力的同时，还要修复和提升耕地的生态服务功能（吴宇哲，2019）。

在耕地休养生息的背景下，耕地的生产能力的测算需要考虑退耕与休耕的规模。一是关于退耕规模。朱波（2004）认为，地广人稀地区退耕还林规模可适度扩大，但人口稠密地区，退耕还林不应过分追求规模。西北地区大于 25°的陡坡耕退耕的耕地面积占比和粮食产能损失均较小，可优先退耕（上官周平等，2016）。在优先保障生态安全情景下，东北地区需要退耕面积 427.51 万 hm^2，将使粮食生产能力减少 12.62%；综合考虑粮食安全和生态安全情景，需退耕面积 387.97 万 hm^2，将使粮食生产能力减少 11.73%（赵爱栋等，2017）。二是关于休耕规模。2018 年全国基于粮食安全和生态安全的耕地休耕规模为1 690.73万 hm^2，约占全国耕地规模的12.55%，综合考虑耕地生态安全状况，全国基于粮食安全和生态安全的耕地休耕规模可划分为5个休耕潜力区级（王成等，2017）。在区域层面上，杨庆媛等（2018）运用脆弱性评估框架、灰色预测模型分析手段对生态脆弱区休耕地规模测试显示，在确保生态安全和粮食安全情况下，2015—2020年研究区域休耕规模比例可达37.18%。

在一定的耕地数量和质量基础上，科学确定区域耕地粮食生产能力大小，阐明各种因子对产能影响的作用强度及方向是分析当前及今后粮食生产能力的重要内容。耕地的粮食产能又可分为耕地理论、可实现和实际产能3个层次。为测算耕地粮食生产能力，学界目前主要有3种思路：（1）确定区域耕地质量评价指标体系和耕地利用系数，再对标准粮进行修正，然后根据各区域实际情况计算各因素所对应的粮食产量提升空间（杨建波等，2017）；（2）根据粮食作物审定品种的区域试验产量，计算各区域各个耕地亚类（水田、旱地、水浇地）的粮食单产能力；再分别乘以各区域相应耕地亚类的面积，得到区域耕地粮食总生产能力（张晋科等，2006）；（3）根据作物产量潜力估算粮食的生产能力。在最优管理条件下，一个特定品种所能实现的最大产量，最大产量与单一条件限制、现实产量等产量差距被称为“产量差”。学界关于作物产量潜力的理解和界定还存在一定的分歧，研究方法总体上可以分为模型模拟法、高产纪录法、田间试验产量法和高产农户法等4种（刘保花，2015）。作物模型主要有Wagenigen、GAZE、CERES、EPIC和Gessner-Lieth等模型。通过改善养分管理和增加灌溉量，大部分粮食作物的产量增加45%~70%是有希望的（MUELLER et al.，2012）。

二、水资源利用及粮食生产研究进展

针对农业水资源问题，国家及地方区域宏观上的控水目标及水资源的有效配置是否合理仍有待论证。山仑（2006）指出，国家所确定的主要节水目标和准备采取的措施是否可行，仍需进一步做出科学论证。例如，2013 年国务院办公厅印发的《实行最严格水资源管理制度考核办法的通知》中规定了的“用水总量控制目标”“用水效率控制目标”和“重要江河湖泊水功能区水质达标率控制目标”的“三条红线”。在“三条红线”中，辽宁、吉林、黑龙江三省用水总量到 2020 年分别控制在 160.60 亿 m^3、165.49 亿 m^3、353.34 亿 m^3，到 2030 年控制在 164.58 亿 m^3、178.35 亿 m^3、370.05 亿 m^3。在这条红线中，虽然规定了用水总量，但并未涉及水资源的配置，水资源控制目标的宏观研究仍需加强。

如何有计划地提高灌溉用水生产率成为在缓解缺水与保持农业高产稳产之间取得平衡的关键因素。姜文来等（2015）认为，我国目前农业用水具有短缺与低效并存的特征。2017 年我国农业用水约占总用水量的 62.8%，而发达国家农业用水比例多在 50%以下（陈兆波，2007）。我国灌溉用水占农业用水比例高，而灌溉用水有效利用系数低（0.548），55%的灌溉面积仍是大水漫灌（柳长顺等，2019），与发达国家 0.70~0.80 的灌溉用水有效利用系数相比还存在较大差距。为了减轻缺水问题，迫切需要减少灌溉用水，然而如果不认真计划就简单地减少灌溉水量将导致当地农业产量下降，从而给国家粮食安全带来巨大风险（KANG et al.，2017；梅旭荣等，2013）。在满足粮食需求的情况下，在总用水结构，降低农业用水比例；在种植业内部，协调粮、经、饲作物用水比例；在粮食作物内部协调水稻、玉米、大豆、小麦、薯类的用水比例。结构性节水可能的节水潜力、粮食灌溉需水量预测以及如何提高灌溉水利用率等问题是必须回答的重大科学和决策问题。

为解决以上宏观问题，学者们从水资源的配置、水资源与粮食生产的关系、粮食生产的水资源承载力、作物需水量、灌溉跟雨养的产量差距、种植结构与灌溉用水的定量关系、保障农业节水的长效机制等宏观研究方面已取得丰富的研究成果。水资源承载力、

“蓝水”“绿水”和“灰水”、虚拟水流动和贸易、水分生产力、水资源收支解析、有效灌溉效率和净灌溉效率、亏缺灌溉等，这些新观念和方法从新的视角分析、解读农业用水，形成了一个相互关联而统一的有机整体（李保国，2015）。

（一）水资源配置思想的转变

水资源配置思想的转变是研究水资源利用的着力点。水资源短缺和水污染的加剧，水资源的配置逐渐由以需定供配置、以供定需配置、基于经济效益最大化配置朝可持续发展的水资源配置转变（齐学斌等，2015）。水资源配置是分析水资源承载能力、确定以水定产、完成水权初始分配、制定分水方案等宏观决策和方案比选的重要过程（王浩等，2016）。通过水资源的合理配置，需求方面可确定调整产业结构和生产力布局，抑制不合理的需水增长；供给方面可协调各项竞争性用水，通过工程措施适应水资源的时空分布，实现区域发展与水资源条件相适应（章卫红，2008）。

至于如何定量配置，陈太政（2013）认为政治经济学方法、生态学方法、系统学方法、规划与模糊数学方法和人工智能方法代表了国内水资源优化配置定量研究的主要脉络。政治经济学方法试图寻求一种可实际操作的兼顾效率与公平的水资源配置机制，多集中在水权与价格交易、博弈论和边际效益等领域。生态学方法多以可持续发展思想为指导，目标函数多为社会、经济、环境的最大综合效益，约束条件多为水量、水环境等，构建多目标优化模型，但如何准确计算与水资源配置相关的生态环境效益，目前还没有统一的标准和理论基础。系统学方法主要通过动态平衡分析法、系统动力学模型和人工智能等方法，以解决多水源、多用户、多保证率、多目标和多约束的水资源配置问题。

水资源需求的时空分布特征，决定了各区域是否愿意就共享水资源以获得更大的合作利益。国际上关于河流沿岸国家的水资源分配研究较多，为区域水资源的分配提供了众多理论与方法的选择。

水资源的分配主要采用线性规划、神经网络的优化算法及模拟分析方法（WURBS，2001）。水资源的分配方式主要包括基于流域主权、人口分布、水资源需求、流域面积、融资模式和生态补偿标准等（ZHU et al.，2016；ZHOU et al.，2019）。博弈论作为一种实现利益相关者之间合理分配合作效用的研究工具，为流域利益相关者提供了一个合适的分析框架，一般通过建立博弈模型，分析人的用水行为及制度安排，建立用水激励与约束机制。已被广泛运用。其中，Shapley 值可帮助双方准确确定其议价以及提升在谈判中取得成功的可能性（AN et al.，2019）。水权的分配制度有 3 种：（1）“自由取用”水权制度；（2）“优先专用水权制度”；（3）“竞争性水权制度”（行政性分配和市场分配）。在水资源短缺时，水权的分配更加具有竞争性。胡继连等（2004）在竞争性水权制度下提出了水权分配的 6 种模式。

（二）水资源投入与粮食生产的关系

水资源投入与粮食生产相关性显著，然而农业水资源利用面临“高投入低产出”、水资源与粮食生产不匹配等现实困境。HANJRA（2010）指出粮食需求与农业可用水之间的问题是一个全球性问题，缺水已成为全球粮食安全的主要制约因素。诺贝尔和平奖获得者 Norman Borlaug 提出全球 21 世纪需要开展蓝色革命，“blue revolution-more crop for every drop”。我国粮食产量显示与水资源投入的相关性显著（丁雪丽，2018）。粮食生产中心转移和北粮南运格局，加剧了北方粮食产区的用水短缺、水资源农转非威胁农业用水安全和有效供给，水资源的过度开发已经威胁到我国粮食安全（仇相玮等，2014）。同时，粮食主产区与非粮食主产区粮食生产用水效率存在较大差异（李静等，2015）。根据 DEA 模型评价结果，东北 3 省区均属于“低投入低产出”类型，农业水资源利用具有很大的提升空间（王震等，2015）。然而，黑龙江作为我国重要的粮食主产省和粮食调出省，存在水资源与粮食生产基地不匹配、水资源潜力难以再进一步挖掘的困境（王斌，2015）。

粮食安全与水资源之间的关系是关乎我国可持续发展的重要问题，水资源总量短缺、水土资源不匹配等问题使我国粮食生产面临严峻挑战，粮食安全保障的水资源问题将会长期刚性地存在（张士锋等，2012；张正斌等，2013）。水资源与粮食生产之间主要是考虑灌溉水与粮食生产的关系，这层关系可以在不同层面上进行分析，从供给角度，在现有水利工程设施、水资源可利用量和政策管理下，所能提供用于粮食生产的灌溉水量。单位水量粮食生产能力是综合反映灌溉用水水平和粮食生产状况的重要指标，王建生等（1999）较早计算了全国各省单位水量的粮食生产能力，发现我国粮食生产发展的潜力，主要在于提高粮食单产水平和提高灌溉水的利用效益，在水土资源较丰富的地区应适当发展灌溉面积。从需求角度，它包含粮食作物的需水规律及灌溉需求。影响供给的因素主要有水资源的时空分布、水利工程设施水平和水资源管理政策等；影响需求的因素主要是灌溉的方式方法、节水水平、种植面积和种植结构等。

（三）粮食生产的水资源承载力

国际上多将水资源承载力研究纳入可持续发展理论，国内水资源研究理论与方法尚不完善，尤其是水资源对粮食的承载能力仍有待进一步探讨。目前，国际上对水资源承载力的概念暂未取得广泛共识，一般指天然水资源开发利用的极限量（VARIS，2001）。国内学者施雅风等（1992）率先提出了水资源承载力的概念。此后，国内水资源承载力研究取得空前进展，水资源承载力的概念、内涵、特征、影响要素以及相关研究理论和方法等得到快速发展（谢高地等，2005；封志明等，2014）。对于水资源承载力研究的主要方法包括常规趋势法、综合评价法、系统动力学法、多目标规划法等（刘昌明等，2010）。总体分为两类，一类是通过指标划分对区域水资源承载力等级进行比较（朱一中等，2003；董锁成等，

2011；姜秋香等，2011）；另一类是通过多目标分析对水资源承载力的大小进行定量的评定（王友贞等，2005）。例如，田文凯（2018）在水资源承载力内涵分析的基础上，构建了粮食产量约束下的水资源承载力计算模型，分别计算了黑龙江省不同生活水平和规划水平两种方案的水资源承载指数。但总体而言，水资源承载力研究的时间相对较短，理论方法尚不完善，需要众多学者从理论到实践进一步深入研究。未来探讨影响区域水资源承载力的因素及其相互关系，研究水资源承载力的估算与动态变化的预测，在开放系统下对区域水资源承载力进行评价将成为水资源承载力研究的重要问题，尤其是可用灌溉水资源对粮食生产的承载力仍有待研究。

（四）粮食作物虚拟水与水足迹

水足迹概念是一种量化用水对环境，社会和经济影响的方法，可帮助决策者分析特定区域的水供应，可持续利用和水资源保护的现状（CAI et al.，2019）。水足迹的评估指标可以测量特定时间段内人类活动所需的全部水量，包括虚拟水和实际用水量，代表生产活动，服务和日常生活中的全部用水量（ALDAYA et al.，2011）。一个国家可以通过进口水密集型产品而不是在国内生产来节省其国内水资源（ARJE et al.，2007）。一方面，当将耗水量大的商品从水生产率高的地区生产到水生产率低的地区进行贸易时，国际贸易可以在全球范围内节约用水（CHEN et al.，2004）；另一方面，如果将耗水量大的商品从水生产率低的区域交易到水生产率高的区域，则可能会导致全球范围内失水。DE FRAITURE（2004）对由于国际谷物贸易而造成的全球节水和损失进行了最新的估算。KHAN（2009）基于 TOP 期刊上的相关文献对全球粮食生产的水足迹进行了评估。此外，还有许多国外学者致力于水足迹计算方法的改进、不同水足迹计算方法的比较、基于水足迹计算的对水资源安全的影响研究（CHAPAGAIN et al.，2009；MAITE et al.，2010）以及专门对食物浪费过程中的水足迹开展的研究（MANZA-

RDO et al.，2016）。

粮食生产系统所需的水可通过作物“水足迹”量化，根据水的不同来源，分为“蓝水”“绿水”和“灰水”足迹，积极促进缺水地区粮食虚拟水进口被认为是缓解缺水问题的一种可能途径。HOEKSTRA（2002）最早提出水足迹的概念，CHAPAGAIN et al.（2004）随后详细阐述了这一概念。水足迹显示了与一个区域内的消费相关的用水量，而传统的用水量指标只显示了一个区域内与生产相关的用水量。水足迹不仅考虑国家区域内的用水量，而且还考虑该区域外的用水量。水足迹有助于全面掌握某一区域居民生产商品和服务等所有形式的用水。内部和外部水足迹都具有3个组成部分：蓝色，绿色和灰色水足迹（FALKENMARK，2007）。“蓝水”主要用于灌溉农业，“绿水”则是雨养农业的主要水源（李保国等，2010；吴普特等，2014）。“灰水”是作物生长过程中，为了将一定负荷的营养元素（N、P、K）及药剂稀释至某类水质标准允许下的水资源量（谢高地等，2010）。

基于水足迹概念基础，国内外学者在农业水资源利用、评价和管理的研究取得了阶段性成果。MEKONNEN et al.（2011）根据动态水分平衡模型对全球作物的生产水足迹进行了量化。CHAPAGAIN et al.（2011）从生产和消费两个视角对主要生产国的水稻蓝水、绿水和灰水足迹进行分析。虚拟水战略被广泛认为是从水资源需求管理角度解决水短缺问题的重要创新，虚拟水贸易可以为中国未来粮食缺口提供一种解决方案（柳长顺等，2005；田贵良等，2008；徐中民等，2013）。田园宏等（2013）区分了国内生产、国内消费、国际贸易水足迹的计算方法，测算了5种主要粮食作物的绿水和蓝水水足迹值。在此基础上，刘聪（2017）考虑了灰水足迹，计算了中国31个省区粮食作物的绿水、蓝水及灰水足迹，并对粮食生产的耗水量、生态修复需水量以及水资源利用效率进行了评价。此外，不少学者对黑龙江、山西、河北等不同省区以及灌区、石羊河流域、海河流域等典型区域的粮食作物水足迹进行了不同尺度的补充（付强等，2017；冯变变等，2017；韩宇平等，2019；单纯宇等，2016）。国内学者对粮食的水足迹研究侧重粮食作物水足迹的测算、省际粮食水足迹流动格局、基于水足迹的水资源利用效率评价、粮食水足迹的影响因素、虚拟水贸易与虚拟水消费等方面（王丹，2016；孙才志等，2018）。

（五）灌溉需水量与作物需水量

作物需水量是测算水足迹的基础，同时，也是计算灌溉需水量的基础，因为区域灌溉需水量要根据作物需水与有效降水来确定。目前学界作物需水量主要通过直接计算法和间接计算法获得（刘丙军等，2007）。直接计算法利用气象因子与作物需水量的经验关系计算；间接计算法是在参照作物需水量的基础上进行修正。参照作物需水量又称为参照作物蒸发蒸腾量（ET_0），只与气象因素有关，目前在国内外得到广泛的研究和应用，具有较高的精度和可比性。FAO 推荐的 Penman-Monteith 公式作为计算 ET_0 的标准方法，目前运用最为广泛。基于该方法，各个国家的学者基于区域气象条件与观测数据，对不同国家的粮食作物的作物需水规律及灌溉需水量进行了大量分析（YOO et al.，2008；KUMAR，2017）。我国水利部曾组织全国各省区的 200 多个灌溉试验站，对全国主要农作物的需水量与灌溉制度进行了试验研究。此后，大量学者对我国不同区域主要粮食作物的需水量、净灌溉需水量、灌溉需求指数、气候变化对作物需水量的影响及未来需水量预测等方面进行了细化研究（丛振涛等，2011；刘小刚等，2015；雷宏军等，2016）。例如，我国春玉米的需水量为 300~650mm（GAO et al.，2009）。不管是运用那种方法测算作物需水量，都需要以大量试验数据和气象数据为基础，但受生产条件、技术水平等影响，实测资料十分有限，数据获取难。且该类测算模型的建立和应用都局限于特定区域和条件，相关参数的确定有一定的经验性，使得各类统计学方法运用受到影响。除了以上从作物需水的角度确定灌溉需水，并研究气候变化对其影响之外，从优化种植结构的角度挖掘农业节水空间，降低灌溉需水量也是重要方向。如高明杰等（2008）、周惠成等（2007）利用种植结构调整的多目标模糊优化模型，提出各区域水资源约束条件下的种植优化调整方案。MA et al.（2011）利用多元线性回归法分析华北平原灌溉需水量驱动因子，其中，粮食作物中小麦是灌溉需水量的最主要影响因子。

（六）灌溉与雨养的产量差距

众所周知，水稻离不开灌溉，玉米、大豆、小麦等粮食作物雨养跟与灌溉条件均可。对于玉米、大豆、小麦等几种粮食作物，灌溉比雨养条件产量高（FISCHER et al.，2007）。由于区域降水、积温等气候条件的不同以及作物品种、土壤条件等差异，灌溉与雨养的产量差也不相同（HUANG et al.，2002）。印度部分区域完全灌溉比雨养条件小麦平均增产 45%～55%（ZAVERI，2019），在高降水区域补充灌溉可减少产量（CARR et al.，2016）。中国小麦灌溉和雨养产量差距最大可达9 875kg/hm^2（LV et al.，2017）。在华南大部分地区，降水基本满足了小麦生长所需的水分需求，雨养与全灌条件下的小麦产量没有显著差异，而在北方部分区域灌溉与雨养差距较大。对全球玉米而言，当季节性降水分别小于 400mm 和大于 400mm 时，玉米籽粒产量与灌溉量呈正相关和负相关（ZHENG et al.，2018）。印度 21 个大豆主产区的数据表明，大豆雨养潜在单产比完全灌溉单产潜力低 28%。SUAT et al.（2019）通过对玉米，大豆，春小麦，冬小麦，高粱，棉花，大麦，燕麦和苜蓿等不同作物间的比较发现，灌溉对玉米单产的增幅最大，冬小麦灌溉后单产仅增长 25%，是增幅最小的。可见，在干旱半干旱地区合理灌溉下玉米、大豆等主要粮食作物还有很大的增产空间。

我国对有关“国内主要作物产量差”开展了一些研究工作，取得了有意义的进展。这些研究定量了东北春玉米（王静等，

2012）、东北春小麦（LU et al.，2013）、华北冬小麦-夏玉米（陈健等，2008）和南方水稻（石全红等，2012）生产体系产量潜力及产量差的区域特征，确定了产量差的资源制约因子及限制程度。东北地区春玉米的产量提升的产量空间为 5t/hm^2。在年降水量小于 500mm 的地区，水分是玉米产量的主要限制因子，在年降水量介于 500~700mm 的地区，水分只是玉米产量的次要限制因子，而年降水量高于 700mm 时，水分对玉米产量的影响不显著（LIU et al.，2012）。黑龙江省玉米近 10 年的“平均灌溉产量潜力”（12 240kg/hm^2）大于“平均雨养产量潜力”（11 679kg/hm^2），且平均现实产量仅实现了灌溉产量潜力的 36%和雨养产量潜力的 38%（侯鹏等，2013）。为了提高东北地区玉米产量，更换高产品种和补充灌溉是主要途径，尤其在降水量小于 500mm 的地区（杨晓光等，2014）。尽管作物生产潜力和产量差的研究已取得丰富成果，但仍然存在以下问题：不同的生产潜力水平使得不同区域或同一区域不同研究成果的可比性较差；作物潜在产量的定义和作物产量的模型估算方法的不同，也使得结果差别很大。

（七）灌溉定额与种植结构

作物产量与灌溉水量呈抛物线关系，当产量达到极大值时，灌溉水量再增加，产量不但不增加反而有所减少，呈现出报酬递减规律（康绍忠，2000）。确定高效的灌溉制度，首先要建立灌溉定额。灌溉定额是作物需水减去有效降水的差值。利用灌溉定额与产量的关系，确定合适的灌溉水量是指导节水灌溉，提高水分利用效率和经济效益的理论依据之一（施炯林，1999）。灌溉用水定额受作物品种、气候、地形、土壤、耕作水平、灌溉技术、灌溉设施、管理水平等诸多因素影响（刘路广等，2016），其中气候、地形、土壤等因素具有明显的区域差异，这就使得灌溉用水定额具有明显的区域性差异。在相同的田块、固定的作物种植结构、相同的农耕措施和田间管理下，灌溉定额可以近似看作是作物需水规律对气候变化的响应（顾世祥等，2008）。农业综合灌溉定额是反映的是同一块耕地各种农作物灌溉定额与该作物播种面积的加权平均值。单一灌溉定额与农业综合灌溉定额存在相关性，贡献的大小取决于作物种植面积的比例（谢先洪等，2007）。刘俊等（2011）从调整农业种植结构和制定经济灌溉定额两个方面，探讨了唐山市提高农业灌溉用水利用效率和效益的问题。可见，粮食综合灌溉定额与粮食内部结构息息相关。

三、水土资源匹配及粮食生产研究进展

（一）水土资源匹配的重要性

耕地和水资源是影响中国粮食生产的两大刚性约束，任何时候都要加强保障。这是我国提出的执行最严格水资源管理的重要组成和世界银行加强基于耗水（ET）理念的水资源管理的重要组成（任宪绍，2008）。耕地利用与水资源利用之间是相互联系、相互影响的。不同土地利用类型由于其需水机理差别，其对水资源的需求差异非常大，Penman 公式可用于不同植被类型需水量的计算。通过动态建模的方法，结合灌溉用水研究水土平衡问题，是未来水土资源管理问题进行决策分析的重要依据（PRIESS et al.，2011）。土地利用对区域水资源水量和水质均产生显著影响（ENEKO et al.，2012）。水资源对耕地质量也有重大影响，在干旱半干旱的生态环境中，水资源作为最重要的制约因素，限制着耕地资源的开发，严重影响着生态系统的产出与稳定（石培礼，2018）。耕地和水资源之间的耦合关系与匹配水平影响着水土资源的综合利用率和利用效率，进而影响一个地区的农业生产和持续性发展（杨贵羽等，2010）。

（二）水土资源匹配的生态学与地理学解释

水土资源耦合与匹配从不同学科理解，其研究内容差别巨大。耦合表现为各系统之间相互作用和相互协调的动态关联。“耦合”可分为时序、空间和生态 3 种表现形式的耦合（郑重等，2008）。资源匹配反映的是一种资源均衡状态。目前，不少学者认为水土资源耦合与水土资源匹配体现的内涵是一致的。从地理资源学的角度，耦合效应实际上是指水资源在单位土地资源面积上的配置。从生态学的角度，水土要素的耦合可外化为水、土耦合的资源效应，通过土壤有效水、植被生长所需的最低温度和土壤质量综合起来的水土要素耦合指数表征（石培礼等，2018）。

国际上主要从生态学角度去解释水土资源耦合效应，国内学者更多关注水土资源匹配的地理学解释。RAUP（1932）就指出用地的扩张会带来更多水资源供应的不确定性。此后，世界各地的学者从物理过程的降水、土壤水、地表径流等与不同土地类型之间具体的相互作用、土地利用变化对水量和水质的影响、气候变化和人类活动对水土资源安全性和可持续性的影响等方面，尝试通过不同的理论分析方法和计算模型对水资源与土地资源在不同思考维度上的交互作用和匹配关系进行研究（DASILVA et al.，2019；RODRIGUEZ et al.，2018）。水土要素耦合度是国土空间功能优化的重要参数，目前，国内关于水土要素耦合方面的研究主要集中在水土资源平衡或耦合关系、优化配置以及水土资源与城镇化、乡村聚落、粮食安全等方面（张展羽等，2014；董雯等，2013；马利邦等，2018），研究方法多采用耦合协调度、匹配系数、线性规划等（姜秋香等，2017）。对于农业水土资源，由于水资源具有流动性和可配置性，而耕地资源具有固定性，水土资源的匹配表现为水资源的形成与消耗在时空上的分离与组合（刘斌涛等，2018）。在时间上的匹配，可以理解为一定耕地面积上区域供水与作物需水的一致性，主要是基于农田尺度范围内，分析由作物类型、种植结构和气候条件对作物需水特征的影响以及与区域供水条件的对应关系；空间匹配，可理解为单位耕地面积所享有的水资源数量在空间上的配比关系（耿庆玲，2014）。

（三）水土资源匹配测算

目前，有关农业水土资源空间匹配的测算方法总体可分为4类：（1）单位耕地面积水资源量法；（2）基尼系数法；（3）水土资源当量系数法；（4）基于DEA模型研究水土资源的匹配效率。刘彦随等（2006）利用每公顷耕地面积使用的农业水资源总量作为评价指标，分析了东北地区省域水土资源的匹配情况，发现东北地区水土匹配系数低于全国平均水平。王红瑞等（2017）以南水北调中线工程和东线工程受水区为例，利用基尼系数探究了调水前后水资源与人口、GDP、土地利用及降水量之间的空间匹配程度。SUAREZ et al.（2014）采用基尼系数研究了西班牙埃布罗河盆地农田灌溉用水与作物产量之间关系；MASAKI et al.（2014）采用基尼系数和洛伦兹曲线研究了全球气候变化条件下水资源匹配情况。吴宇哲等（2003）利用基尼系数法测算了世界（以国家为单位）水土资源匹配基尼系数为0.586，中国（以省为单元）为0.566。考虑到不同区域资源禀赋的差异，许长新等（2016）在广义水资源的基础上引入当量系数的概念，研究发现，水土匹配度对区域农业经济发展的区域内和区域间的溢出效应都显著为正。黄克威等（2015）通过以农业水资源和耕地资源为投入指标，以农业产值为输出指标，构建DEA模型，评价了区域水土资源匹配效率。

虽然上述方法构成了水土资源空间匹配特征分析的理论基础，但也存在一些不足之处：（1）基尼系数通过设定分级指标，对匹配水平进行排序，反映的是研究单元之间的一种相对匹配状态（陶国芳，2012）。当两种资源均处于短缺或富足的状态时，则不能通过基尼系数进行有效评价（WANG，2012）。（2）影响农业产值的因素包括水土资源以及农业劳动力和机械动力；因此，当水和土地资源仅用作解释变量时，DEA 模型提供单边和不科学的结果。(3) 单位面积水资源量法是基于水土资源匹配概念的一种直接测度方法，在计算水土资源匹配度时，水资源量的特征参数尚未统一，目前采用的水资源指标主要有总水资源量、可用水资源量、灌溉水量等。由于农业水土资源匹配寻求的是两种资源条件的一种均衡水平，任何一种资源的短缺或过高，都不利于实现水土资源的高效合理利用（姜宁，2010）。(4) 资源当量系数是衡量某种资源的耗用率和短缺程度，但需要考虑一种因子或情况作为基准条件，反映的是相对于基准条件的影响程度。

(四) 粮食结构调整的水土资源效应

目前，水—耕地—粮食三者关系问题的研究主要涉及粮食种植结构调整对水土资源影响研究，由于不同粮食作物之间往往存在着单产差，因而粮食内部种植结构调整可以在不增加额外播种面积压力的情况下，通过改变粮食种植结构，影响粮食总产量，并相对地节省或者增加粮食生产过程中的土地资源消耗。不同粮食作物之间除了存在单产差以外，还存在着耗水差。粮食内部种植结构调整也可以通过挖掘耗水差，影响粮食生产的总耗水量，从而增加或者节省粮食生产过程中的水资源消耗（李天祥等，2014）。关于此类问题，相关研究思路大体分为 3 种：一是将根据消费需求变化的粮食生产量，归一化为谷物当量或农田当量，以估测食物需求变化对水土资源利用的影响（曹志宏，2013）；二是通过比较有结构调整和无结构调整情况下的粮食播种面积投入量来测算结构调整对土地资源和水资源消耗的影响；三是综合考虑影响粮食生产的光热水土、自然灾害、经济投入、技术效率和社会政策等各种影响因素，运用随机前沿或 C-D 生产函数分析特定时期的贡献率；四是根据粮食产量计算公式直接进行因素分解，探讨有限的指标对粮食产量的贡献。金涛等（2011）将粮食生产的影响因子分解为耕地利用的强度、结构、数量和广度 4 个效应，但因采用的因素分解方法有残差，使分析结果受限。此后，学者们用对数平均迪氏分解方法（LMDI）对粮食生产因素进行分解为播面单产、种植结构、复种指数、耕地面积变化的贡献，消除了残差的影响（周志刚等，2015；孙通等，2017；刘玉等，2014；金涛，2014；孔祥斌，2016）。上述研究发现各区域之间粮食生产变化的分解因素效应有比较显著的空间差异，单产正向效应显著，种植结构、复种指数、耕地面积变化的效应不同阶段对粮食生产的影响格局不同。以上研究有助于深入理解耕地利用与粮食生产的关系，但从时空综合角度分析两者影响关系并定量识别主导影响要素的研究还需强化。

目前水-能源-粮食研究是国际上研究热点，为水—耕地—粮食研究提供思路。2011 年“水-能源-粮食安全纽带关系”会议提出，粮食、能源、水资源系统是相互关联的，需要从耦合而非孤立的角度进行研究（SHIFFLETT et al.，2016）。此后，水-能源-粮食关联的研究成为全球热点。粮食-能源-水关联研究框架 CLEW 模型（BAZILIAN et al.，2011），成为该领域的奠基成果。BASSEL et al.（2015）构建了 WEF Nexus Tool 20 用于优化未来各种情景下水能粮的分配；LUCIA et al.（2016）基于水资源保护角度，提出跨流域三者的协同管理方法。HANG et al.（2014）基于资源核算和农业可持续发展的角度提出水能粮的耦合决策框架。通过文献梳理发现，该领域绝大部分研究集中于水能粮关联研究方法学的探索，直到近两年该领域开始出现三者的定量化研究，SHERWOOD et al.（2017）核算了美国各城市的粮食产量以及三产部门各自的能耗、水耗量，并进行空间差异比较。

四、总结评述

在水—耕地—粮食关联研究领域，当前相关文献已经覆盖了对耕地利用及粮食生产研究、水资源利用及粮食生产研究和水土资源匹配及粮食生产的相关研究，并取得了大量的成果，但仍存在进一步研究的空间。

（一）粮食生产结构调整对不同时空尺度的耕地利用的影响研究有待加强

在粮食生产变化的耕地利用效应方面，已有研究多通过因子分解方法分析粮食生产的耕地利用效应，有助于深入理解耕地利用与粮食生产的关系，但从时空综合角度分析粮食生产对耕地利用的影响关系并定量识别主导影响要素的研究还需强化。在粮食生产结构调整对耕地利用的影响方面，已有研究主要通过比较有结构调整和无结构调整情况下的粮食播种面积投入量来测算结构调整对土地资源消耗的影响，但这种思路存在一定的限制，一是因基期与末期年份的选取使得分析结果难以推广；二是不同粮食作物的单产变化和结构变化的贡献作用难以有效识别；三是不同时空尺度下种植结构调整对耕地利用效应影响的贡献存在差异，不同时间尺度的综合分析非常必要。粮食作物结构调整是加强耕地保护和利用的重要路径，因而有必要建立能够分析粮食结构调整的耕地利用效应时序变化和时空演变特征，解析粮食结构调整的耕地利用的影响作用的评价模型，以判别粮食作物结构调整到底能不能节地，能节约多少地，哪些粮食作物起到主要贡献作用。

（二）粮食生产结构调整对水资源利用的影响有待加强

结合国家战略需求和现实诉求，有效率地探讨粮食生产结构调整的方向和着力点有助于加快耕地保护与节水战略的衔接与推进。粮食作物结构调整是国家结构型节水战略的关键，主要粮食作物的结构调整到底能节约多少水，学界已从以下 3 个角度尝试去解释：一是基于历史种植结构数据分析种植结构的调整引起的作物需水量的变化；二是以计算作物需水量为基础，确定合理的灌溉定额；三是基于水资源约束下的种植业结构优化。

通过综述发现，粮食作物结构调整对水资源的影响研究还有进一步研究的空间：一是现有的粮食种植结构调整大都讨论粮食在种植业中的结构调整，在粮食作物内部结构调整中，考虑以灌溉定额为自变量的灌溉需水涉及较少；二是粮食作物结构调整对水资源的影响泛泛地讨论较多，定量化研究不多，调整的方向比较多且分散，没有聚焦；三是作物需水系统固有尺度效应，影响因子具有随机性、不确定性，小尺度的理论和方法很难解析大尺度作物需水系统变化规律。四是在利用目标函数探讨种植结构优化问题时，尽管是以水资源为限制条件或优化目标，但若区域粮食生产可利用水资源量低于灌溉需水量，则会出现无最优解的情况；故此，目前东北地区玉米、水稻、大豆、小麦、杂粮等主要粮食作物的种植布局到底是节水还是耗水，节约了多少，种植结构到底在其中贡献了多少，这都是需要进一步研究的问题。

（三）水土资源匹配的测度存在较大差异

当前有很多学者对水土资源匹配进行了探讨，尚未形成统一认识。农业水土资源匹配的测算中，主要是在水资源的指标选取存在较大差异：（1）采用水资源量乘以农业用水比例计算；（2）采用用水资源总量乘以农业用水比例计算；（3）直接采用水资源总量进行计算；（4）采用水资源可利用量乘以农业用水比例计算；（5）采用有效降水量与灌溉水量之和计算。由于区域水资源总量中用于维持生态环境的地表水资源和不可开采的地下水资源不能用于开发利用，因而以水资源量或水资源总量为基数测度的区域水土资源匹配程度将偏高。由于研究区域内不同地区存在水资源过度开发利用或水资源开发利用程度偏低的状况，因而以用水总量为基数计算水土资源匹配也会使结果失准。所以，在测算水土资源匹配时，需要考虑以下3个问题：一是采用可利用耕地面积可能比直接用耕地总面积的计算结果更能反映水土资源的真实匹配状况；二是采用农业可用水量比水资源总量、用水量等上述5种水资源指标更好；三是水土资源匹配系数的等级主要依据农业水土匹配系数值的积聚与离散的分异特征，采用自然断裂点法进行划分，缺乏客观性的划分标准，建立更恰当的梯度衡量指标也是需要进一步研究的方向，如下表所示。

表　水土资源匹配测度方法及出处综述

Table　Overview of published method of soil and water resources matching measurement

模型	计算方法	参考文献	判断标准
水土资源匹配系数（R）	水资源总量×农业用水比例/耕地面积	刘彦随（2006）等、顾莉丽等（2016）、孙侦等（2018）、侯薇等（2012）、聂晓等（2016）、王亚迪（2018）、王若梅（2019）	主要依据农业水土匹配系数值的积聚与离散的分异特征，采用自然断裂点法划分等级
	水资源总量/耕地面积	李天霄（2017）	
	用水总量×农业用水比例/耕地面积	王国强（2012）、姚海娇（2013）、王薇（2014）、梁变变（2016）、文倩（2017）	
	水资源可利用量×农业用水比例/耕地面积	姜秋香（2011）、李慧（2016）、姜秋香（2018）	
	（有效降水量+灌溉用水量）/耕地面积	李保国（2010）、耿庆玲（2014）、白洁芳（2017）、许长新（2016）	
水土资源匹配当量系数（E）	单位耕地面积的农业用水量/单位土地面积的水资源总量	耿庆玲（2014）、白洁芳等（2017）、孙晶华等（2017）	水土资源匹配当量系数的值小于1，表示研究区域处于水资源多，耕地少状态；大于1时，水资源少，耕地多状态
	单位农作物总耕种面积的农业用水量/单位土地面积的水资源总量	许长新等（2016）	

（续表）

模型	计算方法	参考文献	判断标准
水土资源匹配指数（I）	区域耕地面积上的农业可用水资源量与区域耕地面积上需要的灌溉需水量的比值	南纪琴等（2015）、南纪琴等（2017）、张莹等（2019）	区域水土资源匹配指数的值大于1表示该区域处于水多地少状态，小于1表示该区域处于水少地多状态

（四）水—耕地—粮食三者的关联关系有待进一步探讨

学者们在水土资源与粮食生产方面做了大量的研究，多是分别研究水资源或耕地资源对粮食生产的影响，其中，粮食生产的水资源利用问题研究热点主要包括农业水资源优化配置、粮食生产水资源利用效率评价及驱动机制，水资源承载力、作物需水规律、不同水分条件下的产量差、水资源动态变化预测、粮食虚拟水的区域间贸易与流动，粮食生产与消费水足迹量化评价与时空变化、保障农业节水的长效机制研究等领域；粮食生产的耕地资源利用问题研究热点则主要包括耕地数量保护目标及制度演变、耕地质量保护方式与新时代诉求、耕地与粮食生产的关系、耕地压力的时空变化及影响因素，基于人口粮食的土地资源承载力、耕地生产能力及增产潜力演进及预测，虚拟耕地贸易及流动量化与生态补偿研究等领域。在水土资源及粮食生产的匹配关系上，学者多分析水土资源的匹配关系，探讨“水—耕地—粮食（LWF）”三元关系较少。且粮食-能源-水关联大量研究集中于三者关联关系和研究框架的定性探讨，定量化研究较少，尚没有找到运用于本研究的切入点。基于大区域尺度的“水—耕地—粮食”研究仍需一个切入角度将耕地、水、粮食三者直接联系起来，定量化探究水土资源对粮食生产的直接影响。

（五）耕地、水、粮食的未来情景预测方法仍有改进与丰富的空间

区域耕地、水和粮食资源发展态势预测模型很多，但没有一种模型对所有的水土资源序列来说都是适用的。对于一个具体耕地、水和粮食资源序列的动态预测问题，需要通过尝试、分析、检验等步骤，最终找到最优的预测模型。近年来，随着深度学习技术的发展，深度学习模型逐渐被应用到时间序列数据研究中，在众多深度学习模型中，长短期记忆网络（LSTM）对时间序列数据分析展现出更强的适应性。在耕地、水和粮食资源发展态势预测中，LSTM模型的运用程度及效果仍有待探索。

第三章　理论基础与分析概述

本章界定了本研究的耕地、水资源、粮食作物的概念，将与本研究密切相关的自然经济学理论、农业经济学理论和资源地理学理论从第二章的文献综述中剥离出来，从这3个角度阐释地域分异特征、资源稀缺理论、比较优势理论、农业区位理论、资源替代理论、脱钩理论、虚拟水与虚拟耕地等理论是如何交叉运用于耕地、水和粮食的二元与三元关联研究，并为其提供理论依据，进一步强化了研究意义，结合运用的分析模型和数据来源，搭建了理论与实践架构。

一、概念界定

耕地是人类开垦之后用于种植一年生农作物的土地。包括种植粮食作物、经济作物和其他作物（包括蔬菜瓜果、绿肥和饲料作物），但不包括多年生的果树和牧草等植物。根据利用特点，主要分为水田和旱地。本研究耕地具体的界定范围与2007年国家发布的《土地利用现状分类》中的阐述保持一致。

水资源是指在现有技术经济可行条件下实际可开发利用的水资源（姜文来等，2005）。本研究中涉及地表水资源量、地下水资源量、水资源总量、降水量、径流量、供水量、用水量等术语界定均与《中国水利统计年鉴》《中国水资源公报》一致，不再赘述。另外，粮食灌溉用水定额是指在规定水文年型和位置下核定的某种粮食作物在一个生育期内单位面积的灌溉用水量。粮食综合灌溉定额是指某区域内粮食作物在各种实际灌溉条件下的灌溉用水定额按灌溉面积的加权平均值。

粮食，在国际上有的仅指谷物，有的指整个食物（Food）包括谷物类（Grain）、豆类、块根和块茎作物类、油籽、油果和油仁作物类，糖类，蔬菜和瓜类，水果和浆果类以及畜产品类，总共八大类 106 种。我国的粮食概念与国际上存在较大差别。本研究依据国家统计局对粮食的定义，粮食包含谷物类、豆类和薯类。根据东北地区主要粮食作物的生产规模，本研究将粮食细分为水稻、玉米、大豆、小麦和杂粮，杂粮是指除水稻、小麦、玉米以外的其他谷物（高粱、谷子、荞麦、燕麦、大麦、黍子等）和除大豆以外的其他豆类（蚕豆、红豆、绿豆、豌豆等）及薯类（马铃薯、甘薯）。

二、理论基础

（一）自然资源经济学理论

自然资源具有整体性、地域性、多用性、数量有限性和潜力无限性。资源之间相互联系、相互制约、构成一个有机整体。水资源短缺会造成土壤质量下降进而引起植被难以生长。资源分布具有明显的地域性，我国北方耕地多而水资源少，南方耕地少而水资源多，时空分布不均。资源一般具有多种用途，这就涉及将有限资源在不同用途上进行最优分配的问题。同时，资源是社会可持续发展的物质基础，这就需要保障资源供给的可持续性。可再生资源资源和非再生资源之间并不存在不可逾越的鸿沟。耕地和水资源，一旦过度利用使其储量减少到资源临界点之下，很难恢复和更新（曲福田，2001）。粮食是一种耗竭性可再生资源，但不是自动地自我更新，而是在人类的制约和合理的管理下再生（BERGSTROM et al.，2010）。

资源经济学的研究对象主要是自然资源的生产和再生产过程，

包括相应的交换、配置和利用环节（唐咸正等，2004）。例如，耕地资源再生产过程为耕地保护、地力恢复和土壤改良等的循环往复的过程。在资源经济学中，认为凡是稀缺的自然物品都是自然资源，带有浓厚的人本主义色彩；资源经济学关注资源的部门和产业配置、资源利用的空间布局和资源的代际分配，使其成为社会或公共经济学的基础组成部分；同时，资源经济学认识到市场对资源利用和保护失灵的一面，强调在资源开发、利用与保护中政府所起的重要作用，政府经济学色彩鲜明。总而言之，资源经济学是研究自然资源与社会经济相互关系及其发展变化规律的学科，在实践中需运用经济学、地理学、法学、数学等学科的理论知识或手段，属于复杂的交叉性学科（谷树忠，1998）。故此，耕地和水资源的研究需要基于资源经济学中的最优耗竭理论、稀缺理论、产权理论、代际分配、核算理论和资源效率至上论等基本原理，合理探索水土资源配置问题。

水资源由于其具有自然属性、经济属性、社会属性，开发利用中的个人决策往往偏离社会最优决策。这类问题可以用“囚犯困境”和博弈论来解释，要实现共享资源的最优利用，关键是使外部性内部化，解决途径不外乎两种：私人交易和政府管制，其中，政府管制手段主要有直接控制、收取税费和实行许可证制度（曲福田等，2011）。自1978年以来，我国的水价改革不断向纵深发展，水资源经历了由无偿的公共物品向有价的商品的转变。农业供水策略也从“以需定供”转变为“以供定需”，针对灌溉用水的需求管理策略，政府部门提出了一系列措施，包括水价改革（按亩收费到计量水价）、定额管理、建立水权制度、推广节水技术等（易福金等，2019）。同时，政府对重点排放污水的行业实行了排污许可证制度，以控制水资源污染程度。然而，农业灌溉用水量受用水水平、气候、土壤、作物、耕作方法、灌溉技术以及渠系利用系数等因素的影响，存在明显的地域差异（田贵良，2018）。由于各地水源条件、种植结构、灌溉面积不同，用水需求量也不尽相同。农业用水量很大程度上取决于农业灌溉。采取节水和农艺等技术措施可以降低作物灌溉定额，也可以通过调整夏秋作物结构，平衡用水量的季节分布，以提升灌溉水资源利用效率，降低灌溉用水量，实现粮食生产与灌溉用水之间的脱钩（于法稳，2008）。由于区域差异及东北地区在保障粮食安全的重要性，其灌溉用水与粮食增产的关系尤为重要，基于资源经济学理论的研究仍需进一步探索。

在农业生产为主的经济阶段，耕地主要解决“温饱”问题，非农建设占用耕地有限。但随着城市化、工业化进程加快，耕地“非农化”加剧，耕地数量减少；耕地质量下降，耕地污染不容忽视。城市化与工业化使得非农业用地的价值迅速上升，现有土地生产力的提高使得用较少耕地就可以生产出更多的粮食，使得农业用地和非农用地需要配置。同时，水土流失和土壤污染治理的成本是昂贵的，当这部分成本不能带来收益时，国家的宏观调控与政策补贴手段显得尤为重要。理论上，耕地流失与经济增长的关系应符合倒“U”形库兹涅茨曲线规律。然而，在不同的经济发展水平阶段，耕地数量变化有不同的特点。耕地占用与经济增长存在着脱钩效应（陈百明等，2006；张文斌等，2013；张勇等，2013；孔星河等，2016；李子良等，2011），这为研究耕地与粮食增产关系的研究也奠定了基础。脱钩理论是近年来国际上在测度经济增长与物质消耗之间关系过程中提出的一种理论方法。脱钩（解耦）理论分析方法主要有弹性分析法、脱钩指数法、IPAT 模型法、描述统计分析法、变化量综合分析法、基于 LMDI 的脱钩分析方法、计量分析法和差分回归系数法（肖丽群等，2012；钟太阳等，2010；潘忠文等，2019）。基于“解耦”和耦合的思想，可以尝试分析不同领域的问题。立足资源经济学，水土资源对粮食生产的支撑能力研究需要充分考虑三者资源的属性与利用变化特征，弄清耕地资源与粮食生产的关系、灌溉用水与粮食生产的关系，水土资源匹配与粮食生产的影响，实现耕地、水和粮食三者的最优配置。

粮食是国家重要的战略资源，同时具有一般商品属性和公共属性。粮食作为普通商品供给，可以由市场机制自动调节而无须政府干预，但当粮食作为一种公共产品，粮食安全就需要政府的保障。在粮食的生产中，耕地和水等农业基础资源直接影响粮食的生产能力，而它们涉及私人物品和公共物品两种范畴，问题较为复杂。TIETENBERG（2012）提出国家为了获得更高的粮食生产率，必须关注5点：（1）农业用地的比重越来越少；（2）能源成本的上升；（3）日益增长的农业环境成本；（4）农业政策中的价格扭曲；（5）新型基因改良作物的潜在副作用。国家对水土资源的宏观调控一定程度上能改进粮食生产条件，实现资源的优化配置，奠定了水土资源与粮食生产关系探究、灌溉用水控制、种植结构调整的理论依据与研究意义。

（二）农业经济学理论

农业生产和自然资源作为两个独立的系统，同时存在于自然界。他们之间既有相互依存的一面，也有相互竞争的一面。农业是自然界中物质和能量转化的过程。农业与其他产业相比具有生产上的周期性和季节性、空间上的地域性和分散性、生产和劳动时间不一致性、自然和市场的双重风险性以及对水土资源的依赖性五大特点。耕地和水资源又具有自身的自然特征和经济特性，如数量的稀缺性、位置的相对固定性、用途的选择性、质量的差异性等，从而产生一系列农业经济问题。

农业的多功能性决定了农业生产要素配置的独特性。农业除了具有产品产出功能外，还有经济、社会、政治、文化和环境等其他方面的非产品产出功能。而这些功能所产生的有形结果和无形结果的价值无法通过市场交易和产品价格来体现。目前，农业的社会功能越来越被重视，一个国家的主要农产品，尤其是粮食不能实现基本自给而过多依赖进口，不仅会给市场农产品市场带来压力，而且还会在政治上受制于人，粮食自给率很大程度上直接关系到一国的国际地位与社会安全。农业产业结构是一个动态概念，具有整体性、多层次性和动态性的特点。其中多层次性决定了农业产业结构调整的复杂性。例如，种植业、林业、畜牧业、渔业和副业为一级结构；种植业中粮食作物、经济作物、油料作物、其他作物为二级结构；粮食作物又可分为玉米、水稻、小麦、薯类等三级结构；按此类推，还可分为四级结构、五级结构。调整和优化农业产业结构，就是使农业产业结构、农产品与社会消费需求相适应。在一定时空条件下，判断农业产业结构调整是否合理可依据四个原则，即资源利用最大化、部门配合协调化、需求满足最大化、经济社会生态效益统一化。受多种因素的影响，我国农业产业结构正处于调整和优化进程中。

农业经济的代表思想主要产生于西方国家。英国经济学家ARTHER的《农业经济论》比较详细论述了农业生产的农业生产要素的配合比例、生产费用和经营效率的关系。德国经济学家THUNEN提出了农业集约理论和农业区位理论，对级差地租理论做出了很大贡献，BRINKMANN围绕农业集约化和农业经营制度两大主题，论述了边际收益递减规律、投资收益边界、部门配合理论和生产规模问题，奠定了现代农业经济学的基础。英国经济学ALLAN提出了虚拟水的概念，为解决水土资源与粮食结构调整问题提供了新思路。此后，虚拟土、虚拟耕地、虚拟化肥、虚拟农药等虚拟的农业生产要素也相继被提出。

农业虚拟水是指农产品生产过程中消耗的水。虚拟水，是凝结在产品和服务中的非真实水产量，以“嵌入式水”或“外来水”内化到产品中。虚拟水是根据资源流动、资源替代和比较优势理论，随着商品贸易的发展而得到的。1980s在缺水的国家和地区，“虚拟水”开始作为缓解水资源短缺的策略。随着贸易全球化的发展，虚拟水扩展为生产商品和服务所需的水资源量（ERCIN et al.，2014）。对于某一个地区而言，农产品虚拟水总量越小，意味着农业用水量越少。自2002年以来，虚拟水的理论越来越丰富，定量计算系统也逐渐得到完善。因此，基于虚拟水概念，可以计算商品和服务的“水足迹”，目的是描述消费者和生产者直接和间接使用水（BRINDHA，2017）。虚拟用水量和交易量的水足迹是相互关联的关系。水足迹将虚拟水与人类的实际用水量联系起来，真实地反映了人类对水资源系统的压力程度。故此，虚拟水与水足迹理论的提出使水资源研究从“水实体”转向“广义水”，促进了水资源系统的创新，为水资源的价值、水资源的分配、承载力、有效利用、与粮食生产的关系、农产品贸易、环境效应等都提供了新的思路，使水资源的第二种构想得以实现。

虚拟土和土地足迹是在虚拟水的基础上提出的概念。土地足迹（LF）被定义为从消费角度直接或间接用于生产商品和服务的土地资源量。因此，它不仅探索了一个地方的资源利用，而且揭示了一个地方的消费对其他地方资源供应的依赖性（BOSIRE et al.，2016）。许多研究从全球层面、国家尺度，也从区域、部门和不同产品级别间以不同的角度对 LF 进行了研究（HAN et al.，2017；KHOO et al.，2015；RIDOUTT et al.，2014），进一步从耕地资源角度丰富了虚拟资源要素的理论和实践。国内学者基于虚拟水和虚拟土的理论，着重研究了虚拟耕地的内涵、规模与贸易。虚拟耕地是根据地域分异规律、比较优势理论、区位理论和资源替代理论，随着农产品贸易产生的。通过区域内不同农作物虚拟土含量的测算，可优化农业种植结构，种植具有比较优势的农产品，同时，使单位农产品虚拟土含量比较高的地区逐步的退耕还林、还草，促使整个区域向节地的方面转变。

（三）资源地理学理论

我国资源地理学的发展是基于各类资源分布、地理环境的复杂性和区域资源开发、利用问题的长期化、战略化等独特的国情决定的。目前我国资源地理学的理论研究还很薄弱、各领域研究水平不平衡，获得一级学科权威认定尚需时日。然而，物质资源及其地理性优势在农业发展中是“可能与限制”决定性因素，资源地理学在提高“经济可能”和消除“经济限制”上有独特的学科作用（濮励杰等，2015）。基于地域分异规律、资源价值、资源功能、资源系统等基础理论以及3S技术的融入，资源地理学有其独特的研究视角。资源地理学着重关注资源在形成、转化、利用过程中与地理要素、地理环境、地理特征有关的各种资源的数量、质量、时空差异规律，探讨资源的合理开发、流动和时空结构、效率、效应提升，进而寻求实现可持续利用的途径（贾绍凤等，2010）。

资源在空间的配置主要解释地理空间中经济活动的集聚现象。FUJITA等（2002）认为规模报酬递增和运输成本之间的权衡关系是空间经济的基础，我们不得不把着眼点从“聚是否会发生”到“成了多少集聚及它们的相对位置如何”来。中心—外围模型中的很多内容仍然保存了下来。该模型中的促进经济活动集中的因素在多个地区或连续空间模型中同样也会产生数量更少、规模更大的集中。随着资源地理学在空间角度的拓展，大多数传统经典统计学和计量经济学中相互独立的基本假设被打破，事物之间的空间相关性得到重视。

地理信息系统（GIS）作为空间分析的重要手段，被广泛运用于土地利用/覆被变化、粮食生产的时空演变研究。国内外GIS的发展主要是靠“应用驱动”和“技术导引”，空间分析中关系理论、推理理论、数据模型理论、地理信息不确定性理论等探讨较少。黄爱军（1995）较早发现“全国粮食增长中心逐渐北上”的粮食生产趋势。此后，我国粮食生产格局变动的总体特征已由“南粮北调”转变为“北粮南运”“北进中移”以及北部和中部成为主要“增长极”、800mm以上雨量带向400～800mm雨量带偏移等趋势（程叶青等，2005；封志明等，2007；刘彦随等，2009；邓宗兵等，2014；朱会义等，2015）。人类土地利用活动的变化史，在很大程度上表现为耕地在空间上的扩张和收缩（龙花楼等，2006）。然而，相关的理论成果仍比较匮乏，土地利用/覆被变化与粮食生产空间变化研究仍然有待理论化。同时，立足资源综合理论与 GIS 技术相结合，定量分析和模拟东北地区不同地区水土资源利用与粮食生产的动态平衡关系与未来发展情景，揭示其水土资源利用与粮食生产的地域平衡特征与空间规律性是资源地理与水土资源可持续利用研究的一个热点问题。

三、分析模型

（一）耕地利用与粮食空间分布分析模型

1. 重心拟合模型

重心模型是研究区域发展过程中要素空间变动的重要分析工具。由于区域发展是要素集聚与扩散的过程，各要素的重心位置处于不断变动之中，要素重心的移动客观地反映了区域发展诸要素空间集聚及其位移规律（刘彦随等，2009）。人口重心（徐建华等，2001）、经济重心（乔家君等，2005）以及生产重心（王介勇等，2009）是地理学常用的重心分析模型。本研究根据重心模型理论尝试构建了区域粮食生产及耕地面积两种要素的重心拟合模型，如下式：

$$X_t = \frac{\sum_{i=1}^{n} X_i}{n} \tag{3-1}$$

$$Y_t = \frac{\sum_{i=1}^{n} Y_i}{n} \tag{3-2}$$

式中，X_t 为某一年份要素的经度坐标，Y_t 为某一年份要素的纬度坐标，X_i 为第 i 个要素栅格像元的经度坐标值，Y_i 为第 i 个要素栅格像元的纬度坐标值，n 为研究区要素栅格像元的数量。

设 $A_a(X_a,\ Y_a)$ 、$A_b(X_b,\ Y_b)$ 分别为研究初期和末期的东北地区要素的重心坐标，D 为要素重心移动的距离，则 a 、b 年的要素重

心距离 D 为：

$$D=\sqrt{(X_b-X_a)^2+(Y_b-Y_a)^2} \tag{3-3}$$

耕地重心模型用于比较分析不同时期耕地总体、水田和旱田的分布重心，研究其动态迁移情况，要素为耕地、水田、旱地的栅格单元。粮食生产重心指的是某个时期粮食及水稻、玉米、大豆、小麦、杂粮生产分布在某区域的力矩达到平衡的地理重心（本研究度量指标为粮食作物的播种面积）。任何一个区域粮食及水稻、玉米、大豆、小麦、杂粮面积的变动都会促使东北地区粮食生产重心发生偏移。当粮食作物生产重心朝着某个方向发生移动时，表明该方向上的粮食作物面积增长较快，对作物生产系统的贡献幅度就更大，重心的移动距离能很好地反映粮食作物生产的调整强度。

2. 土地利用转移矩阵

土地利用转移矩阵来源于系统分析中对系统状态与状态转移的定量描述，被广泛运用于反映研究区内耕地与其他土地类型、水田与旱田之间的转换关系。其通用形式为（朱道林等，2010；乔伟峰等，2013；杨庆媛等，2018）：

$$S_{ij}=\begin{bmatrix} S_{11} & S_{12} & \cdots & S_{1n} \\ S_{21} & S_{22} & \cdots & S_{2n} \\ \cdots & \cdots & \cdots & \cdots \\ S_{n1} & S_{n2} & \cdots & S_{nn} \end{bmatrix} \tag{3-4}$$

式中，S 为土地面积；n 为土地利用类型数目；i 、j 分别为研究初期与研究末期的土地利用类型。S_{ij} 表示从初期到末期 i 类土地利用类型转化为 j 土地利用类型的面积。矩阵中的每一行元素代表转移前的 i 地类向转移后的各地类的流向信息，矩阵中的每一列元素代表转移后的 j 地类面积从转移前的各地类的来源信息。

3. 空间自相关分析

空间自相关是空间聚集程度的一种量度，包括全局空间自相关和局部空间自相关。全局空间自相关是对某种地理现象或某一属性在整个区域的空间特征的描述，判断此现象或属性值在空间上是否存在聚集特性，最常用的指标是 *Moran's I*，该指标可以反映区域属性值的分布是否集聚、离散或随机分布，其值域为［-1，1］，大于0表示全局空间正相关，小于0表示全局空间负相关，等于0表示全局空间不相关，指数绝对值越大表示相关性越强。其计算公式如下（余建辉等，2010；柏林川等，2013）：

$$Moran's\ I = \frac{n}{S_o} \frac{\sum_{i}^{n} \sum_{j \neq i}^{n} w_{ij}(x_i - \bar{x})(x_j - \bar{x})}{\sum_{i=1}^{n} (x_i - \bar{x})^2} \tag{3-5}$$

式中，n 是样本总数，x_i 和 x_j 分别是位置 i 和 j 处的观测值，是观测值 x_i 在所在位置的平均，w_{ij} 是空间权重矩阵，S_o 是空间权重矩阵 w_{ij} 中所有元素之和。若地区 i 和 j 相邻，则 $w_{ij}=1$，若不相邻，$w_{ij}=0$。

（二）耕地-粮食关联分析模型

1. 基于 LMDI 的耕地利用效应因素分解

因素分解法是通过转化数学恒等式，将目标变量分解为多个主要因素并对其进行研究，从而观察各个因素对目标变量的相对影响大小及作用方向的方法。耕地利用效应反映在粮食产量变化上。区域粮食产量是粮食作物播种面积（A）和单产（Y）的乘积，其中粮食作物播种面积，又为耕地面积（L）、复种指数（I）、粮食种植比例（R）之积，即粮食作物产量是耕地面积、复种指数、粮食种植比例、作物单产四个因素的乘积（金涛，2019），耕地面积反映了区域耕地的可利用规模状况，复种指数反映了区域耕地的开发利用强度状况，粮食种植比例反映了区域耕地的利用结构状况，作物单产反映了区域单位面积耕地所能实现粮食生产能力状况，分别代表了耕地利用对粮食产量影响的规模效应、强度效应、结构效应、产能效应。故此，区域粮食产量变化值为分为耕地的规模效应、强度效应、结构效应、产能效应所引起的产量变化贡献值之和。

对数平均迪氏分解方法（logarithmic mean weigh division index method，LMDI）是一种特殊的因素分解法，由 ANG B W（2005）提出，与其他因素分解方法（如拉式分解法）相比，具有满足因素可逆、能够消除残差项、不产生余值以及可以通过加和分解和乘积分解两种方式分解且最终分解结果一致等特点（晏永刚等，2011；封志明等，2016），适用于对比分析经济体中不同产业、不同区域之间的内部效应（李艳梅等，2010），为揭示目标变量的主导因素及其时空差异提供了有效方法。本研究采用对数平均迪氏指数法（LMDI）来计算耕地的规模效应、强度效应、结构效应、产能效应的变化对粮食产量变化的影响。计算公式如下：

$$\Delta P_L = \frac{P_t - P_0}{\ln(P_t / P_0)} \cdot \ln \frac{L_t}{L_0} \tag{3-6}$$

$$\Delta P_I = \frac{P_t - P_0}{\ln(P_t / P_0)} \cdot \ln \frac{I_t}{I_0} \tag{3-7}$$

$$\Delta P_R = \frac{P_t - P_0}{\ln(P_t / P_0)} \cdot \ln \frac{R_t}{R_0} \tag{3-8}$$

$$\Delta P_Y = \frac{P_t - P_0}{\ln(P_t / P_0)} \cdot \ln \frac{Y_t}{Y_0} \tag{3-9}$$

式中，P_0、P_t 分别为区域初期与末期的粮食产量，万 t；L_0、L_t 分别为区域初期与末期的耕地面积，万 hm^2；I_0、I_t 分别区域初期与末期的复种指数；R_0、R_t 分别为区域初期与末期的粮食种植比例；Y_0、Y_t 区域初期与末期的粮食作物单产，t/hm^2；ΔP_L 为区域粮食作物由耕地规模效应所带来的产量变化值，万 t；ΔP_I 为区域粮食作物由耕地强度效应所带来的产量变化值，万 t；ΔP_R 为区域粮食作物由耕地结构效应所带来的产量变化值，万 t；ΔP_Y 为区域粮食作物由耕地产能效应所带来的产量变化值，万 t。

2. 虚拟耕地计算

目前，虚拟耕地资源的量化主要从生产者和消费者两个角度进行。为了真实核算粮食生产中的隐含虚拟耕地资源，本研究以生产者角度计算虚拟耕地资源量，即以实际生产地的粮食单产为基础进行核算，是生产某种农产品实际的耕地数量，该方法测度结果能够反映出农产品流动中隐含的真实耕地数量及其空间分布状况。白玮等（2010）、孙才志等（2012）、吴绍华等（2016）、樊鹏飞等（2018）、梁流涛等（2019）均从的生产者角度对中国部分区域进行了虚拟耕地的量化和分析。区域单位粮食作物产品虚拟耕地含量增减变化是不同作物生产变化引起的该作物单位产品虚拟耕地含量增减变化的累加结果。测算公式如下：

$$V_L = \sum_{i=1}^{5} R_i \cdot V_i = \sum_{i=1}^{5} \frac{P_i}{P} \cdot \frac{1}{Y_i} \tag{3-10}$$

$$\Delta V_L = \sum_{i=1}^{5} \Delta CV_i \tag{3-11}$$

式中，V_L 为单位粮食作物产品虚拟耕地含量，hm^2/t；P 为粮食总产量，万 t；P_i 为粮食作物 i 的产量，万 t；R_i 为粮食作物 i 产量在粮食总产量中占比；Y_i 为粮食作物 i 的单产，t/hm^2；V_i 为粮食作物 i 单位产品虚拟耕地含量，hm^2/t；ΔV_L 为区域单位粮食作物产品虚拟耕地含量变化量，hm^2/t；ΔCV_i 为粮食作物 i 对区域单位粮食产品虚拟耕地含量变化的贡献量，hm^2/t。

某粮食作物 i 对区域单位粮食产品虚拟耕地含量变化的贡献量（ΔCV_i）受到该作物在区域粮食产量中占比结构变化和该作物单产水平变化的影响。其中，由作物生产结构变化引起的，故将其称为结构变化贡献 ΔR_i，由作物单产水平变化变化引起的，故将其成为单产变化贡献 ΔV_i。ΔR_i 和 ΔV_i 由对数平均迪氏指数法（LMDI）分解计算而来，方法同上，不再赘述。

（三）水-粮食关联分析模型

1. 粮食综合灌溉定额测算

在我国，灌溉定额一般采用亩均灌溉水量指标，也可采用单位农产品取水量、万元产值、万元增加值取水量等指标。综合灌溉定额是指区域内某种作物在各种实际灌溉条件下的灌溉用水定额按灌溉面积的加权平均值，在灌溉用水定额已知的情况下可以通过公式计算综合灌溉定额（灌溉用水定额编制导则，2012），同时，可以判定某作物在综合定额中的贡献值及某作物种植变化在综合灌溉定额变化幅度中的贡献率，其计算式如下：

$$M = \sum_{i=1}^{5} \frac{m_i \cdot a_i}{A} \tag{3-12}$$

$$R_i = M_i/M = \frac{m_i \cdot a_i}{A}/M \tag{3-13}$$

$$\Delta C_i = \frac{|\Delta M_i|}{\sum_{i=1}^{n} |\Delta M_i|} \cdot 100\% \tag{3-14}$$

M 为某行政单元的粮食作物综合灌溉定额，m^3/hm^2；A 为粮食作物总播种面积，万 hm^2；a_i 为粮食作物 i 的播种面积，万 hm^2；m_i 为粮食作物 i 的灌溉用水定额，m^3/hm^2；R_i 为粮食作物 i 在综合灌溉定额的贡献率；M_i 为粮食作物 i 在综合灌溉定额中的贡献值，m^3/hm^2；ΔC_i 为粮食作物 i 种植变化在综合灌溉定额变化幅度中的贡献率；$|\Delta M_i|$ 为粮食作物 i 的综合灌溉定额变化幅度的绝对值，m^3/hm^2。

2. 粮食灌溉需水量测算

根据灌溉需水总量与灌溉水有效利用系数、灌溉定额之间的关系（灌溉用水定额编制导则，2012），区域粮食灌溉需水总量可根据粮食作物灌溉定额计算而来，同时，可以算出某种作物对粮食需水量贡献率以及某作物对粮食作物需水量变化幅度贡献率，公式如下：

$$W = \frac{\sum_{i=1}^{n} a_i \cdot m_i}{\eta} = \frac{A \cdot M}{\eta} \tag{3-15}$$

$$C_i = \frac{W_i}{\sum_{i=1}^{n} W_i} \tag{3-16}$$

$$\Delta C_i = \frac{|\Delta W_i|}{\sum_{i=1}^{n} |\Delta W_i|} \cdot 100\% \tag{3-17}$$

式中，W 为区域粮食作物灌溉需水总量，万 m^3；a_i 为区域粮食作物 i 的播种面积，万 hm^2；m_i 为区域粮食作物 i 的灌溉定额，m^3/hm^2；η 为区域灌溉水有效利用系数；A 为区域粮食作物播种总面积，万 hm^2；M 区域粮食作物的综合灌溉定额，m^3/hm^2；C_i 为粮食作物 i 的灌溉需水量贡献率；W_i 为粮食作物 i 的灌溉需水量，万 m^3；ΔC_i 为作物 i 灌溉需水量变化在粮食作物需水总量变化幅度中的贡献率；$|\Delta W_i|$ 为作物 i 的灌溉需水量变化幅度的绝对值，万 m^3。

（四）水—耕地—粮食关联分析模型

1. 水土资源匹配模型

农业水土匹配系数能够反映特定区域农业生产的水资源和耕地资源时空匹配的量比关系（刘彦随，2006），是基于单位耕地面积水资源量研究区域水土资源匹配特征的应用最广泛的分析模型。区域水资源与耕地资源分配的一致性水平越高，其匹配程度就越高，农业生产的基础条件就越优越。其计算方法如下：

$$R = \frac{W}{L} \tag{3-18}$$

式中，R 为区域粮食生产水土匹配系数，W 区域粮食生产可利用水资源量，万 m^3；L 为区域粮食生产可利用耕地面积，万 hm^2。具体基于不同情境下的水土匹配计算见第八章第一节。

2. 水—耕地—粮食关联系数模型

为分析区域粮食生产可供利用水资源及耕地资源匹配状况与粮食生产对水资源需求和耕地资源利用状况的关联关系如何，研究建立了水—耕地—粮食关联系数模型，以评价水资源、耕地资源与粮食生产的适宜程度和满足程度。水—耕地—粮食关联系数为粮食生产可利用水资源量和可利用耕地面积之比与粮食生产所需灌溉用水量与所利用耕地面积之比的比值。其计算公式如下：

$$WLF = \frac{W}{L} / \frac{\sum_{i=1}^{5} m_i \cdot A_i}{\left(\sum_{i=1}^{5} A_i / C_i\right) \cdot \eta} = \frac{W}{L} / \frac{M}{\eta} \tag{3-19}$$

式中，WLF 为水—耕地—粮食关联系数；W 为区域粮食生产可利用水资源量，万 m^3；L 为区域粮食生产可用于耕地面积，万 hm^2；η 为区域灌溉水有效利用系数；m_i 为区域粮食作物 i 的灌溉定额，m^3/hm^2；A_i 为区域粮食作物 i 的播种面积；C_i 为区域粮食作物 i 的熟制；东北地区粮食作物为一年一熟，故取值为 1；M 为区域粮食作物综合灌溉定额，m^3/hm^2。

当 WLF 介于 0.75～1.25，表明区域粮食生产可利用的灌溉水量和耕地资源的匹配状况基本能够满足当前耕地利用规模下粮食生产结构的灌溉用水需求，水—耕地—粮食关联关系处于平衡状态。$WLF > 1.25$，表明区域粮食生产可利用的灌溉水量和耕地资源的匹配状况，在满足当前耕地利用规模下粮食生产结构的灌溉用水需求的情况下仍有余水可用，处于水资源相对充足，而用于粮食生产的耕地资源相对短缺的状态；$WLF < 0.75$，表明区域粮食生产可利用的灌溉水量和耕地资源的匹配状况，不能够满足当前耕地利用规模下粮食生产结构的灌溉用水需求量，部分耕地面积上的粮食作物缺乏灌溉水，处于水资源相对稀缺，而用于粮食生产的耕地资源相

对充足的状况（表3-1）。具体基于不同情境下的水—耕地—粮食关联计算，见第八章第二节。

表3-1 水—耕地—粮食关联系数（*WLF*）分区及等级

Table 3-1 Partition and classification of coefficients of water-land-food nexus

分区	水资源短缺区			平衡区	耕地资源短缺区		
等级	重度	中度	轻度		轻度	中度	重度
WLF	<0.3	[0.3, 0.5)	[0.5, 0.75)	[0.75, 1.25]	(1.25, 1.5]	(1.5, 1.7]	>1.7

（五）长短期记忆模型（LSTM）

近年来，随着深度学习技术的发展，深度学习模型逐渐被应用到时间序列数据研究中，在众多深度学习模型中，循环神经网络（RNN）对时间序列数据分析展现出更强的适应性。长短期记忆模型（LSTM）是一种特殊的人工神经网络模型，在时间序列预测中表现优异。LSTM 模型由 Hochreiter 和 Schmidhuber 提出，最近由 Alex Graves 改进，可以通过设计精细的网络结构来解决梯度消失问题。LSTM 模型的每个神经元的结构，如下图所示，其内部包括一个记忆储存（Cell）和 3 个门控（Gates）设置，Cell 记录神经元状态，输入门（Input Gate）和输出门（Output Gate）用来接收、输出参数和修正参数，遗忘门（Forget Gate）用来控制上一单元状态的被遗忘程度。

图中，x_t为输入值（Input），h_t为隐藏状态（Hidden state），c_t记忆单元状态（Cell state），f为遗忘门（Forget gate），g为记忆单元（Memory cell），i为输入门（Input gate），o为输出门（Output gate）。

为了比较评估 LSTM 模型的拟合效果，本研究选择了在耕地资源预测模型中具有代表性的趋势外推模型、指数平滑模型、灰色模

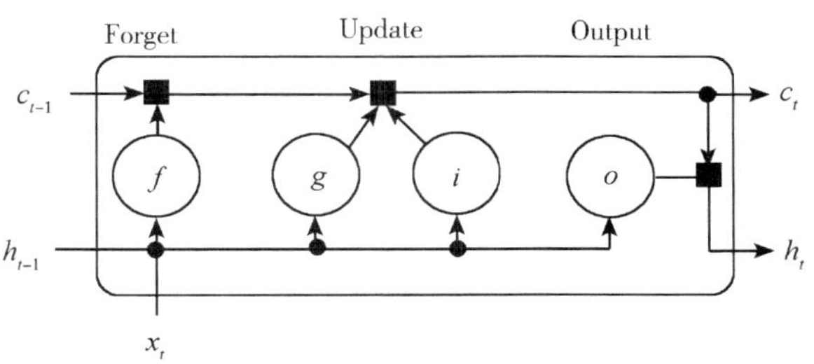

图　LSTM 单元结构

Fig　LSTM cell structure

型、移动平均自回归、支持向量机、NAR 动态神经网络等 6 类模型的拟合效果进行比较。各模型的具体构建情况见第九章。

四、研究区概况

（一）地形地貌

黑龙江省地势复杂多样，大体为北部和东南部高，东部和西南部低。西北部为大兴安岭山地，北部为小兴安岭山地，东南部是由长白山脉的张广才岭、老爷岭、太平岭和完达山组成的山地，东部为三江平原，西南部是松嫩平原。山地丘陵海拔 300~1 500m，平原区海拔大部分 50~250m。黑龙江省水系发达，流域在 50km^{2}以上河流有 1 918条，其中，流域在 1 万 km^{2}以上河流 18 条。主要河流有黑龙江、松花江、乌苏里江、嫩江、牡丹江、呼玛河、额木尔河、塔河等。黑龙江是一条流经中国、俄罗斯、蒙古 3 国的国际河流，也是我国第三大河流，流域面积达 180 万 km^2。松花江是黑龙江第一大支流，嫩江是松花江最大的支流。

吉林省地貌类型多种多样，地势大体东高西低。以大黑山西麓为界，将全省分为两部分。东部是长白山的主体部分，西部是山前台地与松嫩平原。东部长白山地大致以张广才岭龙岗山脉连线为界划分为长白熔岩高原、吉东山地区、山间盆地和吉中丘陵区。大黑山以西是松辽平原部分，地势低平。吉林省共有河流约2 000条，以松花江流域面积为最大，约合全省总面积的64.6%，其他主要河流还有牡丹江、东辽河、图们江、鸭绿江、浑江、洮儿河、饮马河、柳河、辉发河等。

辽宁省山地、丘陵、平原交错分布，丘陵占60%，平地占33%，水域及其他约占7%。地势具有两翼高、中间低的特点，形成界限较分明的三大地貌区。一是辽东山地丘陵地区，从东北向西南延伸，是辽宁省重要的林区；二是辽河平原区，位于东西部山地、丘陵之间，是辽河及支流冲积而成，是辽宁省重要的农业区；三是辽西低山、丘陵地区，是内蒙古高原向辽河平原的过渡地带。辽宁省水系发达，共有大小河流360多条，年径流总量335亿m^3。辽河为辽宁省第一大河，流向由北至南入海。鸭绿江为辽宁省第二大河，也是中国和朝鲜两国界河，水量大。

总体来说，东北地区地势南北两侧与东西两侧高、中间低。自北向南主要可划分为大兴安岭、小兴安岭、长白山、三江平原、松嫩平原、辽河平原、辽东丘陵等山脉、平原和丘陵三类地貌类型。长白山脉，是松花江、图们江和鸭绿江的发源地；大兴安岭是内蒙古高原与松辽平原以及内、外流水系的重要分界线，对调节气候，涵养水源，稳定生态平衡，保证山地两侧农牧业生产等方面，有着重大影响；小兴安岭属低山丘陵；三江平原是黑龙江、乌苏里江、松花江汇流、冲积而成的沃土平原；松嫩平原主要由松花江和嫩江冲积而成；三江平原、松嫩平原、辽河平原共同组成中国最大的平原—东北平原，是全球仅有的三大黑土区域之一。东北地区海拔大部分在150m以下，山前丘岗缓坡耕地海拔在150~330m，而山区多为500~1 000m，少数达1 500m。

（二）气候特征

黑龙江省属于高纬度的寒温带-温带地区，为湿润、半湿润、半干旱季风气候。冬季寒冷漫长而夏季短促，西北端基本没有夏天，1月平均气温-32～-17℃，7月平均气温16～23℃，全年无霜期为90～120天。平均年降水量一般为250～700mm。吉林省属于温带大陆性季风气候，冬季寒冷漫长，夏季高温多雨。1月平均气温约为-18℃，7月平均气温约为20℃，全年无霜期为100～160天。平均年降水量为550～910mm，80%集中在夏季，以东部长白山降水量最为丰沛，降水量可达1 100mm。辽宁省属于温带季风气候，雨热同季，四季分明。全年平均气温介于7～11℃，最高气温零上30℃，最低气温零下30℃。年平均无霜期130～200天。年降水量在介于600～1 100mm，东部多西部少，在东北三省中降水量最多。

总体来说，东北地区大体属于温带季风气候，由南向北依次为暖温带、温带和寒温带，年均光照时间和温度由南向北、至西向东逐渐减少。无霜期通常为140～170天。降水量东部多而西部少，介于250～1 000mm，且集中于夏秋季。正常年份，光、热、水分条件基本可以满足作物雨养的需要，但由于年际间降水量不均，时有旱情发生，春旱较多，对作物产量构成严重威胁。近些年来，东北地区的气温变化特征呈现出逐渐变暖的现象，在一定程度上促进了农作物的生长，使得东北地区农作物种植区域北移。

（三）土壤条件

东北地区土壤以土层深厚、自然肥力高的黑土、黑钙土和草甸土为主，有机质平均含量34.70g/kg，全氮平均含量1.986g/kg，有效磷平均含量25.9mg/kg，速效钾含量148.9mg/kg，均明显高于全国平均水平；大部分地区土壤微酸性，全区土壤pH值平均值为6.3，其中，黑龙江省、吉林省和辽宁省分别为6.1、6.6和

6.3。除少数强酸性和强碱性土壤区域外，大部分地区土壤酸碱环境适宜农作物生长发育。

东北地区耕地以平耕地为主，有利于机械化作业。据第二次全国土地调查结果，东北3省区坡度<2°的平耕地面积占耕地总面积的73.1%，2°~6°坡地面积占耕地总面积的18.9%，6°~15°坡地面积占耕地总面积的7.3%，其他仅占0.6%。

东北地区耕地质量的主要问题：(1) 局部区域水土流失严重。松嫩平原黑土退化、农田肥力下降，表现为黑土层厚度减小，有机质含量下降和物理性状恶化，其退化是农业生产可持续发展的重大障碍。(2) 耕层土壤养分失衡。在长期不施用有机肥的情况下，粮食增产靠大量施用化肥，造成土壤磷素的大量积累和土壤酸化(表3-2)。

表3-2　东北三省区土壤基础养分情况

Table 3-2　Soil basic nutrients in Northeast China

地区	有机质含量(g/kg)	全氮含量(g/kg)	有效磷含量(mg/kg)	速效钾含量(mg/kg)	土壤pH值
全国	24.65	1.301	19.2	120.6	6.7
东北区	34.70	1.986	25.9	148.9	6.3
黑龙江省	40.43	2.125	27.8	169.0	6.1
吉林省	26.15		22.7	119.5	6.6
辽宁省	17.25	1.118	24.4	84.1	6.3

注：数据来源于全国农业技术推广中心编著《测土配方施肥土壤基础养分数据集(2005—2014)》，中国农业出版社。根据2005—2014年县多点位测土配方施肥测试结果计算，为多年多地平均值

五、数据来源

耕地面积数据来源于国家统计局、自然资源部，及黑龙江省、吉林省、辽宁省统计局等部门公布的数据，其中，1990—1995年

耕地面积源自《黑龙江统计年鉴》（1997）、《吉林统计年鉴》（1997）、《辽宁省统计年鉴》（1997）；1996 年耕地面积来源于国家统计局、国土资源部和全国农业普查办公室《关于土地利用现状调查主要数据成果的公报》；1997—2008 年耕地面积源自《中国国土资源年鉴》（1999—2009）；2009—2017 年耕地面积源自《中国统计年鉴》（2015、2018）。耕地利用结构数据源自黑龙江省、吉林省、辽宁省各年份统计年鉴及自然资源部土地调查成果共享应用服务平台。耕地质量等别数据源自原国土资源部。耕地灌溉面积数据源自黑龙江省、吉林省、辽宁省各年份统计年鉴。1990 年、1995 年、2000 年、2005 年、2010 年、2015 年耕地利用数据来源于中国科学院资源环境数据中心的全国土地利用数据库。

水资源量、水资源开发利用数据源自黑龙江省、吉林省、辽宁省的水资源公报。灌溉水有效利用系数源自中国灌溉排水发展中心和黑龙江省、吉林省、辽宁省水资源公报以及省级和地市级水利发展规划等文件。用水总量控制指标及灌溉水有效利用系数目标源自省级及各地市关于实行最严格水资源管理制度考核办法相关文件。

省级及各地市各年份的粮食作物播种面积、粮食产量、粮食作物单产等数据黑龙江省、吉林省、辽宁省各年份统计年鉴。粮食作物品种的区域试验单产和生产试验单产数据源自中国种业大数据平台。

第四章　水—耕地—粮食时序变化特征

本章以水—耕地—粮食关系要素为基础，从黑龙江、吉林、辽宁3省和东北总体的角度，系统分析耕地资源、水资源和粮食生产的各指标总体特征与长时间序列的变化特征。耕地资源包括耕地总量、耕地利用结构、耕地质量等别、耕地灌溉面积等4个方面；水资源包括水资源总量、供水能力、水资源开发利用率、用水量、用水总量控制目标、农田灌溉用水量6个方面，粮食生产包括粮食总播种面积、粮食总产量、粮食作物结构、玉米、水稻、大豆、小麦、杂粮等方面。

一、耕地变化特征

缺乏连续、长时间序列的耕地数据是中国耕地利用研究的极大制约。当前，比较系统的官方耕地面积数据为1995年（含）之前的国家统计局数据、基于第一次全国土地资源调查的1996—2008年国土资源数据、基于第二次全国土地资源调查的2009—2017年国土资源数据。

图4-1反映了黑龙江、吉林、辽宁3省耕地面积原始数据变化情况。3省耕地面积均分别在1995—1996年和2008—2009年发生“突变”，其原因是数据口径有所变化，其中，1990—1995年为统计口径数据，1996—2008年为第一次国土调查成果及变更数据，2009—2017年为第二次国土调查成果及变更数据。口径不同使得耕地数据系列不连续，基于研究的需要，有必要对数据进行订正。

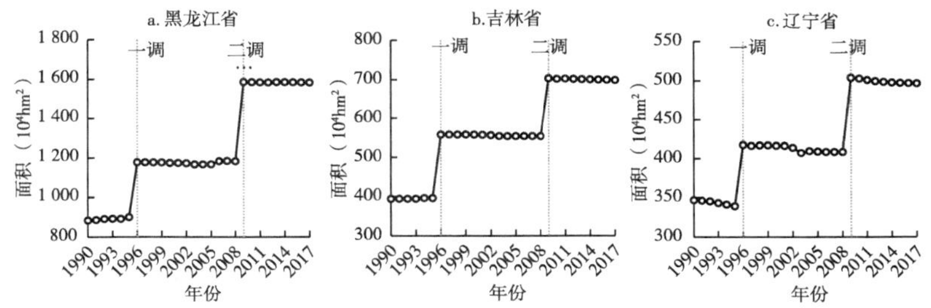

图 4-1 订正前耕地面积时序变化

Fig. 4-1 The time series of cultivated land area before revision

已有研究普遍采用“基于基准数据，结合耕地面积增减变化数据逐年反推”的思路和方法进行耕地面积数据的订正，如封志明等（2005）、汪涌等（2008）、蔡运龙等（2009）、宋小青等（2014）分别以 1996 年“一调”数据为基础，将 1996 年之前耕地数据订正为“一调”口径数据；陈印军等（2016）、金涛（2019）、张凤荣等（2019）等学者分别以 2009 年“二调”数据为基础，将 2009 年之前耕地数据订正为“二调”口径数据。上述研究均表明，经订正后的数据能够更好反映耕地面积变化真实情况。本研究采取上述思路和方法进行数据订正，即以 2009 年第二次国土调查数据为基础，结合耕地面积增减变化值进行逐年反推，将 1990—2008 年三省耕地面积数据订正为基于“二调”口径的数据。构成基于“二调”的 1990—2017 年黑龙江、吉林、辽宁 3 省耕地面积时序数列（图 4-2）。

（一）耕地总量

2017 年，东北地区耕地面积2 780. 40万 hm^2，占全国的 20. 61%；人均耕地面积 0. 26hm^2，为全国平均水平的 2. 63 倍，是我国耕地较丰富的地区。耕地面积时序变化可分为以下四个阶段：

1990—1996 年，耕地增长期。除 1993 年外，1990—1996 年，

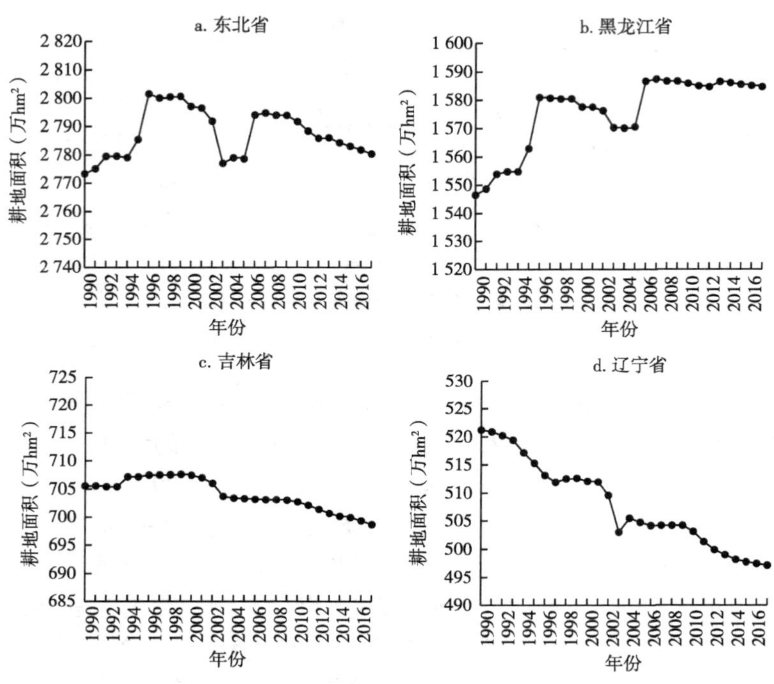

图 4-2　订正后耕地面积时序变化

Fig. 4-2　The time series of cultivated land area after revision

东北地区各年增加的耕地面积均高于减少的耕地面积，使得东北地区耕地总面积保持了持续增长的态势。从减少耕地来看，建设占用、生态退耕、农业结构调整是耕地减少的主要原因。1990 年以来，东北地区因农业结构调整而减少的耕地面积常年保持在较高水平，同时，由于三北防护林、农田防护林网等建设，使得大规模耕地因生态退耕而减少，加之，1993 年前后东北地区逐步融入全国性“开发区热”和“房地产热”中（巩前文等，2018），建设用地占用耕地规模持续高涨，导致 1990—1996 年东北地区每年减少耕地规模持续处于高位，年均减少耕地在 6 万 hm^2 以上。从增加耕地来看，增加耕地最主要来源为黑龙江省，其次为吉林省。1990年以来，黑龙江省通过开发整理和农业结构调整获得的增加耕地规模持续高于减少耕地规模，耕地面积保持了持续增长态势，并拉动东北地区耕地面积保持的增长；1993年以来吉林省加大了整理、结构调整力度，使得各年的增加耕地面积大幅增加，个别年份增加耕地面积大幅高于减少耕地面积，有效遏制了耕地总面积下降的趋势。辽宁省开发整理和农业结构调整的新增耕地面积持续低于减少耕地面积，使得全省耕地面积加速下降。

1997—2003年，耕地减少期。尽管在1996年中央政府就宣布要实施耕地总量动态平衡政策，并于1999年4月国务院印发了《全国土地利用总体规划纲要》（1997—2010年）将“保持耕地总量动态平衡”纳入规划总目标。但由于1997年以来，东北地区开发整理和农业结构调整的增加耕地面积逐年下降，自2000年起当年增加耕地面积开始低于减少耕地面积，耕地总量进入快速下降区间，至2003年东地区耕地面积跌至2 777.03万 hm^2。东北地区耕地面积大幅下降的原因主要有以下几方面。一是由于三北防护林的持续推进，每年仍有大规模耕地因生态退耕而减少，特别是2002年前后启动实施的退耕还林工程，使得耕地生态退耕面积大幅攀升，成为耕地面积大幅减少的最主要原因。二是随着1997年以来种粮收益持续下降，中央及地方政府为增加农民收入对农业结构调整进行了部署，农户纷纷调减粮食作物面积，因地制宜发展多种经营，导致该时期因“改园”“挖塘”等农业结构调整减少耕地规模也较大。三是尽管该时期耕地保护政策开始着力规范建设占用耕地问题，仅在1997年中央出台“冻结非农业建设占用耕地”相关政策的后一年建设占用耕地面积有所下降，随即在1999年就出现反弹，2003年前后掀起了新一轮的“开发区热”。四是个别年份因灾毁减少的耕地规模较大，使得东北地区耕地面积加速减少态势。

2004—2008年，最严格的耕地保护制度期。2004年以来，为落实中央提出要实行“最严格的耕地保护制度”，《土地管理法》

(2004 年修正)获批实施，国务院相继颁布了《国务院关于深化改革严格土地管理的决定》《省级政府耕地保护责任目标考核办法》《土地利用总体规划纲要(2006—2020 年)》，国土资源部也相继发布了《关于进一步做好基本农田保护有关工作的意见》《耕地占补平衡考核办法》《关于严格耕地占补平衡管理的紧急通知》等一系列文件，基本建立起了最严格的耕地保护制度。2004 年在退耕还林工程全面开展和振兴东北战略推动下，黑龙江省和辽宁省生态退耕和建设占用引起的减少耕地面积依然高涨，当年减少耕地面积高达 14.57 万 hm^2(仅次于 2003 年的 16.19 万 hm^2)，为落实总量动态平衡，黑龙江省和辽宁省加大了开发整理和农业结构调整力度，实现了当年增加耕地面积大幅提升，使得东北地区耕地总量略有回升。耕地保护制度日趋严格的背景下，东北地区减少耕地面积在 2005 年大幅下降之后趋于逐年下降，而增加耕地则在 2006 年由黑龙江省拉动下再度出现大幅回升之后开始逐年减少，并且随后各年增加耕地面积低于减少耕地面积，使得东北地区耕地总量继续保持下降之势。

2009 年至今，以建设占用为主导的耕地总量减少期。2009 年以来，随着城镇化步伐的快速推进和社会经济的快速发展，保障耕地总量动态平衡的压力日益加大，为进一步强化耕地保护工作，国土部门在 2009 年和 2010 年开展了“保经济增长、保耕地红线”行动，2011 年国务院发布了《土地复垦条例》，要求对生产建设活动和自然灾害摧毁的土地进行整治，2012 年国土部门发布了《关于提升耕地保护水平全面加强耕地质量建设与管理的通知》提出要加强耕地数量、质量、生态“三位一体”保护。有赖于耕地保护制度的进一步完善，耕地的灾毁废弃面积大幅下降，同期的生态退耕面积也大幅减少，但建设占用却依然高涨，使得东北地区各年均保持了较大规模的减少耕地。农业结构调整增加耕地面积逐渐变得极其有限，开发整理复垦成为增加耕地规模的最主要来源，但因后备耕地资源日益匮乏，其规模也在逐渐趋于减少。除 2013 年的黑龙江省外，东北地区增加耕地面积常年小于减少耕地面积，耕地总量逐年下降，2009—2017 年耕地面积共减少 13.42 万 hm^2，年均净减少 1.68 万 hm^2。2018 年《跨省域补充耕地国家统筹管理办法》规定，耕地资源严重匮乏或资源环境条件严重约束、补充耕地能力不足的省市可申请国家统筹补充。东北地区，特别是黑龙江省，将是跨省域占补平衡的重要补充耕地省份，耕地数量将进一步减少。

（二）耕地利用结构

1990—2017 年东北地区水田面积总体呈增加趋势（图 4-3），旱地面积呈减少趋势（图 4-4）。2017 年东北地区耕地中水田面积 468.94 万 hm^2，其中，黑龙江省 318.50 万 hm^2、吉林省 83.14 万 hm^2、辽宁省 67.30 万 hm^2，以黑龙江省面积最大；与 1990 年相比，水田面积增加了 292.80 万 hm^2，其中，黑龙江省 250.36 万 hm^2、吉林省 29.43 万 hm^2、辽宁省 13.01 万 hm^2，超 85%的增

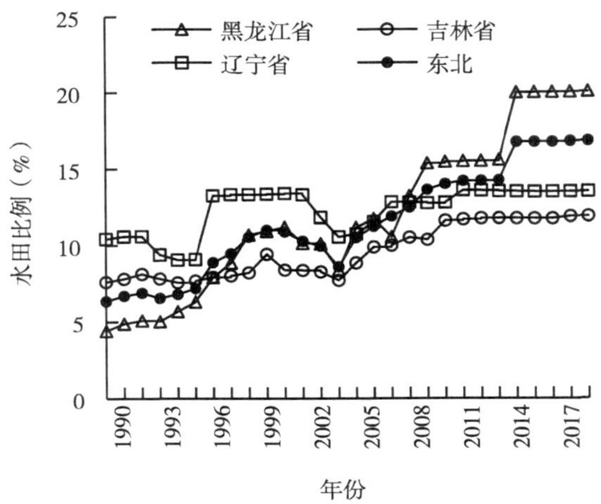

图 4-3　水田比例时序变化

Fig. 4-3　The time series of paddy field proportion

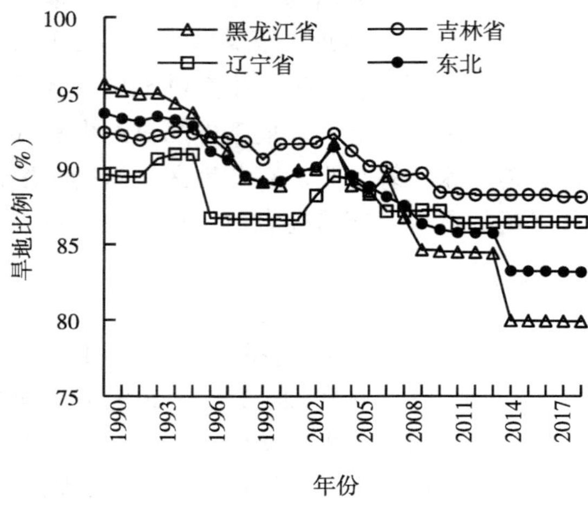

图 4-4　旱地比例时序变化

Fig. 4-4　The time series of dry land proportion

加水田源于黑龙江省。2017 年东北地区耕地中旱地面积 2 311.46 万 hm^2，其中，黑龙江省 1 266.07万 hm^2、吉林省 615.53 万 hm^2、辽宁省 429.86 万 hm^2；与 1990 年相比，旱地面积减少了 285.71 万 hm^2，其中，黑龙江省 212.32 万 hm^2、吉林省 36.33 万 hm^2、辽宁省 37.06 万 hm^2，近 75%的减少旱地来自黑龙江省。2017 年东北地区耕地的水旱由 1990 年的 6.35：93.65 变为了 16.87：86.46，水田比例增加了 10.51 个百分点；黑龙江省、吉林省和辽宁省耕地的水旱比分别由 1990 年的 4.41：95.59、7.61：92.39 和 10.42：89.58，变为了 20.10：79.90 和 11.90：88.10、13.54：86.46，水田比例增加了 15.69 个百分点、4.29 个百分点和 3.12 个百分点。

具体来看，东北地区耕地的水旱利用结构呈现以下变化特征。

1990—1999 年，水田比例逐步扩大，旱地比例逐步减少。1990 年以来，由于水田种植比较效益高于大豆、玉米、小麦等旱粮作物，特别是 1996 年“卖粮难”后稻谷种植收益高出旱粮作物差距进一步拉大，农户逐步恢复水田种植积极性，东北地区“旱改水”现象较为普遍，将旱地改种成水田也成了农民增收的一条捷径，东北地区水田面积和比例逐步扩大，至 1999 年东北地区水田面积较 1990 年增加了 130 万 hm^2以上，水田比例上升了 4.63 个百分点，而与之相对应的旱地面积和比例则出现逐步减少。

2000—2003 年，水田比例大幅下降，旱地比例有所回升。由于 2000—2003 年黑龙江省、吉林省、辽宁省均连年出现严重干旱，水资源极度紧张，大部地区水田无水可供泡田插秧，不得不压缩水田种植面积，将水田改为旱地种植其他作物，使得东北地区水田面积和比例出现大幅下降，而旱地面积和比例出现一定程度回升。同时，受该时期稻谷价格持续走低，种植收益下降以及种植结构调整和生态退耕等的影响，部分地区在水田区推行的稻改鱼蟹、退耕还湿等进一步拉动了水田面积和比例的下降。至 2003 年，东北地区水田面积较 1999 年减少近 70 万 hm^2以上，水田比例下降了近 2.38 个百分点。

2004—2009 年，水田比例快速增加，旱地比例快速下降。一方面，2004 年中央要求集中力量支持发展粮食产业，将作为我国口粮主体的稻谷确立为促进粮食生产发展的重点予以大力扶持；另一方面，同期稻谷价格也随粮价上涨而大幅回升，水田种植比较效益再度大幅超出旱粮种植，农户水田种植积极性逐渐恢复。东北平原是水稻生产优势区，在政府和农户稻谷生产的需求扩大的推动下，再度掀起“旱改水”热潮，地区的水田面积开始以每年 25.51 万 hm^2的速度快速增加，旱地则以每年 22.71 万 hm^2的速度快速增加，到 2009 年水田比例较 2003 年增加了 5.43 个百分点。

2010—2017 年，水田和旱地比例变化逐渐趋稳。2010 年以来，东北地区水田规模和比例增速放缓，并逐渐趋于稳定，仅在 2013 年因黑龙江省为实现5 000万亩水稻工程而大规模开展“旱改水”，使水田面积出现大幅增加。同期的旱地面积和比例的减少速度也逐步放缓并趋于稳定。

（三）耕地灌溉面积

耕地灌溉面积是指灌溉工程设施基本配套，有一定水源，土地较平整，一般年景可进行正常灌溉的耕地面积。它是衡量农业生产单位和地区水利化程度和农业生产稳定程度的指标，是影响东北地区粮食综合生产能力的重要因素。

从耕地灌溉面积发展现状来看。2017 年东北地区耕地灌溉面积 961.46 万 hm^2，其中，水田面积 468.94 万 hm^2，灌溉旱地面积 492.52 万 hm^2。黑龙江省、吉林省和辽宁省耕地灌溉面积分别为 603.1 万 hm^2、197.26 万 hm^2 和 161.1 万 hm^2，其中，水田面积分别为 318.50 万 hm^2、83.14 万 hm^2、67.30 万 hm^2，灌溉旱地面积分别为 284.60 万 hm^2，114.12 万 hm^2、93.80 万 hm^2，水田和灌溉旱地面积均以黑龙江省最大。各省耕地灌溉面积中，黑龙江省水田居多，吉林省和辽宁省灌溉旱地居多。从耕地灌溉率现状来看，2017 年东北地区耕地有效灌溉率 34.29%，其中，辽宁省、吉林省、黑龙江省灌溉率分别为 32.40%、27.09%、38.06%，均低于全国 50.28%的平均水平。而占到东北地区耕地面积八成以上的旱地的灌溉率仅 20.96%，其中，黑龙江省、吉林省、辽宁省旱地灌溉率分别为 22.48%、17.25%、21.81%，均低于全国 34.02%的平均水平（表 4-1）。从各省灌区建设来看，至 2017 年，黑龙江省建有万亩以上灌区 387 处，其中，50 万亩以上大型灌区 3 处，30 万~50 万亩以上大型灌区 22 处；吉林省建有万亩以上灌区 137 处，其中，50 万亩以上大型灌区 5 处，30 万~50 万亩以上大型灌区 5 处；辽宁省建有万亩以上灌区 84 处，其中，50 万亩以上的大型灌区 6 处，30 万~50 万亩以上大型灌区 5 处，灌区建设以黑龙江省规模最大。水资源长期供给不足、灌溉率偏低或将成为东北地区未来粮食增产的重要潜在威胁。

表 4-1　2017 年农田灌溉发展现状及区域比较

Table 4-1　Current situation of farmland irrigation development in Northeast China in 2017

	全国	东北区	黑龙江	吉林	辽宁
耕地面积（万 hm^2）	13 488. 12	2 780. 4	1 584. 57	698. 67	497. 16
耕地灌溉面积（万 hm^2）	6 781. 56	961. 46	603. 1	197. 26	161. 1
其中，水田（万 hm^2）	3 323. 29	468. 94	318. 50	83. 14	67. 30
灌溉旱地（万 hm^2）	3 458. 27	492. 52	284. 60	114. 12	93. 80
耕地灌溉率（%）	50. 28	34. 58	38. 06	28. 23	32. 40
其中，旱地灌溉率（%）	34. 02	20. 96	22. 48	17. 25	21. 81

1990—2017 年，东北 3 省均在水利设施建设上不断加大投入力度，使得东北地区耕地灌溉面积总体呈快速增加趋势。与 1990 年相比，2017 年东北地区耕地灌溉面积增加了 659. 50 万 hm^2，黑龙江省、吉林省和辽宁省耕地灌溉面积分别增加了 495. 23 万 hm^2、109. 07 万 hm^2和 55. 20 万 hm^2，以黑龙江省增量最大，发展最快。在耕地灌溉面积构成中，1990—2017 年水田和灌溉旱地也呈总体增加趋势，与 1990 年相比，东北地区水田增加了 292. 80 万 hm^2，灌溉旱地增加了 366. 70 万 hm^2，黑龙江省、吉林省和辽宁省水田分别增加了 250. 3 6 万 hm^2、29. 43 万 hm^2和 13. 01 万 hm^2，灌溉旱地分别增加了 244. 87 万 hm^2、79. 64 万 hm^2和 42. 19 万 hm^2。黑龙江省水田和灌溉旱地增量基本相当且均位列 3 省之最，吉林省和辽宁省耕地灌溉面积增量以灌溉旱地为主。

图 4-5 反映了 1990—2017 年东北地区耕地灌溉面积及其构成的时序变化情况。1992 年以来，黑龙江省抓住中央把水利摆在基础设施的首位和建设农业强省的机遇，水利事业快速发展，水田面积快速增加。值得注意的是，由于黑龙江省早期水利建设侧重于水田，“旱改水”发展较快，使得 1993—1996 年灌溉旱地面积逐步缩减，进而导致黑龙江省耕地灌溉面积出现先减后增，受其影响东

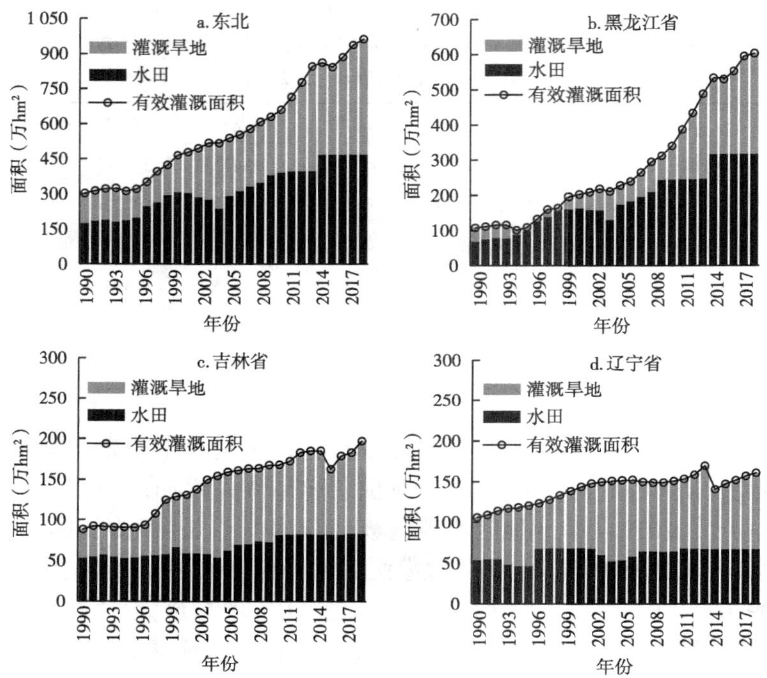

图 4-5　耕地灌溉面积及其构成时序变化

Fig. 4-5　The time series of effective irrigation area and its composition changes

北地区耕地灌溉面积也呈现类似变化趋势。尽管 1998 年松花江流域发生特大洪水，造成黑龙江省灌溉旱地面积大面积因受灾减少了 12.24 万 hm^2，使东北地区灌溉旱地面积也出现了下跌，但由于同期水田发展较快，东北地区耕地灌溉面积继续保持了较快增长。1999 年起，受连年发生旱灾造成耕地“水改旱”现象普遍以及同期种植业结构调整的影响，东北地区水田面积逐年减少，灌溉旱地规模逐年增加，与 1999 年相比，2003 年水田减少了 68.67 万 hm^2，灌溉旱地增加了 120.95 万 hm^2，这使得 1999—2003 年东北地区耕地灌溉面积表现出增速放缓态势。2004 年稻谷生产需求增大的推动下，东北地区水田面积出现反弹，水田面积开始快速增加，并掀起新一轮“旱改水”热潮。尽管随后两年的灌溉旱地面积出现减少，但在水田快速增加的拉动下，东北地区耕地灌溉面积开始提速增加。2008 年前后，水田面积增速逐步放缓，并进入平台期，灌溉旱地规模进入快速上升区间，成为推动耕地灌溉面积继续快速增加的主力。2013 年 8 月东北地区发生流域性大洪灾，东北 3 省的水利设施均因灾受损严重，造成灌溉旱地面积出现大规模减少，至 2014 年年底东北地区灌溉旱地较 2012 年减少了 73.00 万 hm^2，其中黑龙江省、吉林省、辽宁省分别减少了 28.81 万 hm^2、22.07 万 hm^2、22.12 万 hm^2。尽管东北地区水田因黑龙江省趁着当年水量充沛开发水田而大幅增加，但大量减少的灌溉旱地仍使得保持了多年快速增长势头的耕地灌溉面积出现了下跌，至 2014 年年底东北地区耕地灌溉面积减少了 3.21 万 hm^2，其中，吉林省、辽宁省分别减少了 22.31 万 hm^2、22.50 万 hm^2。大洪灾年份过后，东北地区水田面积进入高位平台期，灌溉旱地面积快速反弹，并保持逐年稳步增长，推动耕地灌溉面积实现了快速增加，至 2017 年年底，东北地区耕地灌溉面积较大洪灾后水平增加了 120.68 万 hm^2，其中，黑龙江省、吉林省、辽宁省分别增加了 72.60 万 hm^2、34.38 万 hm^2、13.70 万 hm^2。

图 4-6 反映了 1990—2017 年东北地区耕地灌溉率时序变化情况。1990—2017 年，东北地区耕地有效灌溉率总体呈上升趋势，从 1990 年的 10.9%上升至 2017 年的 34.58%，上升了 23.68 个百分点。黑龙江省、吉林省、辽宁省耕地有效灌溉率也均呈总体上升趋势，分别从 1990 年的 7.0%、12.5%和 20.3%，上升至 2017 年的 38.06%、28.23%和 32.40%，分别上升了 31.06 个百分点、15.73 个百分点和 12.10 个百分点，以黑龙江省上升幅度最大。2004 年以来东北地区耕地有效灌溉率常年保持着快速上升势头，仅在 2013 年大洪灾造成吉林省和辽宁省有效灌溉率大幅下降的年

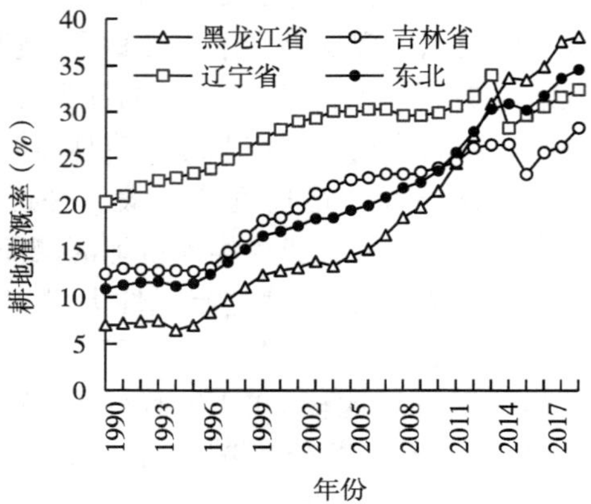

图 4-6　耕地灌溉率时序变化

Fig. 4-6　The time series of irrigation rate of cultivated land

份出现了下跌。图 4-7 反映了 1990—2017 年东北地区旱地灌溉率

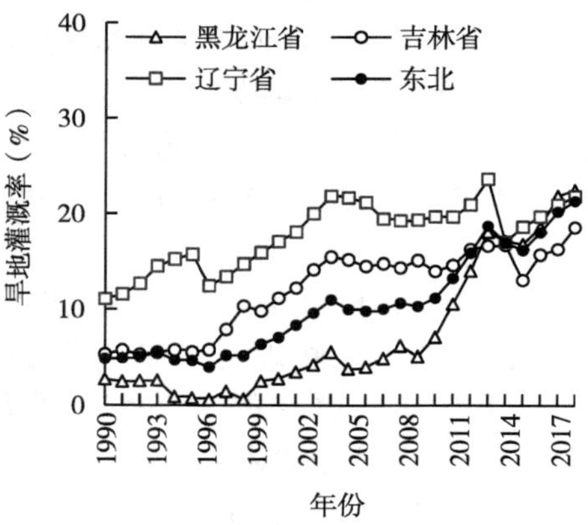

图 4-7　旱地灌溉率时序变化

Fig. 4-7　The time series of irrigation rate of dry land

时序变化情况。1990—2017 年，东北地区旱地灌溉率总体呈上升

趋势，由 1990 年的 4.84%上升至 2017 年的 21.31%，上升了 16.46 个百分点。黑龙江省、吉林省、辽宁省旱地灌溉率也均呈总体上升趋势，分别从 1990 年的 2.69%、5.29%和 11.05%，上升至 2017 年的 22.48%、18.54%和 21.82%，分别上升了 19.79 个百分点、13.25 个百分点和 10.77 个百分点，黑龙江省上升幅度最大，并从旱地灌溉率最低发展为最高的省份。1990—2017 年东北地区旱地灌溉率时序变化趋势较为复杂，基本与旱地灌溉面积变化趋势相似，黑龙江省、吉林省和辽宁省旱地灌溉率时序变化趋势亦是如此。东北地区农业灌溉用水受水资源总量的刚性约束，导致东北地区有效灌溉率长期维持在较低水平。

（四）耕地质量等别

东北地区耕地质量等别总体偏低。第二次全国土地调查的最新耕地质量等别成果，将全国耕地评定为 15 个等别，1 等耕地质量最好，15 等最差。东北地区耕地质量等别从 6 等到 14 等，平均质量等别为 11.23 等，低于 9.96 等的全国平均值。2015 年和 2016 年全国耕地质量等别更新评价成果显示，东北地区耕地质量平均等别为 11.24 等和 11.25 等，黑龙江省、吉林省、辽宁省平均等别均为 11.54 等、10.67 等、11.11 等，以吉林省质量等别最高，黑龙江最低，均低于当年的全国耕地质量平均等别。

东北地区耕地质量等别以 9 等到 12 等（中等地）为主。图 4-8 反映了东北地区耕地质量等别状况。2015 年和 2016 年东北地区 6 等到 8 等（高等地）占比均不足 1%，其中，吉林省为 2.358%和 2.360%，辽宁省为 0.600%和 0.589%，黑龙江省为 0.310%和 0.294%，辽宁省和黑龙江省高等地比例下降 0.011 个百分点和 0.166 个百分点，使得东北地区高等地的比例下降 0.12 个百分点。2015 年和 2016 年东北地区耕地质量等别均以 9 等到 12 等（中等地）为主，占比均保持在 85%以上，其中，辽宁省保持在 96%以上，吉林省在 90%以上，黑龙江省在 80%以上，9 等和 10

等的等别较高的中等地比例有所下降，12 等地的比例有所增加。2015 年和 2016 年东北地区 13 等到 14 等（低等地）占比为 13. 547%和 13. 564%，其中，黑龙江省 19. 633%和 19. 642%，吉林省为 7. 506%和 7. 495%，辽宁省为 2. 653%和 2. 654%，以黑龙江省的低等地比例最大，低等地的比例略有增加。

二、水资源变化特征

地表水、地下水和土壤水组成的水资源系统具有时序性的特征，一方面水资源在年内和年际间是变化的；另一方面水资源的开发利用受到经济发展和科技水平的限制，不同阶段水资源的可利用程度是不同的。东北地区水资源的时间分布，在年内和年际间很不均匀。由于地形地貌、水文地质，气象条件等不同，东北地区各省水资源的分布特征差距也比较明显。水资源总量、供水能力、用水量、水资源开发利用率、农业用水及占比、农田灌溉用水及占比等指标可以系统地反映东北地区水资源的丰缺程度、供水能力、用水结构以及开发利用状况。

（一）水资源总量

水资源总量是指降水所形成的地表和地下的产水量，计算时需扣除地表水与地下水的重复水量。人均水资源量是国际上衡量水资源压力的重要指标之一。通过计算 2003—2017 年全国与东北地区的水资源总量、地表水、地下水、重复水量以及人均水资源的均值（表 4-2）发现，相对于全国来说，东北地区水资源总量少，人均水资源也少，人与水的矛盾更加突出。东北地区水资源总量为 1 514. 09亿 m^3，只占全国水资源总量的 5. 54%；其中，辽宁省、吉林省、黑龙江省分别为 306. 51 亿 m^3、408. 70 亿 m^3和 798. 88 亿 m^3，分别占全国水资源总量的 1. 12%、1. 50%和 2. 92%。东北地区人均水资源量为1 513. 46m^3，为全国平均水平的 73. 35%；其中，辽宁省、吉林省、黑龙江省人均水资源量分别为 708.56m³、1 494.97m³ 和 2 090.06m³，分别为全国平均水平的 34.34%、72.45%和 101.3%。除了黑龙江省人均水资源量多于全国平均水平外，吉林省和辽宁省均大大低于全国平均水平。可见，从资源禀赋看，东北地区水资源相当紧缺。

表 4-2　水资源总量及其构成的多年平均值

Table 4-2　A multi-year average of total water resources and its composition

地区	水资源总量		地表水		地下水		重复量（亿 m³）	人均水资源	
	数量（亿 m³）	占全国（%）	数量（亿 m³）	占全国（%）	数量（亿 m³）	占全国（%）		数量（m³/人）	占全国（%）
全国	27 329.97	100	26 258.07	100	7 946.04	100	6 874.14	2 063.33	100
东北区	1 514.09	5.54	1 288.87	4.91	513.48	6.46	288.25	1 513.46	73.35
黑龙江省	798.88	2.92	668.93	2.55	283.43	3.57	153.48	2 090.06	101.3
吉林省	408.70	1.50	350.27	1.33	120.81	1.52	62.37	1 494.97	72.45
辽宁省	306.51	1.12	269.67	1.03	109.24	1.37	72.40	708.56	34.34

注：表中数据为 2003—2017 年水资源平均值

受降水量年际变化的影响，东北地区水资源总量年际变化也较大（图 4-8），如年度水资源数量最大增幅，辽宁省高达 255%（2010 年），吉林省为 130%（2010 年），黑龙江省为 51%（2007 年）；年度水资源数量最大减幅，辽宁省高达 68%（2014 年），吉林省为 51%（2011 年），黑龙江省为 53%（2012 年）。2003—2017 年黑龙江省水资源总量在 461.95 亿~1 419.58亿 m³，吉林省水资源总量在 298.04 亿~686.68 亿 m³，辽宁省水资源总量在 145.93 亿~606.7 亿 m³。同时，东北地区的河流汛期集中在 7 月和 8 月，占全年径流量的 80%以上，径流年内、年际变化大也会加剧水旱灾害和水资源供需矛盾，影响农业生产的稳定性。

（二）供水能力

供水能力是水利工程在特定条件下，为用户提供的包括输水损

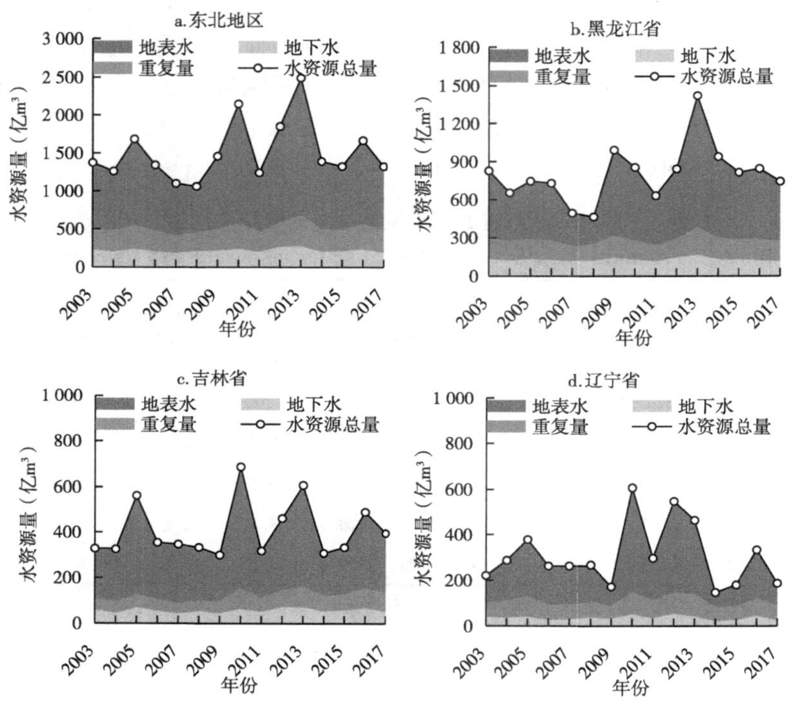

图 4-8 水资源总量及其构成的时序变化

Fig. 4-8 Time series of total water resources andits composition

失在内的毛供水量，它与来水量、工程条件、需水特性和运行调度有关。供水主要为地表水源、地下水源和其他水源 3 种。通过供水量的变化和水源占比可以初步反映水资源的开发利用状况。多年平均供水情况更能反映一个地区供水能力的真实情况。东北地区多年平均供水能力为 627.84 亿 m^3，其中，辽宁省、吉林省、黑龙江省年均供水能力分别为 138.88 亿 m^3、117.25 亿 m^3和 319.41 亿 m^3。从供水来源看，东北地区 42.53%的供水来自地下水；其中，辽宁省、吉林省和黑龙江省地下水比重分别占 45.46%、35.85% 和

43.71%（表 4-3）。总的来说，在供水方面，东北地区由于地表水资源量无法保障正常用水，于是大量开采地下水，地下水开采比例明显高于全国平均水平（17.86%）。3 省相比，吉林省供水总量较小，地表供水比例高；而黑龙江省供水总量大，地下供水比例高。

表 4-3　多年平均供水量及区域比较

Table 4-3　Average annual water supply in Northeast China

地区	供水总量		地表供水		地下供水		其他供水	
	数量（亿 m^3）	占比（%）	数量（亿 m^3）	占比（%）	数量（亿 m^3）	占比（%）	数量（亿 m^3）	占比（%）
全　国	6 100.50	100.00	4 951.61	81.17	1 089.84	17.86	59.04	0.97
东北区	575.54	100.00	327.41	56.89	244.79	42.53	3.33	0.81
黑龙江省	319.41	100.00	179.51	56.20	139.62	43.71	0.28	0.09
吉林省	117.25	100.00	75.01	65.97	42.03	35.85	0.21	0.18
辽宁省	138.88	100.00	72.89	52.49	63.14	45.46	2.84	2.05

注：水资源量为 2003—2017 年水资源平均值

东北地区总供水量变化呈现明显的两阶段特征，从快速提升到小幅下降（图 4-9）。2003—2011 年，东北地区对供水投入加强，供水能力不断提升，辽宁省、吉林省、黑龙江省供水量分别从 128.3 亿 m^3、104 亿 m^3、245.81 亿 m^3 上升至 144.53 亿 m^3、131.24 亿 m^3、352.36 亿 m^3。然而，2011 年后，3 省的供水能力变化趋势差异显著，辽宁省显著下降，吉林省小幅波动下降，黑龙江省趋于平稳。辽宁省和吉林省分别下降 13.42 亿 m^3 和 4.59 亿 m^3。这说明，未来进一步增加供水越来越难。

（三）水资源开发利用率

水资源开发利用率是指某流域或区域内地表水和地下水总供水量占该范围内水资源总量的百分比，通常用来表征一个流域或区域的水资源开发利用程度的总体情况。水资源开发利用率计算公式

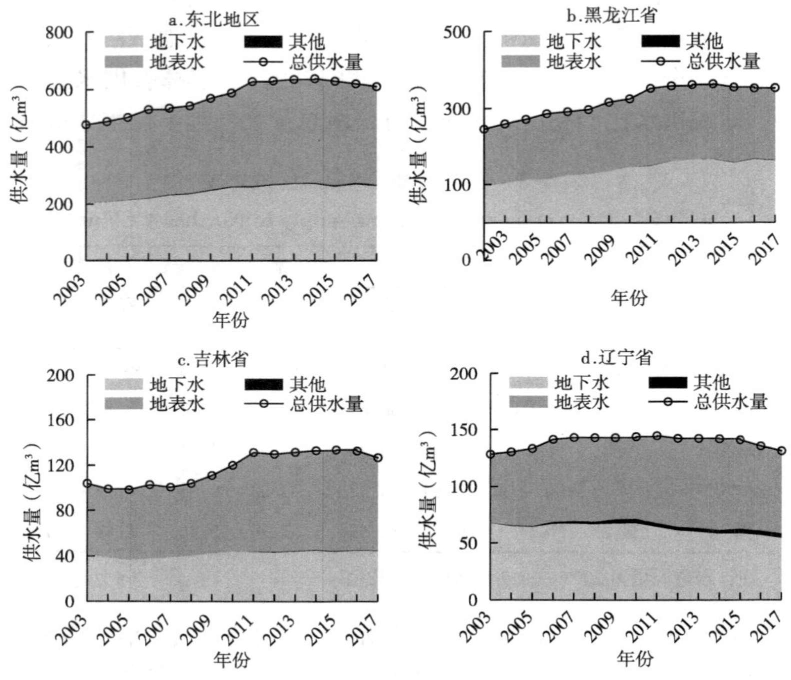

图 4-9 供水量时序变化

Fig. 4-9 Time series of total water supply capacity

如下：

$$U_r = Q_n / W_t \text{；} Q_n = Q_t - Q_o - Q_e \tag{4-1}$$

式中，U_r 为水资源开发利用率，Q_n 为净供水量，W_t 为水资源总量，Q_t 为总供水量，Q_o 为其他供水量，Q_e 为用于生态环境的供水量。

关于水资源开发利用率阈值，大量文献中提到“国际公认水资源利用率极限 40%，或合理上限 30%”，或者有类似的提法，并在国内学者中形成了普遍认可“水资源利用率极限阈值为 40%和合理阈值为 30%”基本事实，当水资源利用率超过 40%，将会出现水资源严重短缺和生态恶化等一系列问题（李丽娟，2000；苗鸿，2003；Bao C，2007）。有研究认为应重复考虑区域生态功能差异，在满足保护生态系统需水的目标前提下计算水资源开发利用率阈值，东北地区阈值计算结果保持在 40%以下（王西琴，2008；王红瑞，2016）。因此，以水资源利用率极限阈值为 40%来看，东北地区水资源开发利用已接近极限，其中，黑龙江省水资源开发利用率为 39. 80%，基本达到开发利用的极限，辽宁省水资源开发利用率为 42. 62%，已超过开发利用的极限，吉林省水资源开发利用率为 30. 14%，低于极限阈值 9. 86 个百分点，水资源尚具备一定的开发潜力。与前人提出的东北地区水资源开发利用率已经超过了阈值研究结论略有差异。然而，左其亭（2011）等认为在我国干旱和缺水地区，水资源利用率已经远远超出 40%，在该类地区利用常规的水资源利用率 40%指标控制，既不合理，又难以实现。

（四）用水量变化

随着经济社会快速发展，东北地区用水量显著增长，从 2003 年的 478. 1 亿 m^3 增加至 2017 年的 612. 85 亿 m^3，增加了 28. 2%，而同期全国用水总量仅增加了 13. 6%。除了辽宁省用水数量增长不明显外，吉林和黑龙江省用水数量均明显增长。2003—2017 年，辽宁省、吉林省、黑龙江省用水数量分别从 128. 3 亿 m^3、104. 0 亿 m^3、245. 8 亿 m^3，增加至 131. 10 亿 m^3、126. 65 亿 m^3 和 355. 10 亿 m^3，分别增加了 2. 2%、21. 8%和 44. 5%。东北地区工业用水、生活用水和生态用水占比较小，农业用水占 73. 08%，以农业用水为主，其中，辽宁、吉林、黑龙江 3 省农业用水量分别占其用水总量的 63. 45%、67. 43%和 85. 04%，以黑龙江省农业用水占比最高，均高于全国平均水平（62. 81%）（表 4-4）。从用水变化趋势看，2003—2011 年黑龙江省用水量增幅较大，2011 年后，增速放缓。吉林、辽宁两省用水数量得到较好的控制，基本稳定。

表 4-4　多年平均用水量及其构成的区域比较

Table 4-4　Perennial average water consumption and its composition

地区	用水总量（亿 m^3）	农业用水		工业用水		生活用水		生态用水	
		数量（亿 m^3）	占比（%）	数量（亿 m^3）	占比（%）	数量（亿 m^3）	占比（%）	数量（亿 m^3）	占比（%）
全国	6 100.5	3 831.89	62.81	1 360.69	22.30	785.643	12.88	122.286	2.00
东北区	575.54	420.6	73.08	89.2	15.49	55.89	9.72	10.35	1.80
黑龙江省	319.42	254.14	79.56	44.48	13.92	18.12	5.67	2.65	0.83
吉林省	117.25	77.90	66.44	22.29	19.01	13.33	11.37	4.01	3.42
辽宁省	138.88	88.56	63.77	22.43	16.17	24.43	17.59	3.69	2.66

注：用水量为 2011—2017 年用水量平均值；占比是指各地区分行业用水量占用水总量比重

（五）用水总量控制目标

目前，我国已实行最严格水资源管理制度，2013 年国务院办公厅印发的《实行最严格水资源管理制度考核办法的通知》中规定了“用水总量控制目标”“用水效率控制目标”和“重要江河湖泊水功能区水质达标率控制目标”的“三条红线”。在“三条红线”中，辽宁、吉林、黑龙江 3 省用水总量到 2020 年分别控制在 160.60 亿 m^3、165.49 亿 m^3、353.34 亿 m^3，到 2030 年控制在 164.58 亿 m^3、178.35 亿 m^3、370.05 亿 m^3（表 4-5）。通过平均用水量与用水总量控制目标的比较，可以从宏观上判断用水的增减空间。

表 4-5　用水总量控制目标

Table 4-5　Total water consumption control target

地区	用水总量（亿 m^3）		用水总量控制目标（亿 m^3）		
	2011—2015 年	2016—2017 年	2015 年	2020 年	2030 年
东北	632.70	615.66	652.55	679.43	712.98

（续表）

地区	用水总量（亿 m^3）		用水总量控制目标（亿 m^3）		
	2011—2015 年	2016—2017 年	2015 年	2020 年	2030 年
黑龙江省	358.59	352.82	353.00	353.34	370.05
吉林省	131.82	129.60	141.55	165.49	178.35
辽宁省	142.29	133.25	158.00	160.6	164.58

2011—2015 年，东北地区多年平均用水总量比 2015 年用水总量控制目标低 19.85 亿 m^3；其中，黑龙江省用水总量比 2015 年省域用水总量控制目标高 5.59 亿 m^3，吉林省和辽宁省用水总量分别比 2015 年省域用水总量控制目标低 9.73 亿 m^3、15.71 亿 m^3。

2016—2017 年，东北地区多年平均用水总量比 2020 年用水总量控制目标低 63.77 亿 m^3；黑龙江省、吉林省、辽宁省用水总量分别比各省域 2020 年的用水总量控制目标低 0.52 亿 m^3、35.90 亿 m^3和 27.36 亿 m^3。当前，吉林省和辽宁省用水总量仍有一定增量空间，黑龙江省用水总量进一步增长的空间极小。远期来看，东北地区现状用水总量比 2030 年用水总量控制目标低 97.32 亿 m^3，用水总量仍存在一定增量空间。其中，黑龙江省、吉林省、辽宁省的增量空间分别为 17.23 亿 m^3、48.76 亿 m^3和 31.34 亿 m^3。

（六）农田灌溉用水

灌溉对于东北粮食生产具有至关重要的作用。东北地区用水中大部分用于农田灌溉，随着灌溉面积的发展，东北地区灌溉用水量先后经历了快速增长和相对稳定阶段。1990 年以来，在东北 3 省中，只有辽宁省水资源随着时间的推移趋势呈现非农化现象，2003—2017 年，灌溉用水数量从 78.5 亿 m^3减少到 72.61 亿 m^3，灌溉用水占比从 61.18%下降到 55.39%（图 4-10、图 4-11）。相比而言，黑龙江省灌溉用水和灌溉用水占比均呈增长趋势，灌溉用水占比一直居高不下，长期以来是东北地区农田灌溉用水大省。吉

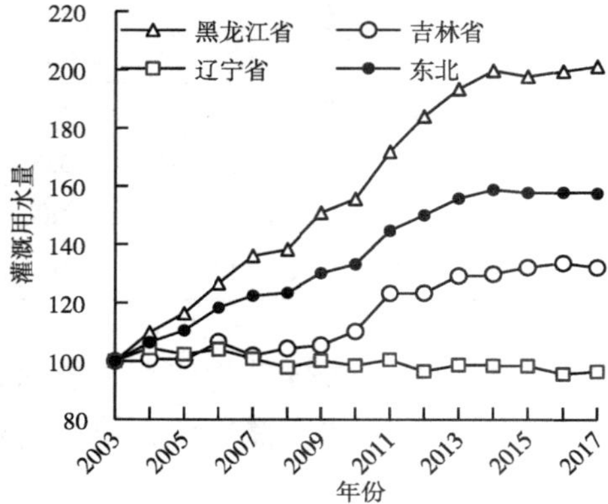

图 4-10　农田灌溉用水量时序变化

Fig. 4-10　Time series of water consumption for irrigation

注：以 2003 年为 100

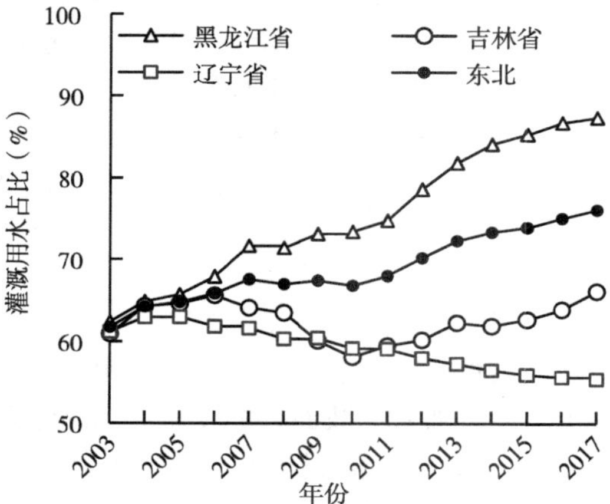

图 4-11　农田灌溉用水占比时序变化

Fig. 4-11　Time series of proportion of irrigation water

注：以 2003 年为 100

林省农业用水波动较大，与个别年份旱灾情况、不同用水相互挤占密切相关。从 2003—2017 年东北地区农田灌溉用水数量变化态势看，近年增势明显变缓，但因国家粮食生产的重任不断压向东北地区，东北地区农田灌溉用水数量和用水占比仍在上升。

三、粮食作物生产特征

（一）粮食生产

2017 年东北地区粮食作物播种面积为2 316.57万 hm^2，占全国粮食作物播种总面积的 19.63%；其中，辽宁省、吉林省和黑龙江省粮食作物播种面积分别为 346.75 万 hm^2、554.39 万 hm^2 和1 415.43万 hm^2，分别占全国粮食作物播种总面积的 2.94%、4.70%和 12.00%。2017 年东北 3 省区生产粮食 1.39 亿 t，占了全国粮食总产量的 21%；其中，辽宁省、吉林省和黑龙江省粮食产量分别为2 330.7万 t、4 154.0万 t 和7 410.3万 t，分别占全国粮食总产量的 3.52%、6.28%和 11.2%。

在 1990—2017 年，东北地区粮食播种面积共增加了 909.82 万 hm^2，粮食产量共增加了8 041.35万 t，其中，辽宁省、吉林省和黑龙江省粮食播种面积分别增加了 34.59 万 hm^2、201.8 万 hm^2 和 673.43 万 hm^2，在东北地区粮食播种面积总增量中分别贡献了 3.80%、22.18%和 74.02%；辽宁省、吉林省和黑龙江省粮食产量分别增加 836.03 万 t、2 107.48万 t 和5 097.84万 t，分别贡献了 10.4%、26.2%和 63.4%（图 4-12，图 4-13）。黑龙江省对东北地区粮食播种面积和产量增长的贡献率最大。东北地区粮食生产时序变化存在 3 个比较明显的阶段。

1990—2003 年，粮食生产波动期。1990 年前后发生的卖粮难，引起随后两年东北地区粮食播种面积有所下降。1992 年初邓小平南巡讲话，推动中国经济快速增长，基本建设项目上马较快，加之

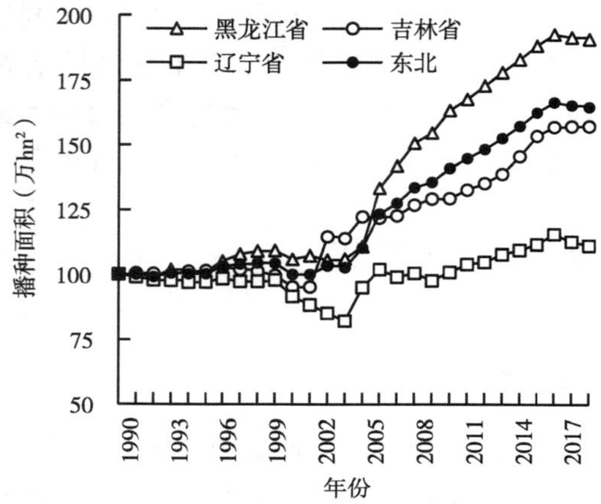

图 4-12　粮食种植总面积时序变化

Fig. 4-12　Grain area in Northeast China

注：以 1990 年为 100

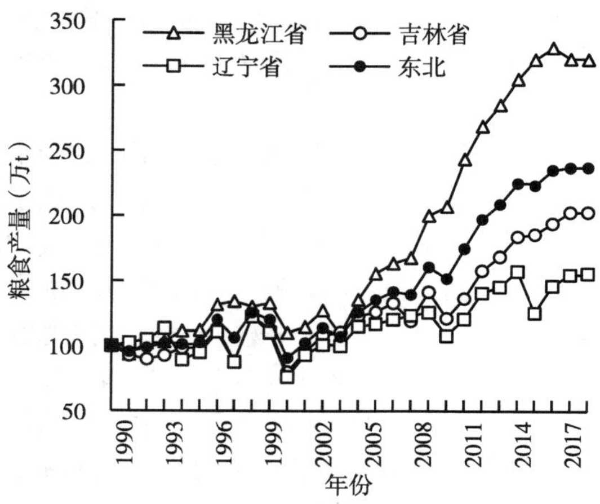

图 4-13　粮食总产量时序变化

Fig. 4-13　Grain production in Northeast China

注：以 1990 年为 100

人民币货币化和票证制度的废止，促使农村劳动力流动性增大、就业机会增强，农民工大量进城，城镇粮食需求增长。1993 年年底，因部分地区出现粮食供应紧张，特别是南方地区稻谷供需紧张，粮食价格开始出现较大幅度上涨，并将一路猛涨的态势延续到 1995 年年底，成为引发通货膨胀的重要因素。受到 1993 年以来全国性粮价上涨和 1995 年建立的“米袋子”省长负责制政治任务的影响，东北地区粮食播种面积和产量出现持续增长。至 1996 年全国粮食连年丰产，产量突破 5 亿 t，提前达到 2000 年规划目标，同期因国内粮食价格高于国际市场价格，仍维持大量粮食进口，国内粮食供大于求，再次发生“卖粮难”，农户粮食出售价格大幅下降，部分地区和品种甚至低于同期粮食定购价格。东北地区水稻、小麦、玉米平均出售价格均有所下跌，其中，麦价大幅下跌达 50. 45%，而同期粮食生产成本大幅增加，东北地区种粮收益大幅缩减。由于东北地区稻谷品质好，在南方地区销路较好，尽管价格有所下降，但收益仍高于其他粮食；大豆价格不降反增，种植收益与粮食价格上涨基本持平，使得东北地区稻谷和大豆播种面积在随后两年保持了增加态势，推动东北地区粮食生产规模进一步扩大。1999 年前后，随着粮食市场化进程的深入，粮食价格和种粮收益持续走低，使得东北地区粮食作物种植比例下降，而收益相对较高经济作物比例有所增加。加之，该时期自然灾害频发，如 1998 年黑龙江省发生大洪灾，1999 年起东北 3 省区均连年发生严重旱灾等，进一步使得粮食作物播种面积和产量有所下降。至 2003 年粮食价格再度大幅上涨之后，东北地区粮食播种面积和产量才再次出现大幅增长。1990—2003 年，粮食作物播种面积和产量总体上处于波动发展态势，粮食播种面积由 1 406. 8 万 hm^2 增至 1 444. 0 万 hm^2，粮食产量由 5 853. 72万 t 增至6 270. 20万 t。

2004—2015 年，粮食扩面增产期。连年以来粮食市场疲软，价格下跌，农民种粮无利，21 世纪以来全国粮食产量常年处于 5 亿 t 水平以下，持续低于 2000 年水平，2003 年更是大幅下降至仅

4.31 亿 t，不及 1991 年产量水平，粮食供应日趋紧张，引起 2003 年下半年粮食价格猛然走高，推动 CPI 大幅上扬。紧接着在 2003 年末召开的中央农村工作会议上便着重提出了“要保护和提高粮食生产能力，立足国内解决粮食供给，确保国家粮食安全”。2004 年年初，中央发布 21 世纪以来关于“三农”问题的首个“一号文件”，进一步强调要求“集中力量支持发展粮食产业，促进种粮农民增加收入”。随后更是连年发布了一系列政策措施，如取消农业税，实行粮食最低收购价、临时收储等价格支持政策，提供粮食直补、良种补贴、农资综合补贴、农机购置补贴等补贴政策，加快农业科技创新、推进高标准基本农田建设等强农措施，有效提升了农户种粮积极性。2004 年以来，东北地区粮食播种面积和粮食产量保持快速增加态势，播种面积由 1 549.39万 hm^2 增至 2015 年的 2 342.24万 hm^2，增加了 792.8 万 hm^2，粮食产量由 7 365.0万 t 增至 2017 年的 13 776.49万 t，增加了 5 712.03万 t。从省际变化来看，吉林和黑龙江两省粮食播种面积和产量同步大幅增长，而辽宁省增长幅度相对较小，黑龙江省对东北地区粮食播种面积和产量增长的贡献最大。但个别年份受自然灾害影响较大，也引起东北地区的粮食减产，例如，2007 年、2009 年东北地区出现了严重的夏秋大旱，2007 年受灾面积 665.3 万 hm^2，2007 年受灾面积 459.5 万 hm^2，部分区域面临绝收，对东北粮食生产造成很大的影响；2013 年东北 3 省区均遭遇严重洪灾，旱地粮食作物产量严重减产。

2016 年至今，粮食结构调整期。伴随着全国粮食产量连年增长，粮食品种结构不平衡，资源环境约束的压力越来越大，消费结构升级的要求越来越高等问题日益突出，对粮食生产提出了新的要求。2015 年年底中央农村工作会议要求，“着力加强农业供给侧结构性改革，形成结构合理、保障有力的农产品有效供给”，2016 年中央一号文件进一步提出，“推进农业供给侧结构性改革，加快转变农业发展方式，保持农业稳定发展和农民持续增收”。2016 年 4 月发布的《全国种植业结构调整规划（2016—2020 年）》，对粮食种植结构调整进行了全面部署。东北地区是全国粮食种植结构调整重要区域，2016 年以来伴随着粮食收储政策的变化和种植业结构调整、轮作休耕等政策的推进，东北地区 2016 年粮食播种面积较 2015 年下降 16.32 万 hm^2，2017 年进一步下降 9.35 万 hm^2。受到粮食单产增加影响，2016 年和 2017 年粮食产量仍保持小幅增加。省际间粮食生产存在一定差异，从粮食播种面积看，2016 年和 2017 年黑龙江省粮食播种面积分别下降 8.13 万 hm^2 和 4.75 万 hm^2，辽宁省分别下降 9.03 万 hm^2 和 4.75 万 hm^2，吉林省粮食播种面积仍保持了小幅增加；从粮食产量看，2016 年和 2017 年黑龙江省粮食产量分别下降 199.65 万 t 和 5.79 万 t，吉林省粮食产量分别增加 176.60 万 t 和 3.30 万 t，吉林省分别增加 128.99 万 t 和 15.13 万 t。

玉米、水稻和大豆逐渐成为东北地区的三大主要粮食作物。从播种面积来看（表 4-6），1990 年东北地区玉米、水稻、大豆、小麦和其他粮食作物播种面积在全区的比重均保持在 10%以上。2017 年东北地区玉米、水稻和大豆共占了粮食作物播种总面积的 95.02%，玉米面积超过了 1/2。从粮食产量来看（表 4-7），1990 年东北地区玉米、水稻、大豆产量共占了全区粮食总产量的 81.86%，玉米产量占了 57.23%。2017 年东北地区玉米、水稻和大豆产量占全区粮食总产量的比重变为 96.98%，玉米产量占了 62.92%。

表 4-6　粮食作物面积构成情况

Table 4-6　Area composition of grain crops in Northeast China

	1990 年面积占比（%）					2017 年面积占比（%）				
	水稻	玉米	小麦	大豆	杂粮	水稻	玉米	小麦	大豆	杂粮
东北区	11.63	40.90	13.89	20.56	13.02	22.72	54.90	0.47	17.40	4.51
黑龙江	9.08	29.23	24.00	28.02	9.66	27.90	41.42	0.72	26.39	3.57
吉林	11.87	62.94	1.71	13.15	10.33	14.81	75.11	0.04	3.97	6.07

（续表）

	1990年面积占比（%）					2017年面积占比（%）				
	水稻	玉米	小麦	大豆	杂粮	水稻	玉米	小麦	大豆	杂粮
辽宁	17.40	43.75	3.61	11.18	24.05	14.21	77.64	0.10	2.14	5.91

注：根据国家统计局《中国统计年鉴》1991、2018整理

表4-7　粮食产量构成情况

Table 4-7　Output composition of grain crops in Northeast China

	1990年产量占比（%）					2017年产量占比（%）				
	水稻	玉米	小麦	大豆	杂粮	水稻	玉米	小麦	大豆	杂粮
东北区	16.73	57.23	9.09	7.90	9.05	28.25	62.92	0.28	5.81	2.73
黑龙江	13.60	43.60	20.53	14.09	8.18	38.05	49.97	0.51	9.71	1.75
吉林	14.14	74.74	0.62	4.56	5.94	16.48	78.26	0.00	1.62	3.65
辽宁	25.14	54.35	2.96	2.91	14.65	18.11	76.78	0.06	0.90	4.17

注：根据国家统计局《中国统计年鉴》1991、2018整理

东北地区粮食作物结构存在明显区域差异。吉林省和辽宁省粮食作物结构是以玉米为绝对主导，黑龙江省是玉米、水稻、大豆3种作物主导。玉米对东北地区粮食作物播种面积和产量增加的贡献最大，其次为水稻（表4-8）。从各省来看，对粮食产量的增加，黑龙江省、吉林省、辽宁省均为玉米贡献率最高，水稻贡献率居第二位。对粮食播种面积增加，各省玉米贡献率最高，黑龙江省、吉林省水稻贡献率居第二位，但辽宁省除玉米播种有所增加外，其余粮食作物播种面积均有所下降，产生负向贡献。

表4-8　主要粮食作物对粮食扩面增产贡献情况

Table 4-8　Contribution of major grain crops to grain expansion and yield increase

地区	面积增加贡献率（%）					产量增加贡献率（%）				
	水稻	玉米	小麦	大豆	杂粮	水稻	玉米	小麦	大豆	杂粮
东北	39.86	76.55	-20.32	12.51	-8.61	36.64	67.07	-6.12	3.68	-1.27

（续表）

地区	面积增加贡献率（%）					产量增加贡献率（%）				
	水稻	玉米	小麦	大豆	杂粮	水稻	玉米	小麦	大豆	杂粮
黑龙江	48.63	54.85	-24.94	24.60	-3.14	49.14	52.86	-8.57	7.13	-0.57
吉林	19.94	96.38	-2.98	-12.07	-1.27	18.74	81.67	-0.60	-2.05	2.23
辽宁	-14.64	383.45	-31.58	-79.42	-157.81	5.54	116.88	-5.15	-2.89	-14.38

（二）水稻生产

东北地区水稻种植面积和产量持续增加，但近年趋于稳定（图4-14、图4-15）。尽管1990年前后发生了“卖粮难”，黑龙江省、吉林省、辽宁省的稻谷平均出售价格基本维持在略高于定购价格以上，稻谷播种面积和产量保持了小幅增加态势。1993年年底南方地区稻谷供应紧张，紧接着随后两年稻谷价格一路猛涨，至1995年年底东北地区稻谷平均出售价格较1993年上涨了1.41倍，

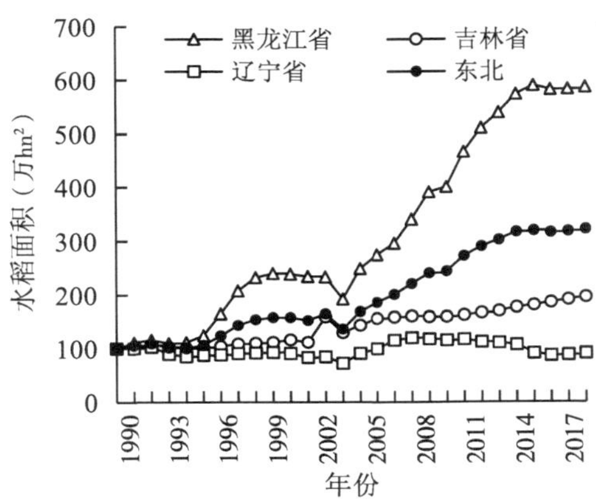

图4-14　水稻播种面积时序变化

Fig. 4-14　Rice area in Northeast China

注：以1990年为100

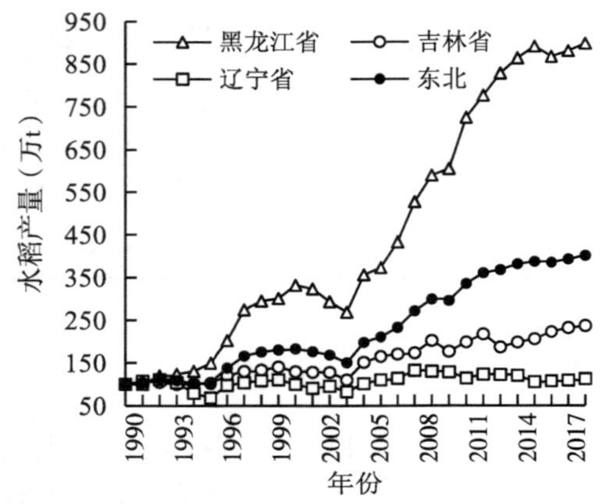

图 4-15　水稻产量时序变化

Fig. 4-15　Rice production in Northeast China

注：以 1990 年为 100

高出当年平均定购价格 74.04%。受稻谷价格大幅上涨和“米袋子”省长负责制的影响，东北地区稻谷播种面积和产量出现较大幅度增长，1996 年播种面积和产量分别较 1995 上增加 16.72%和 32.03%。1996 年发生了新一轮“卖粮难”，东北地区水稻平均出售价格有所下跌，但由于东北地区稻谷品质好，在南方地区销路较好，尽管价格有所下降，但收益仍高于其他粮食，使得东北地区稻谷面积和产量在随后 3 年延续了增加态势。1999 年起东北地区开始连年发生严重干旱，水资源极度紧张，大部地区水田无水可供泡田插秧，农户被迫退出水稻种植改种其他旱地作物，加之随着同期粮食市场化和种植结构调整的不断推进，稻谷价格和种植收益持续走低，东北地区稻谷种植面积开始逐年下降，至 2003 年的水稻播种面积降至 222.77 万 hm^2。2003 年年底稻谷价格再度大幅上涨，2004 年起中央要求集中力量支持粮食产业发展，将作为我国口粮主体的稻谷确立为促进粮食生产发展的重点予以大力扶持，东北地区农户种植水稻的积极性逐渐恢复，水稻播种面积和产量开始恢复性增长，在 2009 年发布的《水稻优势区域布局规划（2008—2015 年）》进一步推动下，水稻播种面积和产量继续保持了连年增长，至 2015 年播种面积和产量增至 516.64 万 hm^2 和 3 767.86万 t，较 2003 年增长 1.32 倍和 1.56 倍。近年来，随着种植业结构调整的推进，东北地区稻谷播种面积和产量趋于稳定。

（三）玉米生产

东北地区玉米种植面积和产量呈波动性增长之势，2015 年成为历史最高点，之后趋于减少（图 4-16、4-17）。1990 年前后发生了“卖粮难”，黑龙江省、吉林省、辽宁省的玉米播种面积出现小幅下降，1994 年玉米播种面积较上年下降了 9.54%。随着全国粮食价格一路大幅上涨，1995 年东北地区玉米平均出售价格较 1993 年上涨了 1.09 倍，高出当年平均定购价格 44.40%。受玉米价格大幅上涨和省长负责制的影响，东北地区玉米播种面积和产量

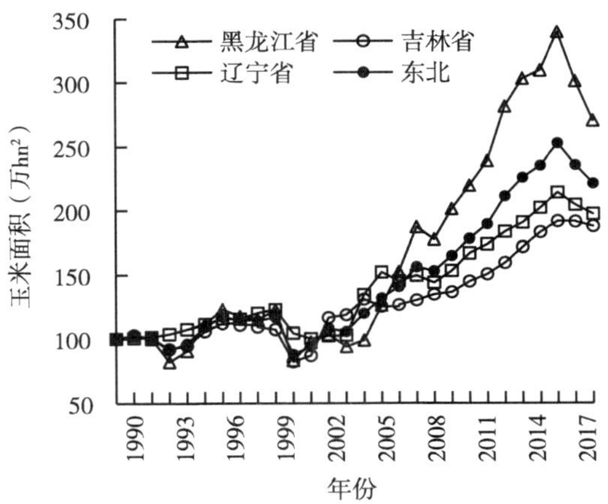

图 4-16　玉米播种面积时序变化

Fig. 4-16　Maize area in Northeast China

注：以 1990 年为 100

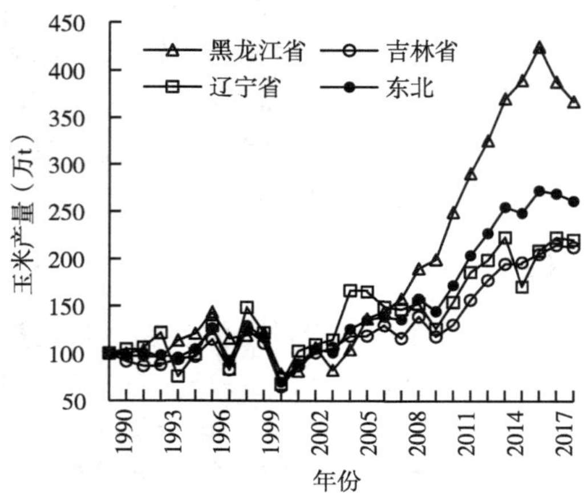

图 4-17　玉米产量时序变化

Fig. 4-17　Maize production in Northeast China

注：以 1990 年为 100

出现较大幅度增长，1996 年播种面积和产量分别较上年增加 7.20%和 21.23%。1996 年发生了新一轮“卖粮难”，玉米平均出售价格出现下跌，吉林和黑龙江两省平均出售价格一度低于定购价格，使得随后东北地区玉米播种面积连续 3 年下降。1999 年，玉米出售价格再度下跌 19.28%，引起 2000 年东北地区玉米播种面积和产量再度大幅下降，分别较上年下降 24.77%和 40.35%。进入 21 世纪以来，东北地区玉米价格连续两年保持上涨，带动玉米播种面积和产量小幅增加，但是紧接着 2002 年，黑龙江省玉米价格再度下跌，致使该省次年玉米播种面积缩减 9.04%。由于 2003 年粮食紧缺，国家自 2004 年起连年发布了一系列强农惠农政策措施，农户玉米出售价格持续快速增长，使得东北地区玉米播种面积和产量进入快速增长时期，至 2015 年播种面积和产量增至 1 453.47 万 hm^2和 9 116.08万 t，较 2003 年增长 1.40 倍和 1.70 倍。由于玉米种植面积的连年增加、玉米产量逐年增高，玉米供过于求、库存难以消耗等问题的日益显现，为推动种植业结构调整，2016 年国家取消了全国性的玉米收储政策，并要求东北地区调减非优势产区玉米播种面积。至 2017 年，东北地区玉米种植面积下降 181.59 万 hm^2，产量减少 372.74 万 t，玉米总量的调减初见成效。

（四）小麦生产

东北地区小麦种植面积和产量呈明显的下降之势（图 4-18、图 4-19）。1990 年前后出现的“卖粮难”使得东北地区小麦种植面积和产量有所下降，1993 年小麦播种面积和产量较 1990 年分别下降 32.04 万 hm^2 和 94.55 万 t。紧接着 1993 年年底至 1995 年年底粮食价格大幅提升，东北地区小麦播种面积和产量有所回升，至 1996 年播种面积和产量环比上涨 9%左右。1996 年发生的新一轮卖粮难，由于全国几乎所有的农产品都面临着供过于求的局面，加之东北地区小麦低筋品种品质低，当年小麦出售价格惨遭“腰斩”，

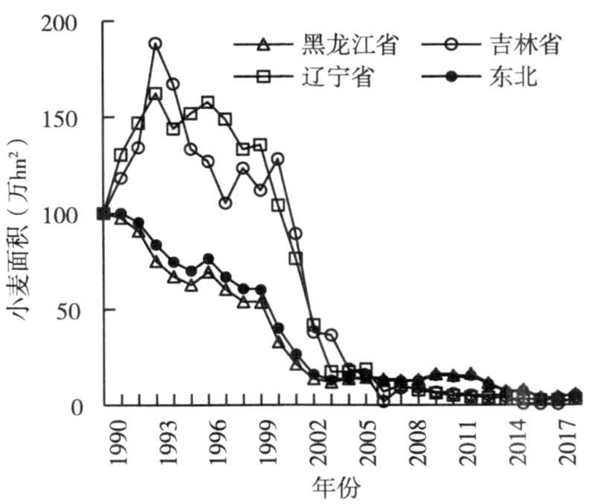

图 4-18　小麦播种面积时序变化

Fig. 4-18　Wheat area in Northeast China

注：以 1990 年为 100

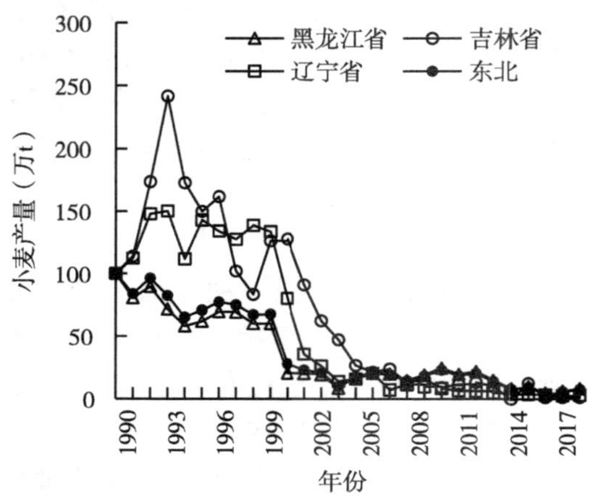

图 4-19 小麦产量时序变化

Fig. 4-19 Wheat production in Northeast China

注：以 1990 年为 100

翌年小麦种植规模出现了大幅下降。尽管 1997 年建立粮食收购保护价和 1998 年粮食定购价与保护价并轨的政策都将小麦纳入保护价范围，要求坚决做到按保护价敞开收购，但因地方政府在实际执行过程存在问题，小麦生产信心受挫，生产规模继续保持下降态势。至 1999 年因销售不畅，东北地区春小麦退出价格保护，其生产规模“应声而落”，至 2000 年小麦种植面积和产量环比下降 33.12%和 58.97%。进入新世纪以来，东北地区小麦生产规模逐年衰减，至 2017 年东北地区小麦播种面积仅 10.56 万 hm^2，其中，吉林省和辽宁省播种面积仅 0.02 万 hm^2 和 0.36 万 hm^2，两省小麦生产几近消亡。黑龙江省得益于龙麦 29、龙麦 30 系列优质强筋小麦品种的培育和推广，小麦规模一度恢复到 2011 年的 29.56 万 hm^2。但紧接着由于黑龙江省早熟区、极早熟区玉米品种的选育和推广，小麦种植规模被比较效益更高的玉米种植挤占，生产规模再度下降。近年来，由于种植结构调整和调减玉米播种面积，黑龙江省北部地区强筋小麦又有所恢复，至 2017 年黑龙江省小麦播种面积和产量回升至 10.18 万 hm^2 和 38.09 万 t，均占到东北地区的 96%以上。

（五）大豆生产

东北地区大豆种植面积和产量波动很大，但总的趋势是近年呈缓慢恢复性上升之势（图 4-20、图 4-21）。1990—1993 年，东北地区大豆播种面积基本随大豆出售价格变化而变动，大豆出售价格涨跌与次年大豆播种面积和产量增减变化基本一致。1993 年年底至 1995 年年底粮食价格暴涨时期，大豆出售价格也随着一路上涨，平均出售价格较 1993 年上涨了 45.69%，高出当年平均定购价格 30%以上，但这段时期东北地区大豆播种面积和产量却出现一定程度下降，1996 年播种面积和产量较 1993 年分别下降 29.92%和 20.33%。1996 年发生了新一轮“卖粮难”，大豆价格却仍较 1995

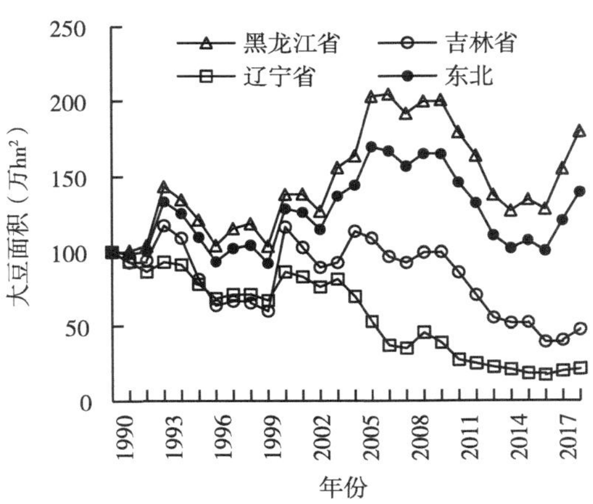

图 4-20　大豆播种面积时序变化

Fig. 4-20　Soybean area in Northeast China

注：以 1990 年为 100

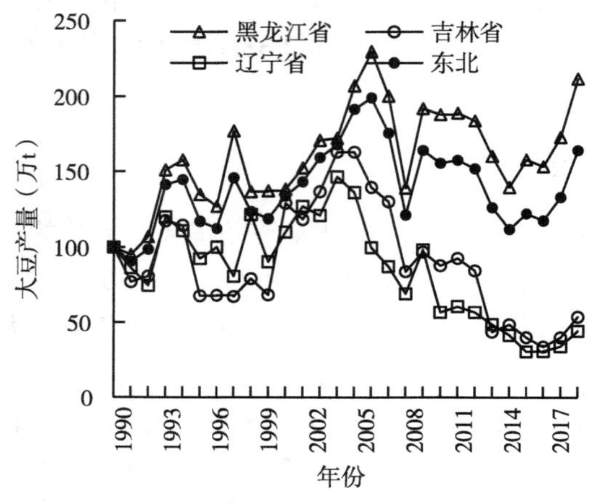

图 4-21　大豆产量时序变化

Fig. 4-21　Soybeanproduction in Northeast China

注：以 1990 年为 100

年有所提高，尽管随后 1997—2000 年大豆价格逐年下降，但除了 1998 年大豆价格大幅下跌 27.22%，引起次年大豆播种面积下降 11.53%以外，东北地区大豆播种面积仍呈总体增加态势，至 2000 年播种面积和产量分别较 1996 年增加了 37.55%和 18.79%。1994—2000 年，东北地区大豆播种面积和产量增加呈现出与大豆出售价格涨跌相反的变化态势，其原因是该时期东北地区大豆播种面积年际增减变化受到了玉米、小麦播种面积增减变化的影响，大豆播种面积年际增减与玉米、小麦播种面积增减变化之和间呈高度负相关，其 Pearson 相关系数 $r=-0.97^{**}$ （$P<0.01$），其中，黑龙江省、吉林省、辽宁省相关系数 r 分别为 -0.98^{**}、-0.99^{**}、-0.91^{**}。即小麦和玉米播种面积的下降的年份，大豆播种面积将有所增长，而小麦和玉米播种面积增长的年份，大豆播种面积将有所下降。因此，在粮食价格一路上涨的时期，小麦和玉米播种面积随着增加，使得大豆面积出现了下降，而粮食价格下降时期，小麦和玉米播种

面积随之下降，使得大豆面积出现了增长。

21 世纪以来，大豆播种面积年际变化再度与大豆价格年际涨跌呈现基本一致的变化态势，随着大豆价格的变化，东北地区大豆播种面积和产量波动增加至2005 年的490.47 万 hm^2 和921.70 万 t，达到历年最高值。但由于2004 年“大豆风波”后，我国在大豆市场的话语权日渐式微，国内大豆价格在国际市场价格影响下时常暴涨暴跌，东北地区大豆生产者信心受挫，生产规模逐步下降，至2007 年播种面积和产量跌至 453.06 万 hm^2 和 561.03 万 t。2008 年全球金融危机背景下，国际市场大豆价格下跌，国内大豆价格高于国际价格，甚至出现了豆价“南北倒挂”局面。为重振农户大豆生产信心，稳定大豆市场价格，2008 年 10 月东北 3 省开始实施国产大豆临时收储政策，该政策在一定程度支撑东北大豆价格维持了稳定上涨的态势，也使得随后两年东北地区大豆播种面积和产量重新回升至高位。但由于随后大豆生产成本逐年大幅上涨，大豆亩均产值远不及玉米（如 2009 年东北地区大豆亩均产值为玉米的85.83%，2013 年跌至仅 70.18%，其中，黑龙江仅 59.66%），大豆生产利润大幅下降（如2009 年黑龙江省大豆亩均净利润 101.79 元，2013 年跌至49.40 元，其中，黑龙江为-25.31 元），加之国产大豆在压榨市场的性价比难以跟进口大豆抗衡，低价进口大豆的数量不断剧增，东北地区农户逐步减少大豆生产规模，转而投向了同为旱作种植但产值更高的玉米生产中，该时期大豆播种面积与玉米播种面积变化呈显著高度负相关，Pearson 相关系数 $r=-0.99^{**}$，其中，黑龙江省、吉林省、辽宁省相关系数 r 为分别为 -0.98^{**}、-0.97^{**}、-0.98^{**}。进而引起东北地区大豆播种面积和产量出现了大幅下降，到 2013 年东北地区大豆生产规模跌至 20 世纪 90 年代初期的水平，播种面积和产量仅为 295.09 万 hm^2 和 517.70 万 t。随后我国于 2014 年以大豆目标价格政策取代了大豆临时收储政策，当年东北大豆播种面积小幅回升，转而翌年再度下跌。2016 年以来，在种植业结构调整和国际贸易问题的影响下，东北地区大豆生产规模开始回升，至 2017 年播种面积和产量分别回升到 403.00 万 hm^2和 758.89 万 t。

（六）杂粮生产

图 4-22 和图 4-23 反映了杂粮播种面积和产量变化情况。自 1993 年前后，东北地区杂粮生产逐步从 1990 年卖粮难引起的连年下滑趋势中走出，并随着后续粮价暴涨，播种面积和产量回升至 1994 年的 186.43 万 hm^2和 715.50 万 t。但随着 1996 年初再度出现卖粮难，杂粮生产规模转入下行区间，至 1998 年东北地区杂粮播种面积和产量下降至 142.9 万 hm^2和 366.50 万 t。而后随着粮食市场化进程的推进，玉米产品价格和种植收益持续走低，使得作为替代性种植的杂粮生产规模有所回升，播种面积和产量回升至 2003 年的 142.9 万 hm^2和 366.50 万 t。2004 年起，随着玉米种植规模快速大幅增加，黑龙江省、辽宁省、吉林省的杂粮生产规模随后相继

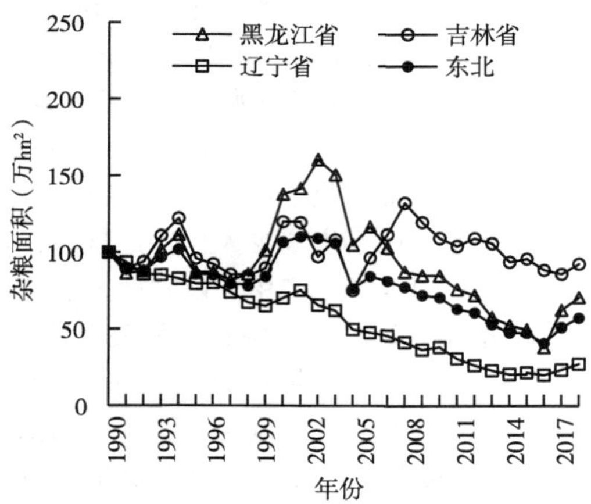

图 4-22　杂粮播种面积时序变化

Fig. 4-22　Coarse cereals area in Northeast China

注：以 1990 年为 100

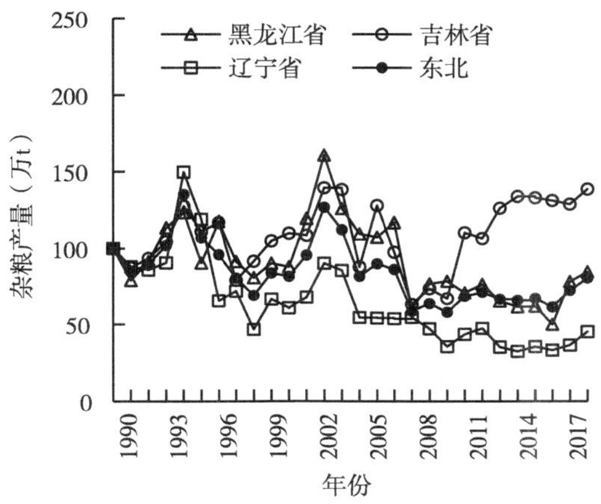

图 4-23　杂粮产量时序变化

Fig. 4-23　Coarse cereals production in Northeast China

注：以 1990 年为 100

再度转入下行区间，至 2015 年东北地区杂粮播种面积和产量下降至 74.47 万 hm^2 和 325.83 万 t。2015 年之后，随着种植结构调整的推进，2016 年和 2017 年杂粮生产规模有所回升，2017 年东北地区播种面积和产量增加到为 104.68 万 hm^2 和 427.54 万 t。同时，研究表明，1990—2017 年东北地区杂粮播种面积与玉米播种面积之间呈高度负相关，其 Pearson 相关系数 r=-0.94 ** （$p<0.01$），可见杂粮种植和玉米种植存在一定的替代效应。

四、章节小结

本章对东北地区总体及黑龙江省、吉林省、辽宁省 3 个省域尺度 1990—2017 年的数据开展了耕地资源、水资源及粮食生产现状与时序变化的综合分析，获得了如下主要结论。

从耕地总量看，东北地区耕地总量变化曲线呈“M”形，可分为4个明显变化的阶段。1990—1996年，开发整理和农业结构调整获得的增加耕地规模持续高于建设占用、生态退耕、农业结构调整而减少的耕地，耕地快速增长；1997—2003年，三北防护林的持续推进、“改园”“挖塘”等农业结构调整以及新一轮的“开发区热”，使得耕地大幅下降；2004—2008年，最严格的耕地保护制度实施，耕地总量略有回升；2009—2017年，形成以建设占用为主导的耕地总量小幅减少态势。从耕地利用结构看，东北地区以旱地为主，但水田面积总体呈增加趋势，旱地面积呈减少趋势；从农田有效灌溉看，东北地区耕地灌溉面积和灌溉率总体均呈快速增加趋势，但耕地灌溉率仍维持在较低水平，灌溉旱地与灌溉水田面积相当，均呈增加态势，同期灌溉旱地增幅较大；从耕地质量等别看，平均质量等别为11.23等，以9等到12等（中等地）为主，且中等地比例有所下降，低等地比例略有增加。

从水资源总量看，东北地区水资源总量约占全国水资源总量的5.54%，人均水资源低于全国平均水平，每年的水资源量波动很大；从供水能力看，东北地区42.53%的供水来自地下水，地下水开采比例明显高于全国平均水平，总供水量从快速提升到小幅下降；从用水量看，东北地区用水量显著增长，高于同期全国增加幅度，近年来增速稍缓；从用水结构看，工业用水、生活用水和生态用水占比较小，农业灌溉用水占比最大，用水结构不合理；通过平均用水量与2020年用水总量控制目标的比较，用水量尚在总量控制目标范围内；从农田灌溉用水看，东北地区灌溉用水数量之前持续增长的局面基本得到控制，但灌溉用水占比却仍处于上升之势。

从粮食总体看，粮食生产阶段性特征明显，粮食作物的内部结构也随国家粮食政策的变化却发生了深刻的变革。1990—2017年，粮食生产经历了生产波动期、扩面增产期和结构调整期3个阶段。历经大约30年的发展，东北地区粮食内部的种植结构已经从20世纪90年代的玉米、大豆为主，水稻、小麦、杂粮多元发展的作物格局，逐渐演变成现在以玉米为绝对占比优势，水稻、大豆为辅，小麦、杂粮占比极少的作物格局。分作物看，对东北地区粮食作物播种总面积和总产量增加的贡献，以玉米为最大，其次是水稻，在抵消小麦、杂粮等作物面积、产量减少的同时，玉米和水稻保证了粮食总面积和总产量的增加。从作物替代看，20 世纪 90 年代粮价上涨时期和粮价下跌时期，小麦和玉米播种面积随价格增减而变化，随之引起大豆播种面积负向变动，21 世纪全球经济危机以来东北大豆面对进口大豆的性价比优势和玉米、水稻等作物的产值比较优势，东北地区农户逐渐退出大豆生产，转向了同为旱地种植方式，但产值更高的玉米生产中。而且，杂粮播种面积与玉米播种面积之间呈高度负相关。可见，大豆和玉米、小麦之间及杂粮和玉米之间存在阶段性的替代效应。

从省级层面看，黑龙江省、吉林省和辽宁省在水土资源与粮食生产的时序变化都存在显著差异。黑龙江省耕地总量呈波动上升之势，吉林省和辽宁省耕地总量呈下降趋势；耕地灌溉面积中，黑龙江省水田居多，吉林省和辽宁省灌溉旱地居多，各省旱地灌溉率均远低于全国水平，水资源长期供给不足、灌溉率偏低或成为各省未来粮食增产的重要潜在威胁；3 省中，黑龙江省耕地质量平均等别最低，且低等地的比例最高，形势不容乐观；黑龙江省人均水资源量多于全国平均水平外，吉林和辽宁省均大大低于全国平均水平；吉林省供水总量较小，地表供水比例高，而黑龙江省供水总量大，地下供水比例高；3 省农业用水比例均高于全国平均水平，黑龙江省占比最高，增幅最大；吉林省和辽宁省用水量离总量控制目标仍有一定增量空间，黑龙江省用水总量进一步增长的空间极小；黑龙江省对东北 3 省区粮食播种面积和产量增长的贡献率最大。

总而言之，东北地区耕地总量减少、耕地质量等别总体偏低、供水能力有限、用水结构不合理、灌溉用水总量持续上升、灌溉利用率低、粮食种植结构失衡的水土资源与粮食生产的现实格局已然形成。

第五章　水—耕地—粮食空间分布及演变特征

本章从空间角度出发，分析耕地、水和粮食的分布与变化特征，进一步明确东北地区水田与旱田的转换特征、新增耕地与减少耕地的空间分布等问题，为后续章节粮食作物结构调整问题提供依据；在水资源及其利用的空间分布方面，主要对水资源总量、供水量、水资源开发利用等级、总量与用水量的匹配、灌溉用水量等相关指标进行空间上的可视化分析；对于粮食生产的空间分布，主要从粮食总体以及玉米、水稻、大豆、小麦、杂粮等主要粮食作物的空间相关性、重心迁移以及播种面积比例的时空演变进行分析。

一、耕地空间分布及演变特征

利用 GIS 从 1990—2015 年 6 期全国土地利用数据中分别提取黑龙江、吉林、辽宁 3 省的各期耕地、草地、林地、建设用地、水域用地、未利用地数据；再利用耕地动态度测算东北 3 省的 1990—1995 年、1995—2000 年、2000—2005 年、2005—2010 年和 2010—2015 年 5 个变化时期耕地的面积数量变化特征；根据重心模型分别计算 1900—2015 年 6 期的耕地、水田和旱田的重心坐标，进而分析其重心迁移方向与特征；根据 GIS 空间统计技术和转移矩阵分析各变化时期的水田与旱田以及耕地与其他土地利用类型之间的转换特征。

（一）水田与旱地的空间分布

水田与旱地的空间分布具有显著的时空差异性（图 5-1）。1990—2015 年南部的辽河平原水田面积逐步减少，东北部三江平原水田面积不断增加，呈现“北增南减”的空间演化特征，并逐步演化成为集中分布于三江平原和辽河平原以及松花江、嫩江、辽

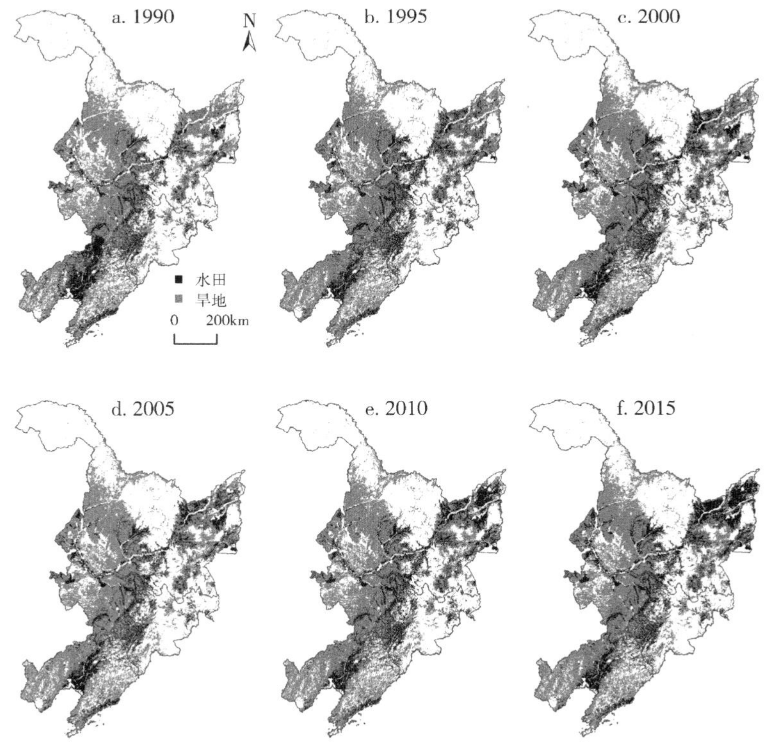

图 5-1　不同时期水田和旱地的空间分布演变趋势

Fig. 5-1　Spatial distribution of paddy fields and dry lands in Northeast China

河等主要河流沿岸的水田空间分布格局。从旱地分布来看，1990—2015 年三江平原旱地面积逐期减少，辽河平原北部旱地逐期增多，呈现“东退西固”的空间演化特征，并逐步演化成为集中连片分布于西部地区的旱地空间分布格局。

耕地北移被认为是适应气候变化、缓解粮食安全的重要举措。从重心分布图看（图 5-2），东北地区呈现显著的耕地北移特征。1990—2015 年东北地区耕地重心均位于吉林省松原市东北部地区，耕地重心呈现逐期向东北方向迁移之势，2015 年耕地重心较 1990 年向东北方向迁移了 22.79km。1990—2015 年旱地重心累计迁移 23.16km，平均迁移速度 0.93km/年。1990—2015 年耕地重心迁移速度呈“快-慢-快”的变化态势，其中，1990—2000 年耕地重心迁移速度相对较快，约 1.68km/年；2000—2010 年迁移速度减缓至 0.27km/年；2010—2015 年迁移速度回升至 0.73km/年。

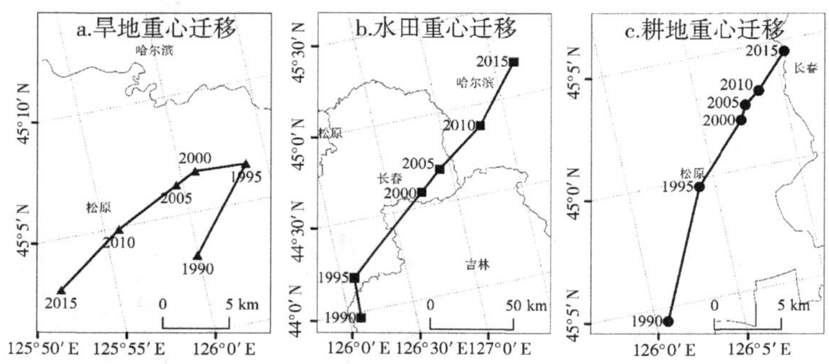

图 5-2 不同时期耕地、水田和旱地的重心迁移变化

Fig. 5-2 Center of gravity migration of cultivated land, paddy field and dry land in Northeast China

1990—2015 年水田重心向东北方向迁移了 184.43km，逐期从吉林市与长春市交界地区迁移至哈尔滨市，平均迁移速度为 7.66km/年。不同时期水田重心迁移速度差异较大，1995—2000

年、2000—2005 年、2005—2010 年和 2010—2015 年 4 个时期重心移动速度分别为 13.37km/年、3.57km/年、7.39km/年和 8.91 km/年。旱地重心先向东北方向迁移 10.75km，之后旱地重心逐期向西南方向迁移，旱地重心总体呈向西南移动之势，1990—2015 年旱地重心向西南方向迁移了 10.55km，平均迁移速度为 1.02 km/年，各时期旱地重心均位于吉林省松原市东北部地区。水田重心变化幅度明显大于旱田，耕地总体重心变化受水田影响较大，也逐期向北移动。

（二）“水改旱”与“旱改水”分布区域

东北地区耕地结构变化的主要方向为旱地向水田转化，但旱地改水田与水田改旱地同期存在。1990—2015 年，东北地区旱地改水田面积 255.04 万 hm^2，水田改旱地面积 152.37 万 hm^2；其中，黑龙江、吉林、辽宁 3 省旱地改水田面积分别为 193.06 万 hm^2、31.07 万 hm^2和 30.91 万 hm^2，黑龙江、吉林、辽宁 3 省水田改旱地面积分别为 64.19 万 hm^2、21.18 万 hm^2和 66.99 万 hm^2（表 5-1）。从东北整个地区和黑龙江与吉林两省看，均是旱地改水田面积大于水田改旱地面积。

表 5-1　不同时期水田与旱地转化面积

Table 5-1　Conversion area of paddy field and dry land in different periods

年份	水田改旱地（万 hm^2）				旱地改水田（万 hm^2）			
	黑龙江省	吉林省	辽宁省	东北地区	黑龙江省	吉林省	辽宁省	东北地区
1990—1995 年	36.75	7.08	49.41	93.24	39.81	15.07	20.65	75.53
1995—2000 年	7.90	2.74	6.63	17.27	61.33	12.09	6.06	79.49
2000—2005 年	8.25	8.34	6.36	22.96	13.36	0.71	1.59	15.65
2005—2010 年	10.97	1.58	2.33	14.88	35.43	2.03	2.46	39.92
2010—2015 年	0.32	1.45	2.26	4.02	43.13	1.18	0.14	44.45

耕地大规模水田改旱地主要出现在1990—1995年，主要发生于辽河平原和三江平原中部（图5-3）。1990—1995年水田改旱地耕地面积93.24万hm^2，占全部累计水田改旱地耕地面积的61.19%；其中，辽宁省（49.41万hm^2）水田改旱地耕地面积最多，其次为黑龙江省（36.75万hm^2），分别占本省全部累计水田改旱地耕地面积的73.76%和57.25%，该时期东北地区水田改旱地主要发生在辽河平原地区以及黑龙江省三江平原中部。1995—2015年东北地区及各省水田改旱地耕地面积持续保持在较低水平且各期间的变化波动较小，该时期水田改旱地主要聚集在辽河平原地区。

耕地大规模由旱地改水田主要出现在1990—2000年，主要发生于三江平原地区东北部（图5-3）。1990—2000年东北地区累计旱地改水田面积155.0万hm^2，占全部累计旱地改水田面积的60.78%；其中，黑龙江省、吉林省和辽宁省旱地改水田面积分别为101.14万hm^2、27.16万hm^2和26.71万hm^2，分别占本省全部累计水田改旱地耕地面积的52.40%、87.41%和86.42%，该时期旱地改水田主要发生在辽河平原南部、三江平原及松嫩平原地区。

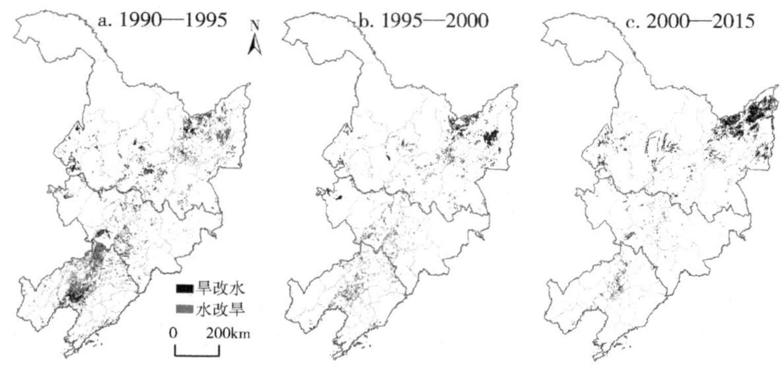

图5-3 不同时期“旱改水”与“水改旱”的空间分布

Fig. 5-3 Spatial distribution of cultivated land internal transformation in Northeast China

2000—2015 年，吉林和辽宁两省旱地改水田面积持续低位波动，黑龙江省旱地改水田面积持续增长，成为东北地区旱地改水田最主要区域，该时期旱地改水田在黑龙江和吉林两省的西部地区分布相对较多，但主要以三江平原地区最为集中。

（三）新增耕地来源与分布区域

新增耕地来源以林地、草地和未利用地为主（图 5-4）。总体而言，25 年间，东北地区林地、草地和未利用地转换为耕地的面积分别为 172.48 万 hm^2、141.35 万 hm^2、88.16 万 hm^2，分别占新

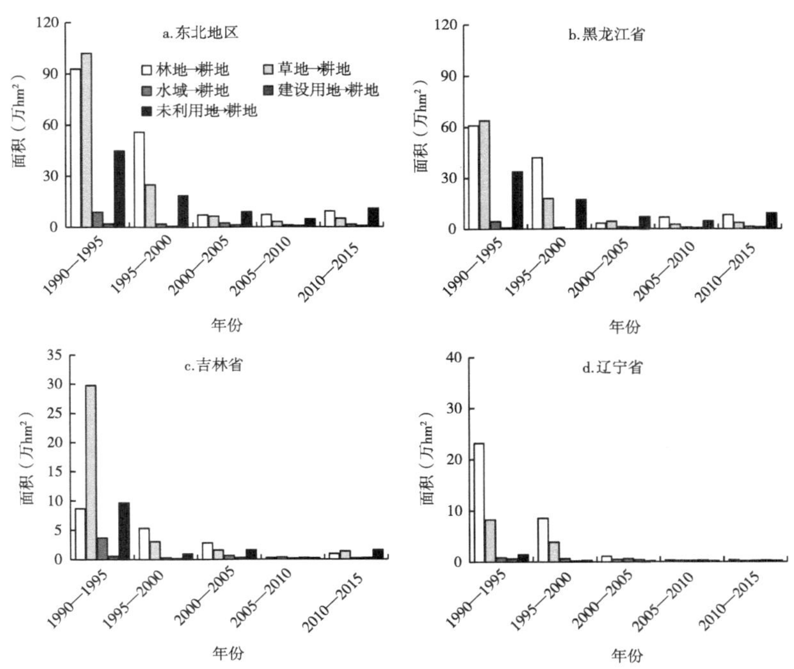

图 5-4 不同时期新增耕地来源

Fig. 5-4 Sources of newly added farmland in Northeast China

增耕地总面积的 40.88%、33.50%和 20.90%。从区域差异看，黑龙江省新增耕地来源以林地、草地和未利用为主，分别占新增耕地总面积的 40.91%、31.21%和 24.35%；吉林省新增耕地来源与黑龙江省类似，林地、草地和未利用地转换面积分别占新增耕地总面积的 24.44%、48.92%和 18.73%；辽宁省新增耕地来源以林地、草地为主，分别占新增耕地总面积的 63.34%、24.60%。从各时期来看，1990—2000 年新增耕地来源以林地和草地为主，2000—2015 年新增耕地来源以林地和未利用地为主。

新增耕地空间分布以三江平原、松嫩平原和辽河平原为主。如表 5-2 所示，1990—1995 年、1995—2000 年、2000—2005 年、2005—2010 年、2010—2015 年东北三大平原新增耕地面积之和占东北地区新增耕地总面积的比例分别为 73.04%、64.41%、77.23%、79.30% 和 91.08%。可见，各时期新增耕地均主要来源于三大平原。但各时期空间分布略有差异，1990—2000 年东北新增耕地除主要分布于东北三大平原以外，小兴安岭、长白山山区平原过渡地带和南部的辽东半岛南缘也有较大规模新增耕地；2000—2015 年东北地区新增耕地面积大幅减少，新增耕地呈现越来越集中三大平原分布的趋势，到 2010—2015 年，仅有 8.92%的新增耕地分散于三大平原以外地区。

表 5-2 不同时期东北地区三大平原地区新增耕地变化

Table 5-2 Changes of new cultivated land in three great plains of Northeast China

年份	三江平原		松嫩平原		辽河平原		东北地区
	面积（万 hm^2）	占比（%）	面积（万 hm^2）	占比（%）	面积（万 hm^2）	占比（%）	面积（万 hm^2）
1990—1995	62.35	24.90	109.81	43.86	10.72	4.28	250.38
1995—2000	25.85	25.51	35.78	35.30	3.65	3.60	101.35
2000—2005	5.77	21.90	12.82	48.63	1.77	6.70	26.36

（续表）

年份	三江平原		松嫩平原		辽河平原		东北地区
	面积（万 hm^2）	占比（%）	面积（万 hm^2）	占比（%）	面积（万 hm^2）	占比（%）	面积（万 hm^2）
2005—2010	8.79	54.13	3.77	23.21	0.32	1.96	16.23
2010—2015	14.74	53.43	9.55	34.63	0.83	3.02	27.58

（四）减少耕地去向与分布区域

减少耕地去向逐步由以退耕还林还草为主，转为以非农建设占用为主（图 5-5）。总体而言，25a 间，耕地流向林地（41.61%）的比例最高，其次为草地（23.66%）和建设用地（16.09%）。时间差异上，2000 年之前，东北地区耕地主要转化为林地和草地，其中，1990—1995 年流向林地和草地的比例分别为 47.16% 和 24.94%，1995—2000 年流向林地和草地的分别为 44.29% 和 24.78%；2000 年之后，流向建设用地的减少耕地比例呈逐渐扩大之势，并在 2010—2015 年成为减少耕地最主要去向，占全部减少耕地的 84.32%。从省级尺度来看，黑龙江、辽宁、吉林 3 省不同时期减少耕地去向略有差异，但均逐步演化为建设用地成为减少耕地的最主要去向，2010—2015 年流向建设用地的比例分别达到 83.76%、95.05%、77.58%。

减少耕地空间分布逐步由以西部及北部地区为主转变为以城市周边为主。1990—1995 年东北地区减少耕地规模大，空间分布广泛，主要位于西部至西南部的三北防护林 2 期建设区、南部的辽东半岛滨海一线、北部的小兴安岭向松嫩平原过渡地带以及东北部长白山区向平原过渡地带。1995—2000 年东北地区减少耕地面积大幅减少，耕地流失仍主要发生在三北防护林 3 期建设区，同时，在北部小兴安岭山区也分布有一定规模减少耕地。2000—2005 年耕地流失除发生在松嫩平原和三江平原以外，城市周边也成为耕地流

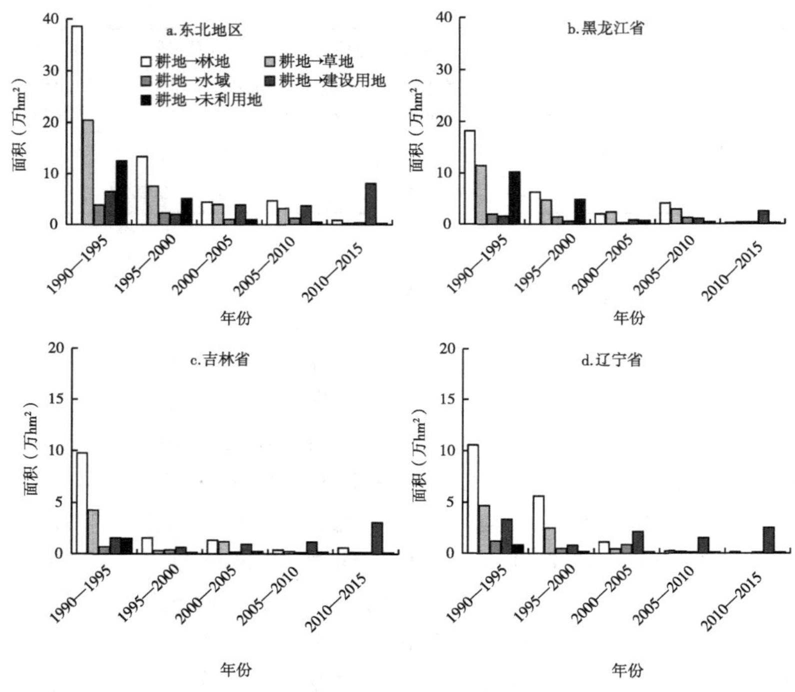

图 5-5 不同时期减少耕地去向

Figure 5-5 The direction of lost farmland in different periods

失的重要发生区域；2005—2015 年，非农建设占地成为造成耕地流失的主导，减少耕地在城市周边的分布格局持续巩固。

二、水资源空间分布及演变特征

（一）水资源总量空间分布

将研究单元细化到地市级，以便较好地反映水资源量在空间上的变化情况。总体而言，东北地区水资源总量呈现“北丰南欠、东多西少、山区多、平原少”的空间特征（图 5-6）。为进一步研究东北地区粮食扩面增长阶段与结构调整阶段水资源总量的差异，以 20 亿 m^3 水资源总量为间距，将 2003 年、2015 年和 2017 年 3 个时间段的东北地区 36 个地级市的水资源总量共划分为 6 个等级，依次为：<20 亿 m^3 为第六等级，20 亿～40 亿 m^3 为第五等级，40 亿～60 亿 m^3 为第四等级，60 亿～80 亿 m^3 为第三等级，80 亿～100 亿 m^3 为第二等级，>100 亿 m^3 为第一等级。东北地区中部腹地主要为第一、第二、第三等级，第四、第五、第六等级则分布在北部和东部边缘地带。

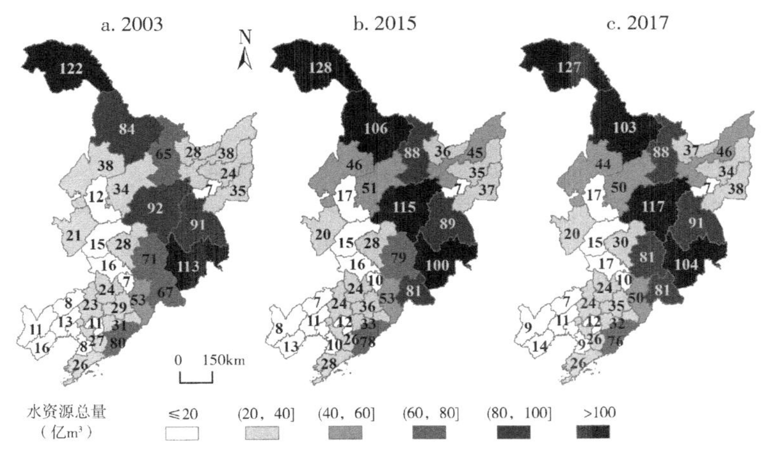

图 5-6　水资源总量时空分布

Fig. 5-6　Distribution of total water resources at different levels

从时间差异看，在 2003 年，第一等级包括大兴安岭地区和延边州，大兴安岭地区分属黑龙江干流和嫩江，延边分属松花江和图们江，水资源总量较大；第二等级包括黑龙江省的黑河、哈尔滨和牡丹江 3 市，主要涉及黑龙江干流、嫩江、松花江和绥芬河主流；处于第三等级的有伊春、吉林、白山和丹东 4 市，主要涉及松花江、西流松花江和鸭绿江；通化市处于第四等级，西流松花江和鸭绿江支流穿流而过；第五等级则包括佳木斯、齐齐哈尔、鸡西、绥化、本溪、抚顺、鹤岗、长春、鞍山、大连、双鸭山、铁岭、沈阳和白城 14 个分布相对集中的地市，主要涉及嫩江、乌苏里江和辽河的干流。第六等级涵盖 12 个市，分别是四平、葫芦岛、松原、锦州、大庆、朝阳、辽阳、营口、阜新、辽源、七台河和盘锦，主要涉及沿黄渤海诸河、浑太河、嫩江和松花江小支流。黑龙江省的大兴安地区水资源总量最大，为 121.5 亿 m^3。而七台河、盘锦、朝阳和阜新 4 个市水资源总量均小于 10 亿 m^3，一直以水稻种植为主的盘锦市水资源总量为 3.2 亿 m^3，在东北各市中最少。2015 年相比 2003 年，30.6%的地区水资源总量减少，沈阳市减少 12.4 亿 m^3，其余减少地区减少量控制在 3.0 亿 m^3以内；69.4%的地区水资源总量增加，朝阳、白城和辽源 3 市增加量均超过 20 亿 m^3，其余增加量介于 0.1 亿~17.2 亿 m^3。2017 年相比 2015 年，水资源变化不大，等级基本保持不变，47.2%的地区水资源总量增加，52.8%的地区水资源总量减少。从 2003—2017 年，水资源总量各区域均有不同程度的变化，但水源总量分布不均衡的特点以及吉林省中西部、辽西地区和黑龙江省局部资源型缺水的分布格局依然存在。

（二）供水量空间分布

受气候变化和人类活动等因素影响，东北地区供水总体稳定，但局部地区增加趋势明显，地下水源开采比例高。从空间分布来看，东北地区供水量呈现“中部多、南北少”的总体特征（图 5-7），与水资源总量的空间分布高度不一致。从供水水源来看，东北地区西部边缘地区地下水供水比例高，东部沿海一带地表水供水比例相对较高。为进一步研究东北地区粮食扩面增长阶段与结构调整阶段供水量的差异，将 2003 年、2015 年和 2017 年 3 个时间段的东北地区各市总供水量划分为 7 个等级，5 亿 m^3以下、5 亿~10 亿 m^3、10 亿~20 亿 m^3、20 亿~30 亿 m^3、30 亿~40 亿 m^3、40

亿~50亿m^3、50亿m^3以上分别对应第一等级到第七等级，东北地区的中部主要为四级、五级、六级、七级，南北边缘则主要是一级、二级、三级。

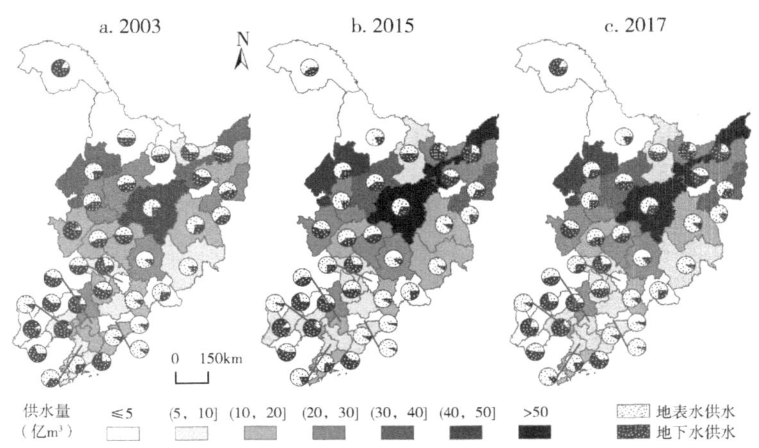

图 5-7　总供水量及地表、地下供水比例时空分布

Fig. 5-7　Spatial and temporal distribution of total water supply and proportion of surface and underground water supply

2003年，东北地区各地市供水能力均低于50亿m^3，没有第一等级；哈尔滨供水能力最强，为第二等级，23.8%来源于地下水源；第三等级包括佳木斯和齐齐哈尔，地下供水分别占52.4%、24.3%；处于第四等级的有吉林、绥化、沈阳、鸡西和大庆，地下供水比重分别为11.7%、43.9%、82.2%、42.2%、41.6%；第五等级涵盖11个市，分别是长春、双鸭山、牡丹江、白城、铁岭、通化、松原、辽阳、鞍山、丹东和盘锦，地下供水比重为50.5%、59.1%、27.9%、89.7%、57.4%、10.5%、41.1%、57.7%、75.5%、9.0%和10.5%；第六等级则包括鹤岗、锦州、大连、四平、延边、抚顺和营口，63.9%、89.3%、25.7%、71.4%、13.6%、10.9%、34.4%来自于地下水源；本溪、葫芦岛、伊春、七台河、阜新、朝阳、黑河、辽源、白山市和大兴安岭地区处于供水能力最小的第七等级，地下水源分别占 11.1%、69.0%、45.1%、37.0%、62.5%、91.7%、50.6%、51.2%、28.1%、83.9%。黑河和大兴安岭地区水资源总量丰富，但供水能力差，且绝大部分来源于地下水。鞍山、鹤岗、沈阳、白城、锦州、葫芦岛和阜新水资源总量欠缺，地下水开采比例高，须严格控制水资源的开发利用。

在粮食扩面增产期，东北地区大部分区域提高了供水能力，到 2015 年，佳木斯、哈尔滨上升为第一等级，齐齐哈尔上升为第二等级，鸡西、绥化上升为第三等级，长春、双鸭山、白城、鹤岗上升为第四等级，大连和延边上升为第五等级，鞍山、丹东和铁岭供水能力下降为第六等级，其余各市供水量变化不大。总的来看，以黑龙江省的齐齐哈尔、哈尔滨、鸡西、鹤岗、佳木斯一带供水能力增加最为明显，与水稻面积增加区域分布大体一致。地下水在供水总量中占有很大的比重，在水资源利用方面起到举足轻重的作用，但由于地下水过量开采，地面沉降现象严重，生态系统遭到一定程度的破坏。为严格控制地下水超采，国家相继颁布实施了《水法》《取水许可制度实施办法》《地下水管理条例》和《地下水超采区管理办法》等法律法规。针对东北的粮食主产区，《东北黑土地保护规划纲要（2017—2030 年）》也指出，东北地区水稻面积逐年扩大，地下水超采严重，需要严格控制用水总量与定额管理。直至 2017 年，除三江平原一带地下水开采量增加以外，其余各市地下水供水均有所减少，但地下水的供水比例仍有增加趋势，其中，地下水源供水比例增加的区域有 26 个，减少的区域有 10 个。

（三）水资源开发利用等级分区评价

受水资源总量、气候、地形等自然条件以及水资源管理政策、种植结构和经济水平等社会条件的共同作用，东北地区水资源开发利用率在空间上会存在一定的差异。为进一步分析水资源利用的地域特征，在计算出东北地区 36 个地市 2003 年、2015 年和 2017 年水资源开发利用率和可利用率的基础上，根据区域水资源开发利用率 U_r 与区域水资源可利用率 U_L 之间的差距，采用颜色分区法进行评价，确定区域水资源开发利用等级，使水资源评价结果更加直观，具体评价方法如下。

当 $U_r \in [0, U_L - 10\%)$，水资源开发利用等级为绿色，表明水资源开发利用处于相对安全程度，尚具备一定开发潜力。

当 $U_r \in [U_L - 10\%, U_L)$，水资源开发利用等级为蓝色，表明水资源开发利用处于临界状态，已经接近可利用水资源量的上限，如不加遏制将会过度开发区域水资源。

当 $U_r \in [U_L, 50\% + U_L/2)$，水资源开发利用等级为黄色，表明水资源开发利用处于过度开发状态，水资源开发利用量已经超过可利用水资源量的上限，需要压减水资源开发利用数量或考虑跨区域调水。

当 $U_r \in [50\% + U_L/2, 100\%)$，水资源开发利用等级为橙色，表明水资源开发利用处于重度过度开发状态，水资源开发利用量已经接近区域水资源总量的上限，需要压减水资源开发利用数量或进行跨区域调水。

当 $U_r \in [100\%, +\infty)$，水资源开发利用等级为红色，表明水资源开发利用已经超过区域水资源总量，需要进行跨区域调水才能满足需求。

利用 SPSS 25.0 进行层次聚类分析，分析结果如图 5-8 所示。总体来看，东北地区水资源开发利用等级分布时空差异较为明显，水资源开发利用高值区与水资源总量高值区分布相差甚远，水资源总量丰富的区域反而开发利用率低，而水资源总量并不丰富的三江平原、辽河平原与松嫩平原部分区域水资源过度开发，部分区域已经超过其水资源总量，需跨区调水才能满足其需求。从时间差异看，东北地区水资源开发利用在粮食增产和结构调整阶段均有绿色、蓝色、黄色、橙色、红色 5 个等级。2003 年水资源开发利用率介于0~506%，最小值为大兴安岭地区，最大值为盘锦市。红、橙、黄、蓝、绿级别的个数之比为9：4：6：5：12。红色等级有佳木斯、鸡西、七台河、大庆、盘锦、锦州、营口、辽阳、沈阳等市，水资源开发利用已经超过区域水资源总量，需要进行跨区域调水才能满足需求。双鸭山、白城、葫芦岛、大连等市为橙色级别，水资源开发利用量已经接近区域水资源总量的上限，需要压减水资源开发利用数量或进行跨区域调水。鞍山、铁岭、长春、四平、松原和哈尔滨市为黄色等级，水资源开发利用处于过度开发状态，水资源开发利用量已经超过可利用水资源量的上限。处于蓝色等级的有齐齐哈尔、绥化、吉林、阜新、朝阳等市，水资源开发利用处于临界状态，如不加遏制将会过度开发区域水资源。大兴安岭、黑河、伊春、鹤岗、牡丹江、延边、白山、通化、抚顺、本溪、丹东等市水资源开发利用处于相对安全程度，尚具备一定弹性开发空间。2015年，橙色、黄色等水资源过度利用区域范围扩大，红、橙、黄、蓝、绿级别的个数之比为8：5：8：4：11。长春和齐齐哈尔水资源开采加剧，上升为橙色等级。阜新、朝阳、鹤岗、绥化等市也进一步恶化，水资源利用程度上升为黄色等级。大连、鞍山、锦州、铁岭、双鸭山、七台河等市的水资源利用等级有所下降，但仍处于不稳定状态。2017年相比2015年变化不大，红、橙、黄、蓝、绿级别的个数之比变为9：4：8：4：11。

通过水资源开发利用程度与二级河流的分布对比，发现黑龙江、绥芬河、鸭绿江等国际河流流域水资源开发利用率相对较低，处于绿色等级，松花江、嫩江、辽河及辽西沿海诸河等腹地河流水资源开发利用程度过高，基本为红色、黄色与橙色级别。水资源利用效率整体表现出三大平原地区水资源开发利用率较高，大兴安岭、长白山等山区利用率较低的特征。其中，盘锦在各时间段利用率值均位于东北地区首位，介于497.6%~506.1%，只能依赖跨区域调水。沈阳、营口、辽阳、盘锦、鸡西、大庆、佳木斯利用率值在100%~143.0%，明显高于其他城市，始终为重度过度利用状态。水资源利用处于安全状态的城市占 30.6%，表明东北地区大部分区域水资源普遍过度利用，已严重超过其承载能力，高值区分布区域与水资源利用的实际情况较为吻合。

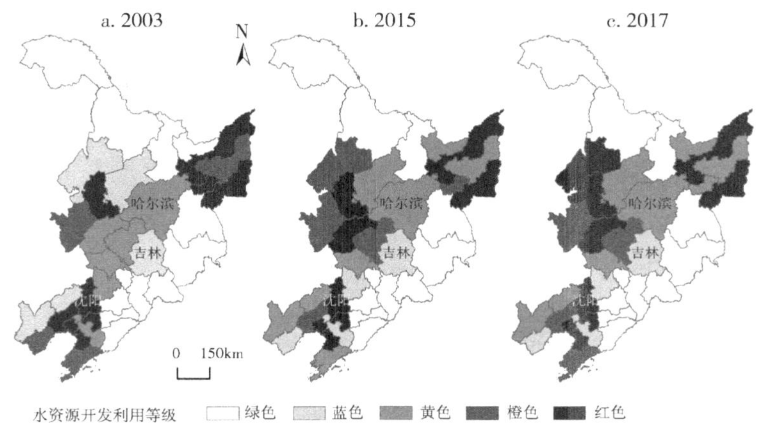

图 5-8　水资源开发利用级别时空分布（%）

Fig. 5-8　Distribution of water resources development and utilization levels（%）

（四）灌溉用水量空间分布变化

东北地区地下水超采是多种原因造成的，主要是农业灌溉用水增长过快，且过度依赖地下水。东北地区旱作农业大部分为雨养，正常年份灌溉量较少，干旱年份需补充灌溉。但水稻每年都需要灌溉，且灌溉定额较高，逐年扩大的水稻种植面积带来灌溉用水需求量不断增加。总体来看，2003—2017 年大部分区域灌溉用水是明显增长的，与三江平原、松嫩平原和辽河平原的分布颇为一致。为进一步探究在粮食扩面增产期和结构调整期各区域灌溉用水的差异，将灌溉用水细化为 6 个等级，如图 5-9 所示，灌溉用水区域分化明显。

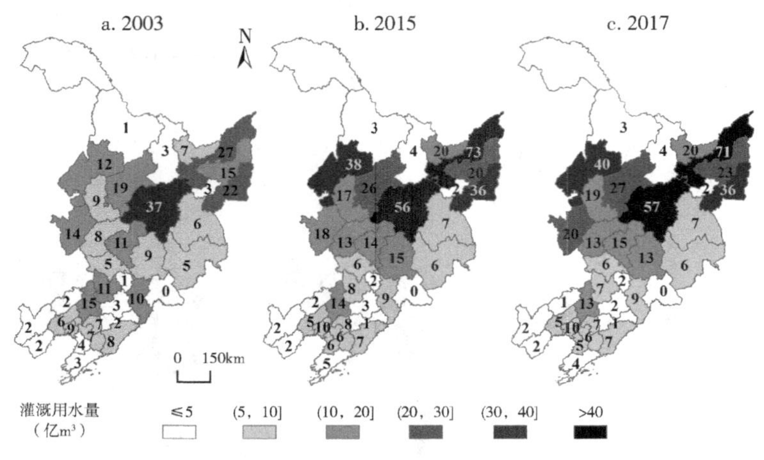

图 5-9 灌溉用水量时空分布

Fig. 5-9 Distribution of irrigation water consumption

灌溉用水明显较多的是黑龙江省的哈尔滨、佳木斯、齐齐哈尔、鸡西等地市，从 2003 年的 37.0 亿 m^3、26.8 亿 m^3、12.3 亿 m^3、21.6 亿 m^3 上升到 2015 的 56.1 亿 m^3、72.7 亿 m^3、38.2 亿 m^3、36.0 亿 m^3。虽然黑龙江省“十二五节水增粮”项目投入了大量的喷灌滴灌设备，由于节水意识淡薄，并没有起到很好的效果。且较低的农业水价（约为 0.024 元/m^3）一定程度上也促使农业灌溉用水增加。这部分区域均是水资源过度开发利用区，应适当退减灌溉面积或是降低灌溉定额。吉林省西部地区是生态系统从半湿润森林草原向半干旱和沙漠地区的过渡带，该区域水资源总量缺乏，地下水源供水比例较高，水资源处于过度开发状态。然而，吉林省西部地区灌溉用水有持续增长的趋势，进一步加剧了水资源的严峻形势。2015 年种植结构调整以来，各区域在落实最严格水资源管理制度，实行以水定地、以水定产等方面尚有差距。63.9%的城市减少了灌溉用水量，但仍有 30.6%的地市灌溉水量不减反增。这种“节水增粮刺激灌溉用水总量增加”的问题被解释为“灌溉用水的反弹效应”，反弹效应对东北地区节水政策的有效性产生极大影响。

灌溉用水量相对较少的是黑河、伊春、七台河、朝阳、葫芦岛、阜新、大连、抚顺、铁岭和本溪，2003 年灌溉用水量分别为 1.0 亿 m^3、2.7 亿 m^3、2.8 亿 m^3、2.1 亿 m^3、2.4 亿 m^3、2.0 亿 m^3、2.9 亿 m^3、3.1 亿 m^3，主要是这些区域耕地面积相对较小，灌溉总量少于其他耕地面积大的区域，并不能说明其灌溉用水合理，这些区域水资源利用也处于过度利用等级。除了黑河和伊春以外，此类区域大都是水资源总量少，属于资源型缺水地区，结构型节水更为重要。白山和大兴安岭地区的农业灌溉用水几乎为零，并非说明农业灌溉用水对其农业发展不重要，而是由于白山和大兴安岭多为林区和山区，农业灌溉工程较少，农业灌溉多以天然降水为主，适当的农业灌溉对其农业发展有较大的提升潜力。

三、粮食作物空间分布及演变特征

从第四章分析可知，粮食作物种植总体可分为粮食生产波动期（1990—2003 年）、粮食扩面增产期（2004—2015 年）、粮食结构调整期（2016 年至今），在各时期粮食面积与产量变动较大，重要原因之一在于主要粮食作物生产格局的变动。为了进一步探究在不同阶段粮食作物的生产格局，本研究对东北地区 36 个地市级单元的粮食及水稻、玉米、大豆、小麦、杂粮的种植面积的空间自相关、重心移动特征和种植比例空间分布进行探析。

（一）粮食生产空间自相关分析

利用 Moran's *I* 公式计算出 1990—2017 年粮食及各作物的全局空间自相关数值，见表 5-3。计算结果显示：（1）粮食与玉米的空间自相关变化具有一致性，小麦与其相反。1990—2017 年粮食及玉米总播种面积的 Moran's *I* 指数均大于 0，且通过 5%的显著性检验。表明 1990 年以来粮食及玉米、大豆、小麦生产并非随机分布，而是存在着显著的空间正相关性，粮食生产比较接近的区域呈现出空间集聚特征。同时，可以发现，1990—2015 年粮食及玉米播种面积 Moran's *I* 指数和其检验统计量 *Z* 值都为正而且是逐渐增大的，小麦是逐渐减少的。说明随着时间的推移，粮食及玉米生产相近地市的空间集聚程度增加，集聚效应越来越明显，小麦生产集聚效应弱化。但是，2015—2017 年粮食及玉米生产的 Moran's *I* 指数的检验统计量 *Z* 值是下降的，小麦是上升的。说明近两年粮食及玉米生产相邻地理单元空间集聚程度趋于稳定或者有小幅下降，小麦有回升之势。(2) 大豆空间集聚特征具有明显的阶段波动性。1990—2017 年 Moran's *I* 指数和检验统计量 *Z* 值都大于 0，且通过 5%的显著性检验，表明大豆生产存在着显著的空间正自相关性，但其值随着时间变化呈现“上升-下降-上升”的波动变化特征，说明大豆的空间集聚不稳定，易受其他因素影响。(3) 水稻和杂粮空间相关性由不显著变化为显著。1990 年，Moran's *I* 指数的 *Z* 统计量大于 0.05，水稻和杂粮增长空间格局更多地表现为空间分布的随机性和结构不稳定性。2003—2017 年水稻和杂粮 Moran's *I* 指数均大于 0，且通过 5%的显著性检验，空间正相关性显著。

表 5-3 粮食及各作物全局空间自相关系数及其显著程度的变化趋势

Table 5-3 Change trend of global spatial autocorrelation coefficient and its significance degree of grains and crops

作物	统计量	Moran's *I*	z-score	P
粮食	1990	0.19	4.00	0.00
	2003	0.29	5.78	0.00
	2015	0.33	6.61	0.00
	2017	0.32	6.51	0.00

（续表）

作物	统计量	Moran's *I*	z-score	P
水稻	1990	-0. 02	0. 20	0. 84
	2003	0. 20	4. 35	0. 00
	2015	0. 25	5. 75	0. 00
	2017	0. 26	5. 93	0. 00
玉米	1990	0. 21	4. 34	0. 00
	2003	0. 21	4. 49	0. 00
	2015	0. 30	6. 15	0. 00
	2017	0. 27	5. 56	0. 00
小麦	1990	0. 26	5. 56	0. 00
	2003	0. 10	3. 14	0. 00
	2015	0. 03	2. 10	0. 04
	2017	0. 04	2. 38	0. 02
大豆	1990	0. 28	5. 82	0. 00
	2003	0. 29	6. 01	0. 00
	2015	0. 17	4. 80	0. 00
	2017	0. 22	5. 43	0. 00
杂粮	1990	0. 07	1. 82	0. 07
	2003	0. 25	5. 73	0. 00
	2015	0. 15	3. 71	0. 00
	2017	0. 22	4. 94	0. 00

（二）粮食生产重心移动特征

粮食生产重心的变化表征了区域粮食生产的不均衡分布，反映了粮食生产空间格局的变动。为进一步揭示东北地区粮食及水稻、玉米、大豆、小麦、杂粮生产区域变迁的具体过程及其数量关系，本研究利用重心模型计算得出粮食生产重心及各粮食作物生产重心的迁移情况，见表5-4和表5-5。计算结果显示，从空间位置看，1990—2017年粮食生产重心在东经126.16°~126.60°、北纬45.05°~45.54°变动；从移动轨迹看，粮食生产重心呈现“东北-西南”往复移动态势，总体移动方向趋向于东北；从地理区位看，粮食生产重心逐渐从松原东北部移向哈尔滨西南部，这说明作为全国主要的粮食主产区，黑龙江省的粮食生产地位越来越重要；从移动距离看，粮食生产重心在1990—2003年向东北移动了33.34km，2003—2015年继续向东北移动了31.36km，2015—2017年向南移动了4.52km。经济发展与耕地集约利用的辩证关系是粮食生产重心转移的主要原因，东北地区粮食生产重心总体移动方向趋向于东北方向这一结论从区域尺度进一步验证了刘彦随（2009）、邓宗兵（2013）等关于全国粮食生产重心“北进中移”的结论。

水稻生产空间布局变动特征：从空间位置看，1990—2017年水稻生产重心在东经126.07°~128.42°、北纬44.06°~45.88°变动；从移动轨迹看，水稻生产重心基本保持着向东北方向移动；从移动距离看，水稻生产重心在1990—2003年向东北移动了178.77km，2003—2015年继续向东北移动了104.55km，2015—2017年向西南移动了5.22km。从地理区位看，水稻生产重心逐渐从吉林与松原交界处移向哈尔滨中部；与粮食生产重心相比，水稻生产重心移动距离更大，范围更宽，位于粮食生产重心以西方向。东北地区水稻生产重心总体向东北方向移动这一结论从区域尺度进一步验证了刘珍环（2013）、杨万江（2011）、徐志宇（2013）等关于全国水稻生产重心“北进东移”的结论。

玉米生产空间布局变动特征：从空间位置看，1990—2017年玉米生产重心在东经125.34°~125.97°、北纬44.38°~44.64°变动；从移动轨迹看，玉米生产重心的波动性较强，总体趋势沿“东南-东北-西南”方向摆动；从移动距离看，玉米生产重心在

1990—2003 年向南移动了 13. 72km，2003—2015 年向东北移动了 90. 38km，2015—2017 年向西南移动了 54. 17km；从地理区位看，玉米生产重心逐渐从长春北部移向松原北部；与粮食生产重心相比，玉米生产重心位于粮食生产重心东偏南方向。

大豆生产空间布局变动特征：从空间位置看，1990—2017 年大豆生产重心在东经 127. 38°~127. 82°、北纬 45. 89°~47. 68°变动；从移动轨迹看，大豆生产重心总体趋势沿“西北—东南”方向移动；从移动距离看，大豆生产重心在 1990—2003 年向西北移动了 64. 92km，2003—2015 年向继续西北移动了 135. 62km，2015—2017 年向东南移动了 41. 89km；从地理区位看，大豆生产重心逐渐从哈尔滨东北部移向绥化西北部；与粮食生产重心相比，大豆生产重心位于粮食生产重心西偏北方向。

小麦生产空间布局变动特征：从空间位置看，1990—2017 年小麦生产重心在东经 126. 45°~128. 20°、北纬 47. 05°~49. 27°变动；从移动轨迹看，小麦生产重心基本保持着向西北方向移动；从移动距离看，小麦生产重心在 1990—2003 年向东北移动了 48. 06km，2003—2015 年向东北移动了 206. 77km，2015—2017 年继续向东北移动了 24. 84km；从地理区位看，小麦生产重心逐渐从伊春西南部移向黑河中部；与粮食生产重心相比，小麦生产重心位于粮食生产重心西偏北方向。

杂粮生产空间布局变动特征：从空间位置看，1990—2017 年杂粮生产重心在东经 124. 34°~124. 97°、北纬 44. 18°~45. 55°变动；从移动轨迹和距离看，杂粮生产重心总体趋势沿“东北-西南-东北”方向往复摆动；从移动距离看，杂粮生产重心在 1990—2003 年向东北移动了 137. 94km，2003—2015 年向西南移动了 50. 46km，2015—2017 年继续向东北移动了 55. 08km；从地理区位看，杂粮生产重心逐渐从松原南部移向大庆南部；与粮食生产重心相比，杂粮生产重心位于粮食生产重心西偏北方向。

综合来看，5 种主要粮食作物的变化特征和粮食总体变化差异显著。具体而言，5 种主要粮食作物的重心均介于北纬 44°~50°，每种作物纬度变化幅度在 3°以内，玉米在纬度上变化剧烈程度相对其他几种作物稍弱，小麦和水稻在经度上变化剧烈程度相对其他几种作物稍微强烈。玉米和粮食整体生产重心移动趋势相近。玉米的纬度线在粮食的下方，大豆、水稻和小麦的纬度线在粮食的上方，说明小麦和大豆的生长相对于玉米更适宜于东北地区偏北方向。

表 5-4　粮食及各作物生产重心经纬度坐标

Table 5-4　Longitude and latitude of the center of gravity of food and crops production in Northeast China

年份	水稻		玉米		大豆		小麦		杂粮		粮食	
	东经	北纬	东经	北纬	东经	北纬	东经	北纬	东经	北纬	东经	北纬
1990	126. 07	44. 06	125. 39	44. 49	127. 59	45. 89	128. 20	47. 05	124. 38	44. 18	126. 16	45. 05
2003	127. 84	45. 06	125. 34	44. 38	127. 66	46. 48	127. 82	47. 39	124. 97	45. 34	126. 39	45. 30
2015	128. 48	45. 88	125. 97	45. 05	127. 38	47. 68	126. 54	49. 05	124. 34	45. 22	126. 39	45. 54
2017	128. 42	45. 86	125. 60	44. 64	127. 82	47. 45	126. 45	49. 27	124. 87	45. 55	126. 60	45. 50

表 5-5　粮食及各作物生产重心偏移距离（km）

Table 5-5　Deviation distance of center of gravity of grain and crops production in Northeast China（km）

	水稻	玉米	大豆	小麦	杂粮	粮食
1990—2003	178. 77	13. 72	64. 92	48. 06	137. 94	33. 34
2003—2015	104. 55	90. 38	135. 62	206. 77	50. 46	31. 36
2015—2017	5. 22	54. 17	41. 89	24. 84	55. 08	4. 52
1990—2017	272. 78	23. 44	199. 31	278. 34	158. 10	60. 78

注：表中的移动距离均以每个时间段基期年份粮食的重心位置为参照

（三）粮食生产空间分布

为了研究对 1990—2017 年各地市典型年份的粮食播种面积的

空间分布进行了分析，以进一步探讨东北地区粮食生产的时空演化特征，如图 5-10 所示。1990—2017 年东北地区粮食生产空间格局呈现向西部和东北部扩展的变化趋势。具体地看，1990 年东北地区粮食种植面积大于 100 万 hm^2的地市主要有黑龙江省的齐齐哈尔、绥化、哈尔滨，种植面积不足 10 万 hm^2的地市主要有大兴安岭、伊春、大庆、白山、抚顺、本溪、盘锦等。2003 年东北地区粮食种植规模高的地市分布与 1990 年类似，相比 1990 年，27.8%的地市粮食种植面积增加，72.2%的地市粮食种植面积减少，减少区域主要集中分布于吉林东部与辽宁东部低山丘陵一带。2015 年东北地区 36 个地市粮食种植面积均有所增加，种植规模大的地市分布变得更为广泛，向北部和西部进一步拓展，与 2003 年相比，新增粮食种植面积大于 100 万 hm^2的地市有 2 个，为黑龙江省的黑河和佳木斯。与 2015 年相比，2017 年大部分地市粮食种植面积减少，黑龙江省各地市种植面积均减少，吉林省西部减少，中东部增加。2017 年粮食种植规模大的区域分布与 2015 年基本重合。

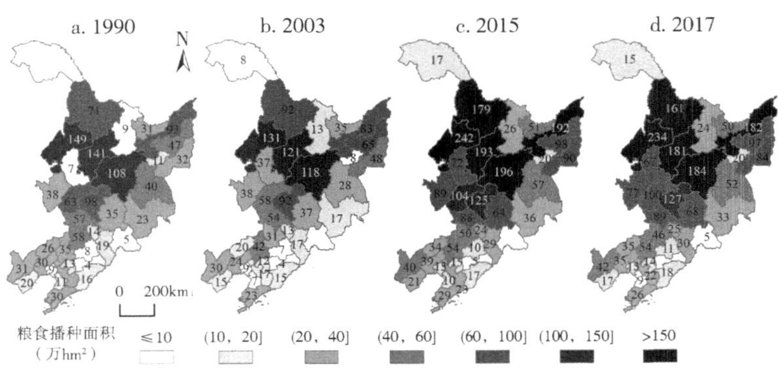

图 5-10　粮食总种植面积时空变化

Fig. 5-10　Spatial and temporal changes of grain planting area of cities

（四）各粮食作物生产空间分布

由于东北地区主要粮食作物空间变化显著，为了进一步分析各作物在粮食中的结构空间位置变化，利用分级法将各粮食种植面积比例分类，对1990—2017年典型年份粮食面积比例的空间分布特征进行分析。

1. 水稻生产空间

1990—2017年东北地区水稻生产空间格局呈现向西部和东北部扩展的变化趋势（图5-11），三江平原区域的水稻生产发展迅猛，松嫩平原的水稻占比也一直在增加，对东北地区水资源可持续利用提出了挑战。具体地看，1990年东北地区水稻种植比例较高的地市主要分布在南部及中东部地区，各流域中辽河干流、浑太河、鸭绿江等流域的水稻种植比例最高，西流松花江、松花江、绥芬河、图们江等流域的水稻种植比例也较高；各地市中盘锦、营口、辽阳、沈阳、丹东、吉林和通化水稻种植比例较高。

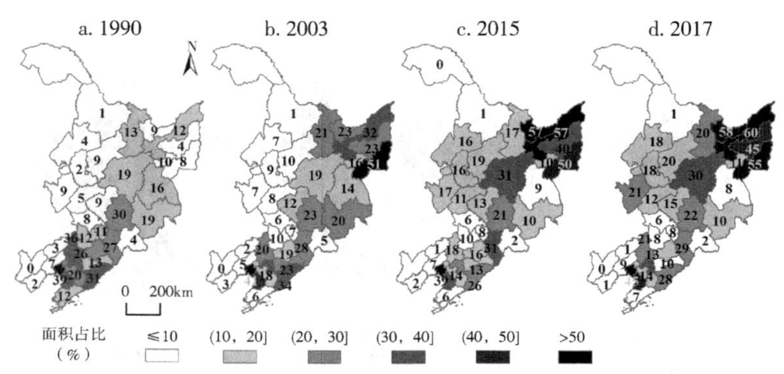

图5-11 水稻种植面积占比时空变化

Fig. 5-11 Spatial and temporal changes of rice area proportion

2003年东北地区水稻种植比例较高的地市主要分布在南部、中东部、东北部，除了三江平原地区外，水稻种植比例高值流域及地市分布与1990年类似。总体来看，与1990年相比，三江平原地区的水稻种植比例大幅增加，辽河平原地区水稻种植比例有所减少。值得注意的是，1990年以来东北地区绝大多数地市水稻种植比例均逐渐增加，但由于1999—2003年连年干旱，使多数地区的水稻种植比例逐渐减少，其中，齐齐哈尔、大庆、绥化、吉林、四平、辽源、通化等地减幅较大，与1999年前后的峰值相比，到2003年分别减少了1.95个百分点、7.83个百分点、5.35个百分点、9.25个百分点、5.05个百分点、5.91个百分点、5.19个百分点。2003年东北地区旱情加重，原本水资源相对丰富的三江平原也出现缺水问题，鹤岗、双鸭山、佳木斯、鸡西水稻种植比例在当年大幅度减少。

2015年，东北地区水稻种植比例较高的地市分布变得更为广泛，以三江平原地区和辽河平原南部地区的水稻种植比例最大，嫩江、松花江、西流松花江、鸭绿江等流域的水稻种植比例也较大。与2003年相比，2015年东北地区水稻种植比例较高的地市有向北部和西部拓展的趋势，三江平原和松花江、嫩江流域水稻种植增长较快。其原因主要是：黑龙江省“水田北移”战略的推进，东北部三江平原地区水稻种植比例大幅增加；同时，由于政府对水稻种植政策支持力度大，水稻比较效益高于其他粮食作物，使得松花江流域南部地区水稻种植比例没有实现相应的减少，并且也使得黑龙江省西部相对干旱地区的水稻种植比例有了较大提升；同期，吉林省利用西部盐碱地大力开发水田，使得水稻种植比例有所增加。与之相对应的，东北地区的南部和中东部地区水稻种植比例有所减小。2017年水稻种植比例较高的地区空间分布与2015年基本重合。与2015年相比，2017年地处三江平原以及嫩江、松花江、西流松花江、辽河干流、浑太河、鸭绿江等流域的多数地市水稻种植比例有所增加，除了盘锦市、营口市外，各市增幅在5%以内。有部分地市水稻种植面积出现减少，主要集中分布于吉林省与辽宁省交界一带。

2. 玉米生产空间

玉米是东北地区各地市种植比例扩张最快的粮食作物，1990—2017 年东北地区各地市的玉米种植比例均大幅度增加，玉米种植比例超过 50%的地市数量由 9 个增至 29 个，仅有以水稻为主的盘锦、鸡西、佳木斯、鹤岗以及以大豆为主的大兴安岭、黑河、伊春在 2017 年的玉米种植比例低于 50%（图 5–12）。各地市玉米种植比例空间演化过程如下。

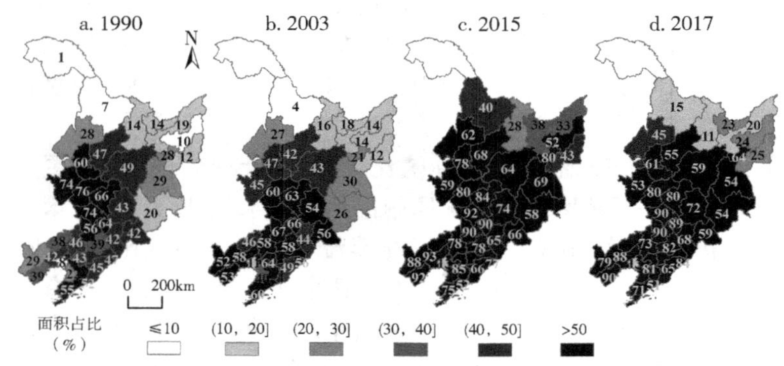

图 5–12 玉米种植面积占比时空变化

Fig. 5–12 Spatial and temporal changes of maize area proportion in Northeast China

1990 年玉米种植比例最高的地区集中分布在东北地区的中西部，由辽西、辽北经由吉林中部地区至黑龙江省中部地区形成玉米高值区域中心。2003 年玉米种植比例高值地区主要分布于东北地区的中部及南部，以吉林省和辽宁省交界连片地带比例最高。相比 1990 年，2003 年南部和东南部地区的玉米种植比例有所增加，并在中南部形成了玉米占比大于 50%的区域集聚成片的分布格局。同时，由于伴随粮食购销体制改革推进，玉米价格暴跌时有发生，1996 年吉林和黑龙江两省玉米出售价格大幅跌至定购价格以下，1999 年玉米两省出售价格再度大幅下跌，两省玉米种植大幅收缩，使得中部及北部地区玉米种植比例有所减少。2015 年，东北地区 80%的地市玉米种植比例超过 50%，从中部至南部几乎全部地市玉米种植比例超过 50%，形成了连片聚集的玉米比例高值区。由于国家自 2004 年起连年发布了一系列强农惠农政策措施，玉米出售价格持续快速增长，农户玉米种植积极性得到提升；并且随着畜牧业和加工业的快速发展，玉米的需求量快速增长；加之黑龙江省早熟区、极早熟区玉米品种的选育和推广，玉米种植边界北移。与 2003 年相比，2015 年绝大多数地市的玉米种植比例都有明显的提高，玉米种植比例超过 80%的地市有 7 个，超过 50%的地市有 29 个，东北大部分地级市粮食生产结构都逐渐变成以玉米为绝对主导。2017 年随着粮食结构调整，东北地区玉米种植比例扩张之势得到控制，除盘锦、铁岭和松原以外，其余各市均有降幅，尤其是黑龙江省各地市的玉米种植比例大幅下降，冷凉区的玉米效果调减较为明显。然而，在朝阳、牡丹江、延边、白山等玉米生产非优势区的玉米调减效果并不明显，玉米种植比例虽有所下降，但并未动摇玉米在其粮食种植结构中的主导地位。

3. 大豆生产空间

1990—2017 年，仅有北部冷凉区的大兴安岭地区、黑河市、伊春市的大豆种植比例有较大增加，其余绝大多数地市种植比例有所减少，中部及南部各地市大豆被玉米、水稻代替，几近退出大豆种植（图 5-13）。大豆作为东北地区的传统优势作物，目前仅在中东部和北部山地以及东北部三江盆地的部分地市保留了较高的种植比例。具体地看，各阶段的空间演化过程如下。

1990 年大豆种植区域比较分散，东北所有地区均有种植，种植比例介于 2%～52%，种植比例较高的地区主要分布在中东部和北部山地地区以及东北部三江盆地地区，东部及南部地区种植比例较低。2003 年，东北地区种植比例较高的地区仍主要分布在中东部和北部山地地区以及东北部三江盆地地区。受大豆出售价格以及玉米、小麦的生产规模影响，东北地区大多数地市大豆种植比例较

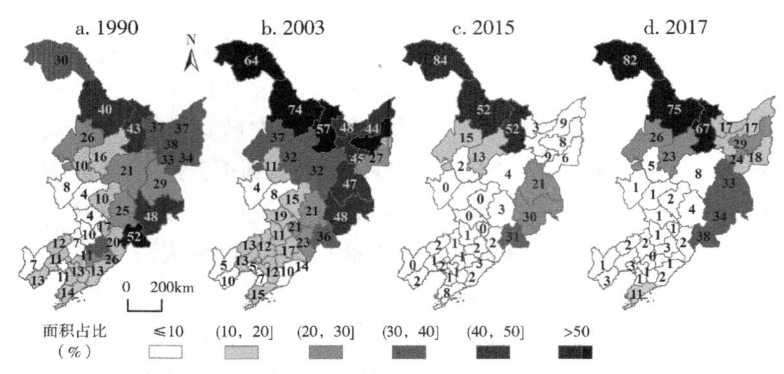

图 5-13 大豆种植面积占比时空变化

Fig. 5-13 Spatial and temporal changes of soybean area proportion

1990 年有所增加，增幅较大的地市均分布于黑龙江省境内，大兴安岭、黑河、绥化、双鸭山成为以大豆为主的生产区域，种植比例分别达到 64%、74%、57%、51%。受进口大豆冲击和玉米、水稻种植挤压的影响，2015 年与 2003 年相比，除大兴安岭地区种植比例增加了 20%以外，其余各地市大豆种植比例均有所下降，中部至南部各地市几乎退出大豆种植，仅有中东部和北部山地地区仍保留了较高的大豆种植比例。2017 年，在粮食结构调整的推动下，东北地区部分地市出现恢复性增长，北部及东北部地区的大豆传统优势区域的种植比例增幅较大，其中，齐齐哈尔、绥化、黑河、伊春、双鸭山、鸡西、七台河、牡丹江等地市的增幅超过 10 个百分点，中部至南部地区各市变化幅度极小。

4. 小麦生产空间

1990—2017 年，东北地区春小麦种植空间格局大部分区域经历了明显的“从有到无”的过程，仅在大兴安岭地区和黑河市分别保留了 11%和 6%的小麦种植比例（图 5-14）。具体地看，各阶段的空间演变过程分别如下。

1990 年东北地区小麦种植比例较高的地市主要分布北部地区，

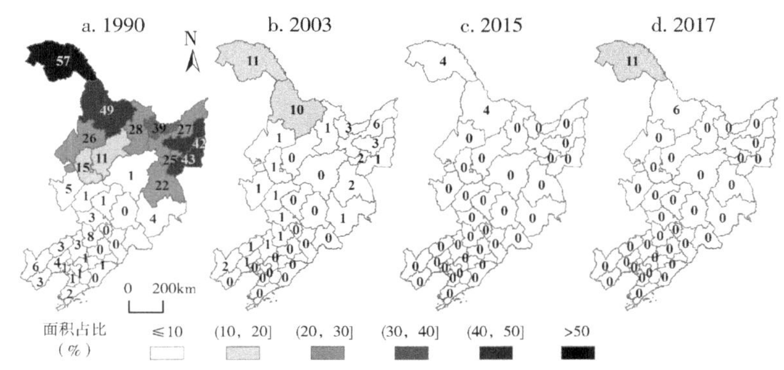

图 5-14 小麦种植面积占比时空变化

Fig. 5-14 Spatial and temporal changes of wheat area proportion

主要有大兴安岭、黑河、鸡西、双鸭山、鹤岗、伊春、佳木斯、七台河、齐齐哈尔、绥化、牡丹江、大庆、哈尔滨，种植比例分别为57%、49%、45%、42%、39%、28%、27%、25%、26%、11%、15%。中部和南部地区各地市的小麦种植比例均较小，均低于10%。2003 年东北地区仅有北部冷凉地区的大兴安岭地区和黑河市小麦种植比例超过 10%，其余在三江平原地区和西部农牧交错带有少量零星分布。与 1990 年相比，2003 年东北地区各地市小麦种植比例锐减，其原因在于东北地区小麦品种品质差、易滞销，在 1996 年小麦出售价格惨遭“腰斩”，逐步被比较效益更高的大豆种植替代，种植面积大幅减少，紧接着东北地区春小麦在 1999 年退出了价格保护政策，逐步被玉米种植替代，种植面积进一步减少。2003—2015 年，随着龙麦 29、龙麦 30 系列优质强筋小麦品种的推广，北部地市小麦种植比例一度有所回升，但由于早熟区、极早熟区玉米跨区引种成功，玉米种植边界北移，在玉米种植的挤占下，小麦种植比例再度下降，到 2015 年，除大兴安岭沿麓地区（优质强筋春小麦产业带）保持较小规模外，其他区域已基本退出传统的春小麦生产。2015—2017 年，随着粮食结构调整推进，在调减玉米播种面积和东北冷凉区“硬红春小麦生产基地”的建设推动下，北部的大兴安岭地区和黑河市小麦种植比例回升至11%和6%。

5. 杂粮生产空间

长期以来，在我国粮食安全中占主导地位的一直是大宗粮食品种，即水稻、小麦、玉米和大豆组成的“主力军团”，杂粮处于辅助地位，是粮食种植的“游击部队”。正是这种辅助地位，使杂粮的种植面积不断下降。东北地区杂粮的种植范围主要被玉米和大豆长期挤压，空间越来越小（图5-15）。杂粮的生产空间格局变化主要分以下几个阶段。（1）1990年前后，杂粮还是传统口粮，东北地区西部的杂粮种植比例较高。黑龙江省的大兴安岭、齐齐哈尔、绥化、大庆等市杂粮总面积比例为13%、16%、17%、12%，红小豆是其优势产品。吉林省一直有种植小杂粮的习惯，种植面积较大的有谷子、糜子、高粱、杂豆、花生、荞麦，主要分布在松原、长春、四平、通化等市，杂粮总种植比例分别为14%、14%、11%、11%。辽西地区多属丘陵地区，杂粮种植范围广，品种丰富。辽西地区谷子的种植量最大，占小杂粮的80%以上；其次为绿豆、小豆、黍子、芝麻等，小米因曾作为“朝廷贡米”一直保持一定的种植比例。朝阳、阜新、锦州、葫芦岛市等辽西地区杂粮种植比例较高，分别为58%、44%、36%、43%，是整个东北地区种植比例最高的地区。（2）1990—2003年，东北地区杂粮种植逐渐向西部地区巩固，其原因，一方面，黑龙江省和吉林省杂粮种植面积与旱地主粮作物种植面积呈负向关联的波动，在两次“卖粮难”期间杂粮播种面积都随旱地主粮作物播种面积的减少而增加，特别是1996年以来，杂粮播种面积增长较快，尤以黑龙江西部和吉林西部杂粮扩展迅速，在大兴安岭、黑河、齐齐哈尔、大庆、白城、松原市的杂粮种植比例出现较大增幅；另一方面，尽管辽西地区受到玉米种植挤占，杂粮种植比例出现一定程度减少，但朝阳、阜新、锦州、葫芦岛市仍保留了较高的杂粮种植比例。（3）2003—2015

年，杂粮市场存在典型的“柠檬现象”，东北大部分区域杂粮种植面积急速下滑。东北杂粮面临商品升级和产业化生产双重竞争压力，面积也一路下滑，除白城（24%）、朝阳（12%）、盘锦（11%）、大连（10%）、松原（10%）比例相对较高以外，其余各市均降为10%以下。（4）2015年开始实施新一轮的农业结构调整，《关于“镰刀弯”地区玉米结构调整》中明确提出发挥杂粮杂豆传统种植优势，在一定程度上恢复了部分区域的杂粮生产。吉林省白城市力争打造“小杂粮、小杂豆”品牌，成为全国重要的杂粮杂豆集散中心，将杂粮种植比例提升至25%。黑龙江省大庆和齐齐哈尔种植比例恢复至16%和10%，辽宁省朝阳市恢复至20%。由于短期内杂粮生产依然是劳动密集型产业，因而面临的冲击相对与大宗粮食产品较小，而国际市场杂粮价格又远远高于国内，此后东北地区杂粮应还有扩展空间。

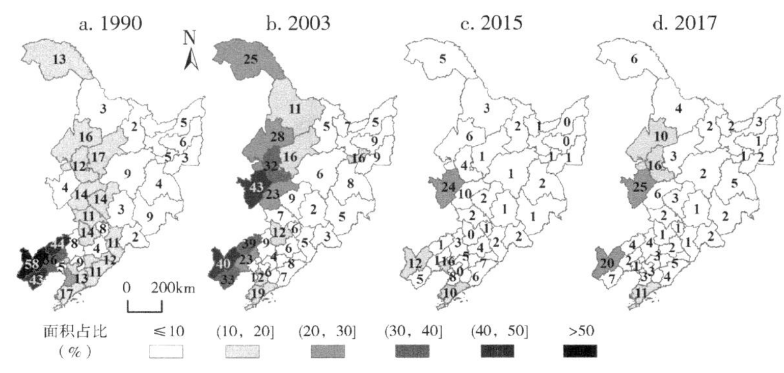

图5-15 杂粮种植面积占比时空变化

Fig. 5-15 Spatial and temporal changes of area proportion of coarse cereals

（五）粮食种植结构空间聚类

为进一步分析东北地区粮食种植结构的空间格局变化，本研究使用 SPSS 25.0 软件，运用系统聚类（Hierarchical Clustering）分析方法，以各地市水稻、玉米、大豆、小麦、杂粮等播种面积在该地市粮食总播种面积中所占比重为变量因素，以地市名称为个案标注依据，对个案进行 Q 型聚类，参考聚类系谱图，基于同样的聚类方法和类型划分标准，确定最终分类结果。各地市粮食作物种植结构类型演化，如图 5-16 所示。

1990 年，东北地区种植结构有玉米主导、水稻主导、玉米-大豆、玉米-水稻、小麦-大豆、杂粮-玉米、大豆-玉米-小麦型 7 个种植结构，其空间分布为北部地区 8 个地市为小麦-大豆型，西南部 4 个地市为杂粮-玉米型，南部及中西部 10 个地市为玉米主导型，中部及南部 7 个地市为玉米-水稻型，中北部至东部山地 3 个地市为玉米-大豆型和 3 个地市为玉米-大豆-小麦型，仅南部盘锦市为水稻主导型。2003 年，东北地区种植结构主要有 7 个类型，其中，玉米主导型 12 个、水稻主导型 2 个、大豆主导型 3 个、玉米-水稻型 4 个、玉米-大豆型 7 个、杂粮-玉米型 5 个、大豆-水稻型 3 个。与 1990 年相比，由于小麦种植比例下降，北部山区的大兴安岭、黑河、伊春演变为大豆主导型，三江盆地地区的鹤岗、双鸭山、佳木斯 3 市转变为大豆-水稻型，鸡西转变水稻主导型，齐齐哈尔和牡丹江转变为玉米-大豆型。杂粮种植比例增加，西部的白城和大庆转变为杂粮-玉米型。由于中部及南部地市玉米种植比例增加，吉林、沈阳、锦州、抚顺、本溪的粮食种植结构演变为玉米主导型。2015 年，东北地区种植结构主要有 4 个类型，其中，玉米主导型的地市有 27 个，水稻主导型、大豆主导型、玉米-水稻型的地市各有 3 个，玉米主导型种植结构的地市大幅增加。与 2003 年相比，随着玉米种植比例增加，玉米-大豆型和杂粮-玉米型的地市以及玉米-水稻型的地市（除营口市外），原有粮食种植结构均被打破，全部转变为玉米主导型种植结构。同时，随着水稻种植比例增加，鹤岗、佳木斯转变为水稻主导型种植结构，双鸭山、鸡西转变为玉米-水稻型种植结构。2017 年，玉米主导型种植结构的地市有21个、水稻主导型、玉米-水稻型、玉米-大豆型种植结构的地市各有4个、大豆主导型种植结构的地市有3个，粮食种植结构仍以玉米主导型的地市最多。与2015年相比，随着玉米种植比例减少，齐齐哈尔、牡丹江、延边、白山恢复为玉米-大豆型种植结构，鸡西恢复为水稻主导型种植结构，哈尔滨、辽阳变为玉米-水稻型种植结构。

总体来看，东北地区种植结构调整主要有以下特征：（1）种植结构类型单一化趋势明显。东北地区共出现9种种植结构类型，2015年减少到4种，2017年由于种植结构调整增加到5种。然而，种植结构类型区域依然是以单种作物主导型为主，只有8个市是两种作物混合型，3种作物比重相当的类型区消失后没有恢复。（2）大部分区域种植结构不稳定，稳定区域基本都是以玉米为主导。盘锦一直是以水稻为主，松原、长春、四平、铁岭、辽源、大连、鞍山等市种植结构基本稳定以玉米为主。（3）种植结构类型向玉米转变的地区最多，以玉米种植为主的类型区集聚趋势愈加明显，从1990年的10个上升为2003年的12个，之后在粮食扩面增产期迅速增加到27个，粮食结构调整期减少到21个。（4）黑龙江省种植结构类型最为丰富，变化相对复杂。黑龙江省共出现9种种植结构，吉林省共出现4种种植结构，辽宁省共出现5种种植结构。吉林省和辽宁省种植结构变化方向主要以向玉米主导型转变，黑龙江省主要是杂粮、小麦播种面积减少，逐渐被大豆、玉米、水稻取代地位，发展成为水稻、玉米、大豆单种作物及两种作物的混合类型（表5-6）。

表5-6　粮食作物主导种植结构类型地市个数

Table 5-6　Number of cities with dominant planting structure type of food crops in Northeast China

主导种植类型	1990年	2003年	2015年	2017年
玉米主导型	10	12	27	21

（续表）

主导种植类型	1990年	2003年	2015年	2017年
水稻主导型	1	2	3	4
大豆主导型	—	3	3	3
玉米-大豆型	3	7	—	4
玉米-水稻型	7	4	3	4
杂粮-玉米型	4	5	—	—
小麦-大豆型	8	—	—	—
大豆-水稻型	—	3	—	—
大豆-玉米-小麦型	3	—	—	—
合计	36	36	36	36

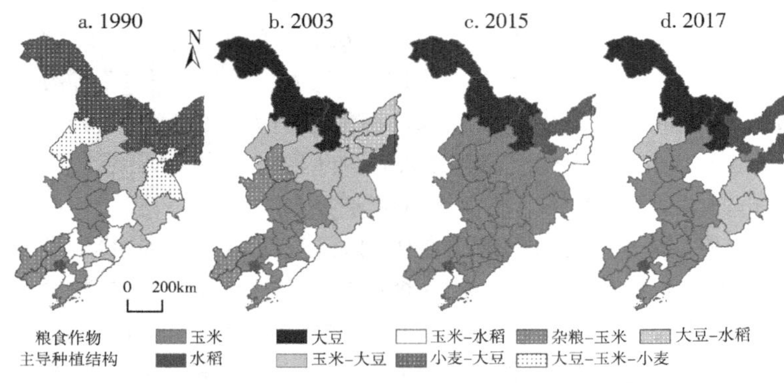

图 5-16 粮食作物主导种植结构时空分布

Fig. 5-16 Spatial and temporal distribution of dominant planting structure of food crops in Northeast China

四、章节小结

本章以第四章时序特征分析为基础，进一步从栅格尺度对耕地分布以及从地市级单元对水资源和粮食的空间分布格局及演变特征进行了分析。东北地区耕地、水、粮食的空间分布均发生了重大变化，主要表现如下。

水田与旱地空间分布及重心迁移具有明显的空间异质性。水田空间分布呈现“北增南减”之势，重心向东北移动 184.43km；旱地空间分布呈现“东退西固”之势，重心向西南移动 10.55km。受水田重心迁移的拉动影响较大，东北地区耕地重心逐期向北迁移。东北地区水田重心北移进一步巩固了此前学者关于东北耕地总体重心北移的结论，也验证了气候变化对东北地区耕地变化的影响，气候变暖使积温增加促进不适宜作物等积温线北移。

“水改旱”与“旱改水”具有同期发生的特点，但耕地结构变化的主要方向为旱地向水田转化。“水改旱”主要分布在辽河平原和三江平原中部，“旱改水”主要分布在三江平原东北部。三江平原是“水改旱”和“旱改水”频发地区，耕地利用结构的不稳定对三江平原生态环境、耕地质量状况、水土资源平衡会造成强烈影响。根据三江平原的区域特征，控制耕地利用结构的相对稳定就显得尤为重要。在三江平原东部“旱改水”区域应严格控制井灌稻种植规模，提高灌溉水利用率。在三江平原中部“水改旱”区域应加强田间水利基础设施的保护，防止洪涝灾害发生。

新增耕地主要来源于林地和草地等生态用地，而减少耕地去向逐步由生态退耕还林还草为主转向非农建设占用为主。这种“耕地流向建设用地，生态用地流向耕地”的现象加大了东北地区生态环境压力。为此，保护东北地区生态环境应严格控制耕地非农占用。同时，新增耕地主要分布在三江平原、松嫩平原和辽河平原，然而三大平原新增耕地面积逐期减少，由 1990—1995 年的 182.88 万 hm^2减少到 2010—2015 年的 25.12 万 hm^2，耕地后备资源开发殆尽，同时，还存在大量耕地流失，为保护东北地区耕地红线，保障粮食安全，三大平原区域未来农业发展应主要依靠土地整治来增加有效耕地面积，通过提升耕地利用的集约化水平来增加粮食产能。

东北地区水资源总量与供水量和用水量的空间分布极不匹配。从空间分布图看，水资源总量呈现“北丰南欠、东多西少、边缘多、腹地少”的空间特征，而供水量呈现“中部多，南北少”的总体特征。根据水资源总量、用水总量进行 *K* 均值聚类结果，水资源总量较低，用水总量均较高的地区（LH 区）在 36 个地市中约占 1/3，水资源总量较高，用水总量均较低的地区（HL 区）在 36 个地市中约占 1/4，且根据水资源总量和用水总量叠加区与水资源开发利用等级的空间关联发现，水资源过度利用的地区主要为 LH 区。

东北地区大部分区域灌溉用水是明显增长的，灌溉用水明显较多的是黑龙江省的哈尔滨、佳木斯、齐齐哈尔和鸡西等市，与粮食明显增加区域分布较为重合。根据水资源开发利用等级评价结果，水资源过度开发的地市占比达 58.3%，与灌溉用水空间关联发现，水资源过度利用的地区主要为灌溉用水量大的地区。同时在不少地市发现“节水增粮刺激灌溉用水总量增加”的问题，这种“灌溉用水的反弹效应”对东北地区节水政策的有效性产生了极大影响。

粮食生产重心和耕地分布重心在空间上均表现为“北进中移”的态势，在移动方位上大致具有同向性。1990—2015 年耕地重心沿着“西北—西南—东北”的轨迹共移动了 23.16km，粮食面积重心沿着“东北—西南”的轨迹移动了 64.7km，两个重心均位于吉林省松原市北部以北地区。就目前趋势来看，东北粮食生产重心向北部推移的情况可能还将持续。粮食生产重心的北移对东北地区粮食安全保障也存在不利的影响。从水资源的空间分布看，部分粮食主产地水资源开发利用处于重度过度开发状态，水资源开发利用量已经接近或超过区域水资源总量的上限，需要压减水资源开发利用数量或进行跨区域调水，才能维持现有的粮食产量。

东北地区粮食与玉米的空间自相关变化具有一致性，小麦与其相反，大豆空间集聚特征具有明显的阶段波动性，水稻和杂粮空间相关性由不显著变化为显著。在种植比例的空间分布上，具体表现为：大豆作为以往东北地区的传统优势作物，受到玉米的挤压，目前仅萎缩在黑龙江北部山地以及东北部三江盆地地区；春小麦种植空间格局大部分区域经历了明显的“从有到无”的过程，持续缩减至大兴安岭地区和黑河市的局部区域；杂粮一直是东北地区粮食种植的“游击部队”，在西北部地区少量集中分布。水稻一定程度受到了玉米生产的冲击，大部分非优势产区的水稻占比均有所下降，但由于受到稻谷最低收购价政策的保护和市场需求的稳定提高，其收益能够保持在相当的水平，尤其是在三江平原、辽河平原等水稻优势产区，其种植比例得到了一定保持甚至有所提高；玉米是扩张最快的粮食作物，种植比例超过50%的地市数量由9个增至29个，只有北部少部分区域玉米聚集不明显。

东北地区粮食内部结构、类型和生产布局都发生了显著的变化。东北地区共出现玉米主导型、水稻主导型、大豆主导型、玉米—大豆型、玉米—水稻型、杂粮—玉米型、小麦—大豆型、大豆—水稻型和大豆—玉米—小麦型9种种植结构类型，2015年减少到4种，2017年由于种植结构调整增加到5种。然而，种植结构类型区域依然是以单种作物主导型为主，只有8个市是两种作物混合型，3种作物比重相当的类型区消失后没有恢复；大部分区域种植结构不稳定，稳定区域基本都是以玉米为主导；向玉米转变的地区最多，以玉米种植为主的类型区集聚趋势愈加明显；黑龙江省种植结构类型相对丰富，变化相对复杂。

第六章 粮食-耕地（LF）关联研究

本章采用粮食生产的直接因素分解的思路建立耕地利用与粮食生产之间的关系。首先，运用对数平均迪氏分解法（LMDI）将影响1990—2017年东北地区粮食生产变化的耕地利用因素分为规模效应、强度效应、结构效应和产能效应，并对各统计量进行描述性分析；其次，对耕地利用效应各分解因素从时间和空间两个维度上的协同性和异质性进行科学分析，并确定因素作用主导分区；进而，从虚拟耕地角度入手，探析玉米、水稻、大豆、小麦、杂粮5种粮食内部作物结构变化对耕地利用的影响。

一、粮食生产的耕地利用效应

从理论上讲，区域粮食产量（P）是粮食作物播种面积（A）和单产（Y）的乘积，其中，粮食作物播种面积，又为耕地面积（L）、复种指数（I）、粮食种植比例（R）之积，即粮食作物产量是耕地面积、复种指数、粮食种植比例、作物单产四个因素的乘积，如下式：

$$P = A \cdot Y = L \cdot I \cdot R \cdot Y \tag{6-1}$$

耕地面积反映了区域耕地的可利用规模状况，复种指数反映了区域耕地的开发利用强度状况，粮食种植比例反映了区域耕地的利用结构状况，作物单产反映了区域单位面积耕地所能实现粮食生产能力状况，分别代表了耕地利用对粮食产量影响的规模效应、强度效应、结构效应、产能效应。故此，区域粮食产量变化值为耕地的规模效应、强度效应、结构效应、产能效应所引起的产量变化贡献值之和，即：

$$\Delta P = \Delta P_L + \Delta P_I + \Delta P_R + \Delta P_Y \tag{6-2}$$

式中，ΔP 为区域粮食作物期间产量变化值，万 t；ΔP_L 为区域粮食作物由耕地规模效应所带来的产量变化值，万 t；ΔP_I 为区域粮食作物由耕地强度效应所带来的产量变化值，万 t；ΔP_R 为区域粮食作物由耕地结构效应所带来的产量变化值，万 t；ΔP_Y 为区域粮食作物由耕地产能效应所带来的产量变化值，万 t。

分解效应的值若为正，说明该效应对粮食生产起到促进作用；分解效应的值若为负，说明该效应对粮食生产起到抑制作用。

本研究采用对数平均迪氏指数法（Logarithmic Mean Divisia Index，LMDI）来量化分析耕地的规模效应、强度效应、结构效应、产能效应的变化对粮食产量变化的影响。计算公式分别如下：

$$\Delta P_L = \frac{P_t - P_0}{\ln(P_t / P_0)} \cdot \ln \frac{L_t}{L_0} \tag{6-3}$$

$$\Delta P_I = \frac{P_t - P_0}{\ln(P_t / P_0)} \cdot \ln \frac{I_t}{I_0} \tag{6-4}$$

$$\Delta P_R = \frac{P_t - P_0}{\ln(P_t / P_0)} \cdot \ln \frac{R_t}{R_0} \tag{6-5}$$

$$\Delta P_Y = \frac{P_t - P_0}{\ln(P_t / P_0)} \cdot \ln \frac{Y_t}{Y_0} \tag{6-6}$$

式中，P_0、P_t 分别为区域初期与末期的粮食产量，万 t；L_0、L_t 分别为区域初期与末期的耕地面积，万 hm^2；I_0、I_t 分别为区域初期与末期的复种指数；R_0、R_t 分别为区域初期与末期的粮食种植比例；Y_0、Y_t 区域初期与末期的粮食作物单产，t/hm^2。

（一）耕地利用效应分解因素的描述性统计

基于 SPSS25.0 软件，计算了 36 个地级市 1990—2017 年、1990—2003 年、2003—2015 年、2015—2017 年 4 个时间段粮食生产及其耕地利用效应分解因素的描述性统计指标，如表 6-1 所示。

全距计算结果表明，强度效应和产能效应的绝对差异各阶段差距较大，规模效应和结构效应差距较小，且在1990—2015年，各市域间的离散程度呈现扩大趋势，绝对差异增大，2015—2017年，各市域间的离散程度呈现减小趋势，绝对差异缩小。从标准差反映的相对离散程度看，规模效应的相对差异略有下降，区域分布趋向平衡，强度效应、结构效应与产能效应均是先增加后减小，由此可以看出，东北地区各地市耕地利用效应相对差异程度越来越大。从平均数与中位数看，粮食生产及各分解因素中两者变化趋势相同，且差异不大。从偏离系数看，绝大多数分析变量在多数情况下表现为右偏，一般表现为中位数小于算数平均数，表明较多的低值呈聚集分布，而高值呈现离散分布，另外，产能效应和强度效应的偏离系数较小。从峰度系数来看，耕地利用效应分解因素值均大于零，说明其分布大多相对集中，另外，规模效应和强度效应峰度系数呈现上升趋势，说明集中度在增大，结构效应和产能效应峰度系数呈现波动趋势，不同时期集中度差异显著。

表6–1 耕地利用效应分解因素的描述性统计指标

Table 6–1 Descriptive statistical indexes of factorization factors of cultivated land utilization effect in Northeast China

利用效应	时段	统计指标（万t）						偏离系数	峰度系数
		极小值	极大值	全距	平均值	中位值	标准差		
规模效应	1990—2017	-76.59	98.05	174.64	-0.36	-4.05	28.19	1.07	5.04
	1990—2003	-46.38	42.21	88.59	-0.64	-1.99	14.89	0.41	4.14
	2003—2015	-33.04	62.50	95.54	0.87	-1.44	14.59	1.99	8.82
	2015—2017	-6.66	2.83	9.49	-0.60	-0.43	1.32	-2.28	12.62
强度效应	1990—2017	-68.23	409.39	477.62	105.76	67.15	111.77	0.95	0.38
	1990—2003	-106.46	98.61	205.07	15.54	6.75	35.48	-0.21	3.51
	2003—2015	1.90	423.02	421.12	89.07	49.20	96.49	1.76	3.61
	2015—2017	-35.13	71.67	106.80	1.15	-0.03	18.91	1.13	4.65

（续表）

利用效应	时段	统计指标（万 t）						偏离系数	峰度系数
		极小值	极大值	全距	平均值	中位值	标准差		
结构效应	1990—2017	-66.11	99.63	165.74	14.14	4.08	32.89	0.66	1.13
	1990—2003	-85.52	7.39	92.91	-10.94	-8.07	17.09	-2.46	9.11
	2003—2015	-2.17	133.80	135.97	27.16	12.34	32.83	1.91	4.15
	2015—2017	-68.35	22.61	90.96	-2.08	0.01	13.74	-3.03	14.74
产能效应	1990—2017	-3.50	449.42	452.92	103.83	56.65	114.87	1.53	2.05
	1990—2003	-129.14	95.32	224.46	11.91	8.26	45.01	-0.53	1.76
	2003—2015	-25.23	543.39	568.62	82.25	18.21	132.36	2.14	4.87
	2015—2017	-53.07	66.58	119.65	9.67	5.08	25.90	0.27	0.93

（二）耕地利用效应分解因素的时序差异

从描述性统计可知，不同时间段耕地利用效应的分解因素差距较大，为了分析 1990—2017 年耕地利用分解效应时序变化趋势，利用 SPSS25.0 软件，计算了东北地区总体及各省域 1990—2017 年规模效应、强度效应、结构效应和产能效应值。由图 6-1 可知，（1）规模效应对东北地区粮食产量变化的贡献作用较小，时序变化也相对简单。黑龙江省规模效应均对粮食生产产生正向作用，总体呈小幅增加态势，辽宁省规模效应均对粮食生产产生负向作用，且随时间变化负向作用逐渐增强，吉林省规模效应对粮食生产的作用经历了负向→正向→负向的变化，变化幅度相对较小；（2）强度效应总体均呈大幅增加态势，自 1991—2003 年强度效应增速较缓，自 2003 年前后至 2015 年强度效应均呈快速增长态势，至 2017 年增速有所放缓，除个别特殊年份外，强度效应对粮食生产的作用是正向的；（3）产能效应总体均呈大幅增加态势，并且年际波动较大，1991 年至 2003 年前后产能效应呈波动变化态势，贡献值略有增加，紧接着产能效应转向在波动中快速增加的时期，至 2015

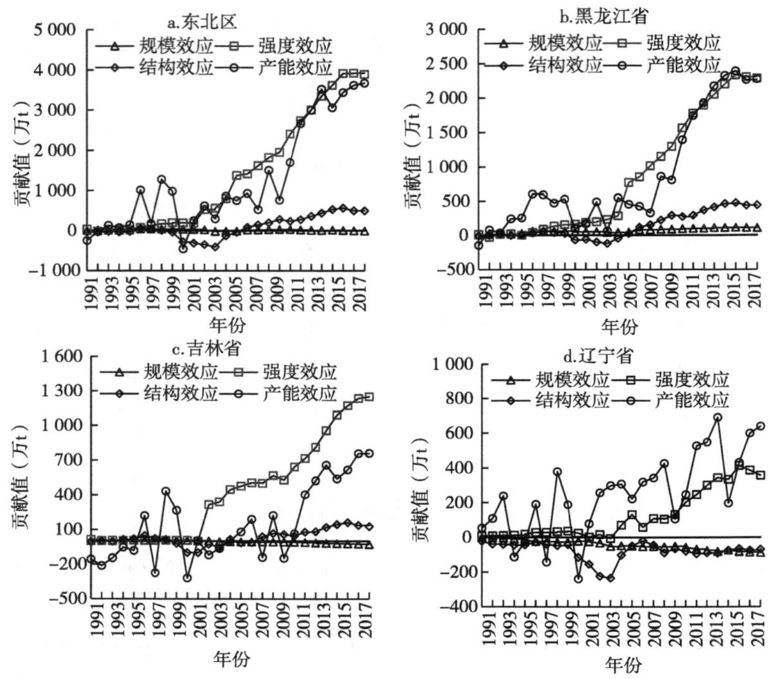

图 6-1　耕地利用效应分解因素时序变化

Fig. 6-1　Temporal changes of decomposition factors of cultivated land utilization effect in Northeast China

年其贡献值大幅增加，随后至 2017 年产能效应呈现稳步增加态势；（4）结构效应在各省呈现不同的变化趋势，东北地区及黑龙江省、吉林省总体均呈增加态势，辽宁省总体呈下降态势。1991 年起东北地区及黑龙江省、吉林省、辽宁省结构效应变化保持相对平稳变化态势，至 1999 年前后转向快速下降趋势，至 2003 年触底反弹，东北地区及黑龙江省、吉林省稳定增加态势保持至 2015 年，随后至 2017 年转入稳步下降趋势，而辽宁省回升至 2008 年后再次转向下降趋势。

1990—2017 年东北地区粮食生产分解因素效应的变化趋势表明，粮食增量的逐期减弱来自于 4 种耕地利用效应值的累积性变化。一是技术进步、农业投入增加和农田管理水平提升等驱动的粮食单产水平上升所形成的耕地利用产能效应，对粮食产量持续增加起到了显著的正向促进作用，始终为粮食增产的首要因素或次首要因素，但受农业投入的边际递减规律作用，有逐步减弱态势；二是改革开放初期，务农劳动力的流失一度造成耕地撂荒，但随着机械化技术的推广，播种面积扩张明显，逐渐成为粮食增量的重要支撑性因素，某些年份贡献作用超过了产能效应，成为了首要要素，但近年强度效应也增长吃力；综合产能效应和强度效应的变化趋势发现，东北地区粮食增产主要是因为增加了对耕地的利用强度与广度，但这两种效应对粮食生产的正向作用在减弱；三是耕地面积变化所引起的规模效应对粮食生产的作用时正时负，贡献值较小；四是结构效应对粮食总产量变化的正向作用近年来逐步显现，将会是今后影响粮食产量的主效应。

在不同阶段，耕地利用效应差异显著。

1990—2017 年，耕地利用的强度效应和产能效应是影响东北地区粮食产量变化的主要贡献因素，贡献量分别为3 887. 35万 t 和 3 669. 16万 t，远远超出种植结构调整产生的结构效应和耕地面积减少产生的负向规模效应。从分省变化来看，黑龙江省、吉林省、辽宁省影响粮食产量变化的主要贡献因素均为复种指数提高产生的耕地强度效应和单产提高产生的产能效应，对粮食产量变化的贡献量分别为黑龙江省 2 281. 37万 t 和 2 270. 66万 t，吉林省 1 249. 27 万 t和 760. 22 万 t，辽宁省 356. 71 万 t 和 638. 28 万 t（表 6–2）。种植结构调整产生的结构效应对黑龙江省、吉林省粮食产量变化有正向作用，对辽宁省的粮食产量变化有负向作用，贡献值分别为 439. 45 万 t、127. 22 万 t 和–70. 04 万 t。这一阶段黑龙江省、吉林省结构效应对粮食产量变化的贡献强于规模效应，然而，辽宁省规模效应对粮食产量变化的贡献强于结构效应。

表 6-2 不同时期粮食生产的耕地利用效应因素分解（万 t）

Table 6-2 Cultivated land utilization effect of grain production in different periods（万 t）

地区	时期	规模效应	强度效应	结构效应	产能效应
东北区	1990—2017	-11.79	3 887.35	496.63	3 669.16
	1990—2003	-21.98	559.68	-413.78	292.57
	2003—2015	25.33	3 353.74	982.25	3 144.97
	2015—2017	-15.12	-26.07	-124.09	231.64
黑龙江省	1990—2017	106.36	2 281.37	439.45	2 270.66
	1990—2003	36.71	227.57	-124.46	59.99
	2003—2015	73.77	2 102.25	598.11	2 329.36
	2015—2017	-4.12	-48.44	-55.68	-118.68
吉林省	1990—2017	-29.23	1 249.27	127.22	760.22
	1990—2003	-5.55	339	-54.64	-65.73
	2003—2015	-17.77	832.21	216.06	683.99
	2015—2017	-5.9	78.05	-34.2	141.96
辽宁省	1990—2017	-88.92	356.71	-70.04	638.28
	1990—2003	-53.14	-6.89	-234.68	298.31
	2003—2015	-30.67	419.28	168.08	131.62
	2015—2017	-5.1	-55.68	-34.21	208.36

1990—2003 年，东北地区粮食生产在波动期仍增加 416.49 万 t，影响这一阶段粮食变化的主要因素是强度效应和结构效应，种植结构调整使耕地利用结构效应贡献值减少了 413.78 万 t，但粮食复种指数增加使耕地强度效应贡献值增加了 559.68 万 t，对粮食生产起到稳定作用；产能效应贡献值为 292.57 万 t，是影响粮食生产的次要因素；规模效应贡献较小。从分省变化来看，黑龙江省粮食增产 199.81 万 t，耕地面积增加、复种指数提高和单产提升均是影响耕地利用效应增加的因素，但贡献值强度效应最大，产能效应

次之，结构效应最弱；这一阶段黑龙江省粮食结构调整对耕地利用效应产生的负向作用显著，结构效应贡献值为-124.46 万 t。吉林省粮食增产 213.08 万 t，耕地利用效应中强度效应贡献作用最大，贡献值为 339 万 t，粮食结构调整和单产降低对粮食生产产生负向效应，产能效应贡献值为-65.73，结构效应贡献值为-54.64 万 t，耕地利用规模效应负向作用较小。辽宁省粮食增产 238.28 万 t，产能效应贡献作用最大，贡献值为 298.31 万 t；耕地面积减少、复种比例下降和种植结构调整均对辽宁省耕地利用产生负向效应，但贡献值结构效应最大，规模效应次之，强度效应最弱。总体来看，这一阶段强度效应是影响黑龙江省和吉林省粮食产量变化的主要正向贡献因素，产能效应是影响辽宁省粮食产量变化的主要正向贡献因素；结构效应是影响黑龙江省和辽宁省粮食产量变化的主要负向贡献因素，产能效应是影响吉林省粮食产量变化的主要负向贡献因素。

2003—2015 年，东北地区粮食增产 7 506.29万 t，规模效应、强度效应、结构效应和产能效应均对粮食生产产生正向促进作用，使得粮食生产大幅度增长；其中，强度效应和产能效应是影响粮食产量变化的主要贡献因素，对粮食产量变化的贡献值分别为 3 353.74万 t 和 3 144.97万 t，其次为结构效应，贡献值为 982.25 万 t，规模效应贡献作用较小。从分省变化来看，黑龙江省粮食增产 5 103.49万 t，耕地面积增加、复种指数上升、种植结构调整和单产提高均是影响耕地利用效应增加的因素，但贡献值产能效应>强度效应>结构效应>规模效应。吉林省粮食增产 1 714.49万 t，复种指数提高、单产提升和种植结构调整均是影响耕地利用效应增加的因素，但贡献值强度效应最大，产能效应次之，结构效应最小；耕地利用规模负向效应较小。辽宁省粮食增产 688.31 万 t，复种指数提高、单产提升和种植结构调整均是影响耕地利用效应增加的因素，但贡献值强度效应最大，结构效应次之，产能效应最小；耕地利用规模负向效应较小。总体来看，这一阶段影响黑龙江省粮食产量变化的主要贡献因素为产能效应，其次为强度效应；影响吉林省粮食产量变化的主要贡献因素为强度效应，其次为产能效应；影响辽宁省粮食产量变化的主要贡献因素为强度效应，其次为结构效应；规模效应相对较小，对黑龙江省产生正向作用，对吉林省和辽宁省产生负向作用。

2015—2017 年，东北地区粮食生产在结构调整中仍增加 66.36 万 t，影响这一阶段粮食变化的主要因素是产能效应和结构效应，种植结构调整使耕地利用结构效应贡献值减少了 124.09 万 t，但粮食单产提高使耕地产能效应贡献值增加了 231.64 万 t，对粮食生产起到稳定作用；耕地面积减少和复种指数下降所造成耕地规模效应和强度效应贡献有所下降，但对粮食产量变化影响相对较小。从分省变化来看，黑龙江省粮食减产 205.50 万 t，耕地面积减少、复种比例下降、种植结构调整和单产降低均是影响耕地利用效应下降的因素，但贡献值产能效应最大，强度效应次之，结构效应最小；黑龙江省耕地面积有所减少，但其耕地利用规模的减产效应尚不明显。吉林省粮食增产 179.90 万 t，耕地利用效应中产能贡献作用最大，贡献值为 141.96 万 t，其次为强度效应，贡献值为 78.05 万 t；吉林省粮食结构调整和耕地面积减少对粮食生产产生负向效应，结构效应贡献值为-34.21 万 t，耕地利用规模负向效应较小。辽宁省粮食增产 144.12 万 t，产能效应贡献作用最大，贡献值为 208.36 万 t；耕地面积减少、复种比例下降和种植结构调整均对辽宁省耕地利用产生负向效应，但贡献值强度效应最大，结构效应次之，规模效应最小。总体来看，这一阶段单产提高所带来的产能效应的增加对粮食生产的影响最显著，粮食结构调整对粮食生产产生负向的结构效应，耕地面积减少所引起的规模效应的降低对粮食生产的影响尚不明显，耕地利用的强度效应因区域变化差异较大。

（三）耕地利用效应分解因素的空间分异

采用系统聚类分析方法，以 1990—2017 年、1990—2003 年、

2003—2015年、2015—2017年各市地耕地利用效应的合集为变量因素，进行Q型聚类，参照分类结果按照数值高低确定类型划分标准，将耕地利用规模效应、强度效应、结构效应和产能效应增减变化方向与程度聚类为正向高值区（HI）、正向次高值区（SI）、正向低值区（LI）、负向低值区（LD）、负向次高值区（SD）、负向高值区（HD）6个类型，如图6-2所示。

1. 总效应

1990—2017年粮食增产水平较高的地市处于控制地位，耕地利用总效应以高值区域为主。统计分析表明，在36个统计单元中，增产高值区有16个，占总数的44.4%。其余增产次高值区有9个，增产低值区有10个，减产低值区有1个，说明东北地区粮食增产较高的地市占有绝对优势，提高了区域粮食总体增产水平。东北地区粮食增产的地市差异较大，粮食增产最高的佳木斯，增产867万t，而粮食增产较少盘锦仅为7万t，前者约为后者的124倍。说明不同地市间耕地利用总效应的区域差异比较显著。

不同时期东北地区耕地利用总效应的空间格局变化较大。1990—2003年，粮食增产与减产高值区并存，分布规律性不强。其中，减产区13个，增产区13个，减产高值区在齐齐哈尔、绥化、铁岭等地，减产次高值区分布在牡丹江、延边、朝阳等地，增产高值区仅分布在松原，增产次高值区分布在双鸭山、鸡西、哈尔滨、大庆、白城、长春、沈阳、四平等地，减产与增产高值区分布较为分散，并未形成集中趋势。

2003—2015年粮食增产高值区与低值区分化明显，高值区集中分布在松嫩平原中部和辽河平原区，而低值区集中在大小兴安岭和长白山区一带，仅有大连粮食减产。2015—2017年，粮食减产区域扩大，大兴安岭、黑河、绥化、双鸭山、伊春、大庆、七台河、鸡西、哈尔滨、葫芦岛、盘锦、铁岭、辽阳、营口、丹东、本溪等地大范围开始减产，减产区域占东北地区总地市单元的50%（图6-2）。

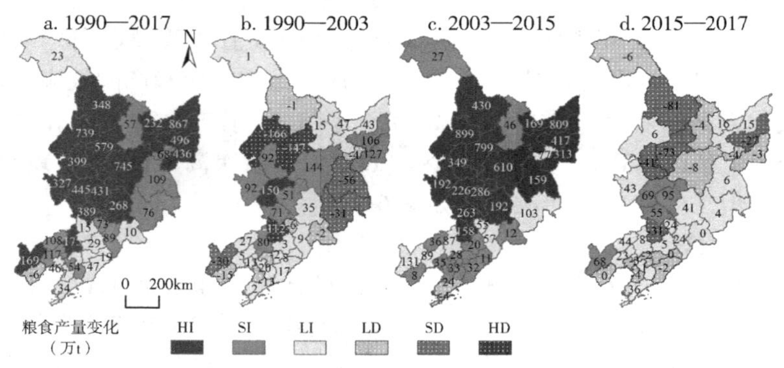

图 6-2　不同时期粮食产量空间分布变化

Fig. 6-2　Spatial distribution changes of grain production in different period

2. 规模效应

1990—2017 年各地市耕地面积变化产生的规模效应对粮食生产的累积作用以负向作用为主，只有哈尔滨、鸡西、双鸭山、大庆、伊春、黑河、大兴安岭、松原和白城规模效应为正，其余 27 个地级市的规模效应为负。规模效应对粮食生产的贡献值大于 30 万 t 的正向高值区有 4 个，分布在大庆、鸡西、双鸭山和哈尔滨，规模效应对粮食生产的贡献值大于 30 万 t 的负向高值区有 3 个，分布在绥化、佳木斯和牡丹江。黑龙江省耕地面积作用突出，与大面积土地开荒相关；除松原市、白城市外，吉林省各地市规模效应为负向作用，其中，长春、四平贡献较大。辽宁省各地市规模效应为负向作用，其中，朝阳、锦州、沈阳、大连贡献较大。从空间分布看，耕地面积变化产生的规模效应高值区分布较为零散，未形成集中分布趋势，正向高值区与负向高值区组合起来整体主要分布于三江平原、松嫩平原以及吉林中西部地区，大兴安岭、长白山区以及辽东半岛地区耕地规模效应最不显著，主要是耕地资源基础与地形地貌要素决定了规模效应空间分布的大格局（图 6-3）。

耕地利用规模效应的空间差异性在一定程度上呈逐渐弱化的趋

势。在 1990—2003 年，规模效应对东北地区各地市粮食生产贡献值超过 30 万 t 的区域仅有鸡西和大庆，且对粮食生产的影响是正向的；此阶段规模效应的负向作用分布相对广泛，涉及 27 个地级市，其中，绥化、佳木斯和牡丹江 3 市负向效应相对显著；辽宁省各地市规模效应均为负向作用，吉林省除松原和白城 2 市外，均为负向作用。2003—2015 年，东北地区各地市规模效应变化不大，基本上除大庆、黑河、大兴安岭、长春、吉林和延边的贡献值有小幅度上升之外，其余各地为小幅度下降或基本稳定。2015—2017 年，耕地利用规模效应贡献值降低，其对粮食生产的正向贡献值均低于 3 万 t；此阶段规模效应负向作用范围进一步扩大，除绥化、营口、辽阳、盘锦外，各地市规模效应均为负向作用，大庆负向贡献最大。可见，随着经济的发展，耕地面积变化产生的规模效应对粮食生产的影响随经济的发展逐渐由正效应变为负效应，且区域间的效应差异也在逐渐弱化。

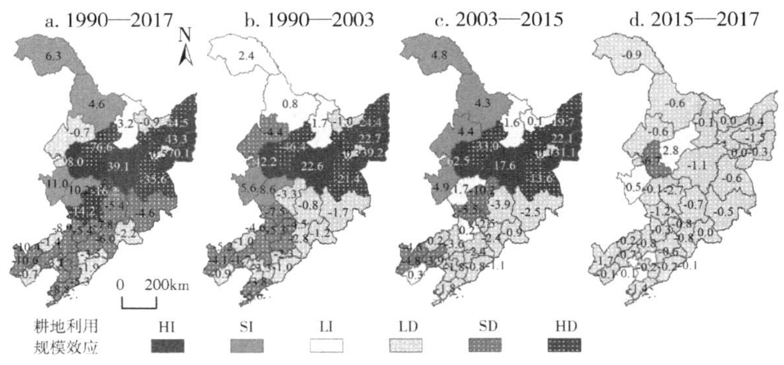

图 6-3　不同时期耕地规模效应空间分布变化（万 t）

Fig. 6-3　The spatial distribution of cultivated land scale effect changes in different periods（万 t）

3. 强度效应

1990—2017 年，各地市复种指数变化产生的强度效应对粮食生产的影响以正向促进占据绝对主导地位，只有铁岭和大连强度效应为负，其余 34 个地级市的强度效应为正。强度效应对粮食生产的贡献值大于 200 万 t 的地市有 7 个，分布在佳木斯、哈尔滨、松原、四平、齐齐哈尔、大庆和绥化，强度效应对粮食生产的贡献值大于 100 万 t 的地市还有 8 个，分布在黑河、鸡西、吉林、双鸭山、长春、沈阳、白城和牡丹江一带。从空间分布看，复种指数提高产生的正向强度效应贡献高值区分布聚集成片，主要位于松嫩平原、三江平原、吉林中西部地区，呈现“中部高、南北边缘低”的格局（图 6-4）。

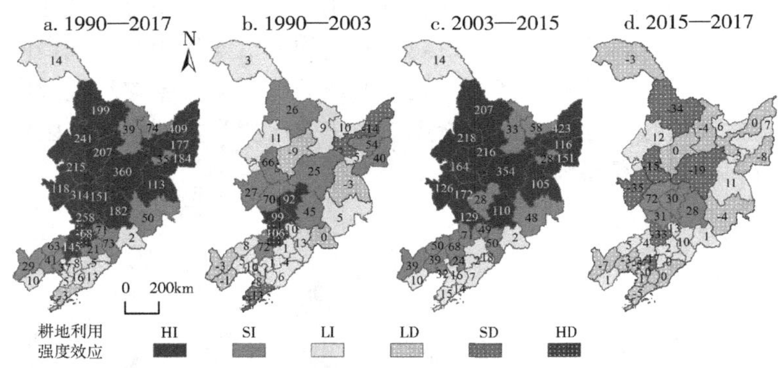

图 6-4　不同时期耕地强度效应空间分布变化（万 t）

Fig. 6-4　The spatial distribution of cultivated land intensity effect changes in different periods（万 t）

耕地利用强度效应在粮食生产的不同阶段空间差异性显著。在 1990—2003 年，强度效应对东北地区各地市粮食生产贡献相对较小，贡献值超过 100 万 t 的区域仅有铁岭，且对粮食生产的影响是负向的；贡献值超过 50 万 t 的区域还有大庆、双鸭山、四平、长春、松原、沈阳等 6 个地级市，且对粮食生产的影响是正向的；此阶段强度效应的负向作用覆盖佳木斯、绥化、牡丹江、大连、营口、铁岭、朝阳、葫芦岛等 8 个地级市，分布相对广泛，其中，铁岭、大连和佳木斯3市负向效应相对显著。2003—2015年，仅有白山强度效应变为了负向作用，其余各地市均呈正向作用；正向效应贡献值超过200万t的地市扩增到5个，均位于黑龙江省，分布在哈尔滨、齐齐哈尔、佳木斯、黑河和绥化一带；正向效应贡献值超过100万t的还有双鸭山、鸡西、大庆、牡丹江、松原、四平、白城、吉林等8个地级市；正向效应贡献值超过100万t的高值区域中黑龙江省分布9个，吉林省分布4个，辽宁省0个。2015—2017年，耕地利用强度效应降低，其对粮食生产的贡献值均低于100万t，且除松原以外，其余各地市均低于40万t；此阶段强度效应负向作用范围扩大，黑龙江省除齐齐哈尔、牡丹江、双鸭山、鹤岗、七台河外，各地市规模效应均为负向作用；辽宁省除沈阳、抚顺、本溪、阜新、葫芦岛外，各地市强度效应均为负向作用；吉林省强度效应的负向作用区域为延边和白城。总体来看，负向效应区主要分布在大兴安岭、长白山等丘陵山区，这些区域不利于耕地复种程度提高；强度效应显著减少区分布较为零散，尚未形成集中分布趋势。

4. 结构效应

1990—2017年粮食面积比例调整产生的结构效应对粮食生产的累积作用以正向促进为主，23个地级市的结构效应为正，13个地级市的结构效应为负。黑龙江省除牡丹江外，各地市结构效应均为正向作用，吉林省除延边和松原市，各地市结构效应均为正向作用，贡献较大的地区为长春、白城、吉林、四平，辽宁省除了朝阳、抚顺、本溪、辽阳4个地市外，各地市结构效应均为负向作用，葫芦岛、阜新负向贡献作用较大。结构效应对粮食生产的贡献在100万t以内，正向促进作用在哈尔滨、齐齐哈尔、佳木斯、绥化、长春、白城等6个地级市相对显著，对粮食生产贡献值均超过50万t。结构效应的正向高值区域空间分布与强度效应的空间分布类似，主要分布于松嫩平原和三江平原地区（图6-5）。这些结构效应正向高值区域有较长的粮食生产历史，光温水土等自然条件优越，农业基础设施完善适于粮食作物的生长，粮食作物具有一定的比较经济利益，商品性经济作物对粮食作物的替代尚不显著。

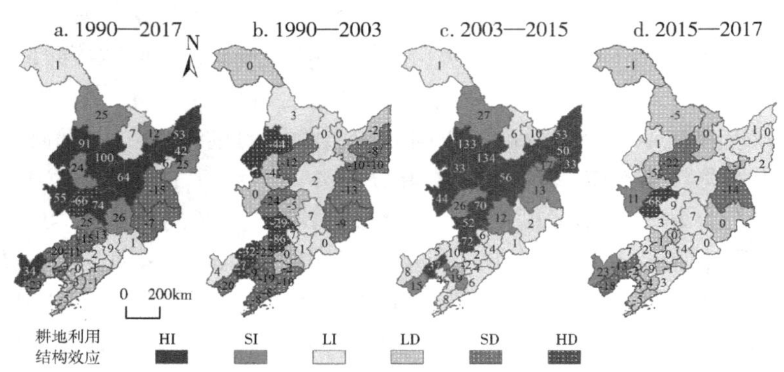

图 6-5 不同时期耕地结构效应空间分布变化（万 t）

Fig. 6-5 The spatial distribution of cultivated land structure effect changes in different periods（万 t）

相对于耕地面积变化对粮食产出影响的不可逆性，结构效应带来的粮食生产变化具有可恢复性，区域变化相对灵活多变。1990—2003 年，除鹤岗、伊春、哈尔滨、黑河、吉林、辽源、通化、白山、朝阳外，其余各地市结构效应均为负向作用。结构效应负向贡献高值区主要为齐齐哈尔、四平、松原、铁岭、阜新、锦州、沈阳。依据要素转移理论，此阶段由于种粮比较收益偏低导致农户要素投入随种植偏好转移。同时，粮食生产的弱质性致使政府部门进行经济结构调整时偏向经济效益较高的非粮产业，从而造成粮食播种面积萎缩，结构效应产生大面积的减量效应。2003—2015 年，此阶段粮食播种比例大面积回升，除辽阳外，其余各地市结构效应均为正向作用。结构效应正向贡献高值区主要为绥化、齐齐哈尔、长春、四平、白城、铁岭、锦州。2015—2017 年，此阶段有 18 个地市耕地结构效应呈负向作用，其中，黑龙江省 7 个、吉林省 3 个、辽宁省 8 个；有 18 个地市耕地结构效应呈正向作用，其中黑龙江省、吉林省和辽宁省各6个。结构效应正向贡献作用较大地区主要为朝阳、白城、辽阳，负向贡献作用较大地区主要为松原、绥化、葫芦岛、牡丹江、锦州。结构效应一直为负的区域，耕地非粮化趋势明显，其与农业结构调整和粮食种植机会成本有一定的关系，结构效应一直为正的区域，可作为未来粮食结构调整的重点区域，结构效应时正时负的区域可作为未来粮食恢复的潜力区域。

5. 产能效应

1990—2017年单产变化产生的产能效应对粮食生产的累积效应为正值。可见，随着农业技术发展，农业投入和集约水平提高，并依托土地整治、中低产田改造、农业综合开发等工程项目，松嫩平原西北部、小兴安岭地区和三江平原等粮食主产区的农田基础设施建设与农业生产条件明显改善，加之农户追加农业投入和科学经营，粮食单产有较大的提高，产能效应全面增加。其中，佳木斯、哈尔滨、长春、齐齐哈尔、绥化、双鸭山等地市产能效应对粮食生产的贡献值大于200万t，在鸡西、鹤岗、黑河、松原、白城、四平、朝阳和锦州等传统农区产能效应对粮食生产的影响相对显著。从空间分布看（图6–6），东北地区产能效应高值区明显集中分布于北部地区的黑龙江省和吉林省西部地区，总体呈现面积较大的片状连绵分布特征，在辽宁省出现地域面积较小的块状单元。产能效应次高值区明显集中分布于吉林省东部和辽宁省东部低山丘陵区，该区域水资源较为丰富，山地丘陵为主，坡耕地较多，水土流失较为严重，产能效应增加有限。此外，三江平原、松嫩平原地区多数地市的耕地面积较大，进一步扩大了粮食单产对粮食总产量的影响效应。

分阶段分区域看，1990—2003年，东北地区产能效应呈现出明显的区域差异特征，有23个地市产能效应均为正向作用，其中，黑龙江省7个、吉林省3个、辽宁省13个，贡献作用高值区为松原、哈尔滨、铁岭、佳木斯、白城、鸡西、阜新等；受区域自然条件影响，13个地市单产有所降低，产能效应为负向作用，其中，

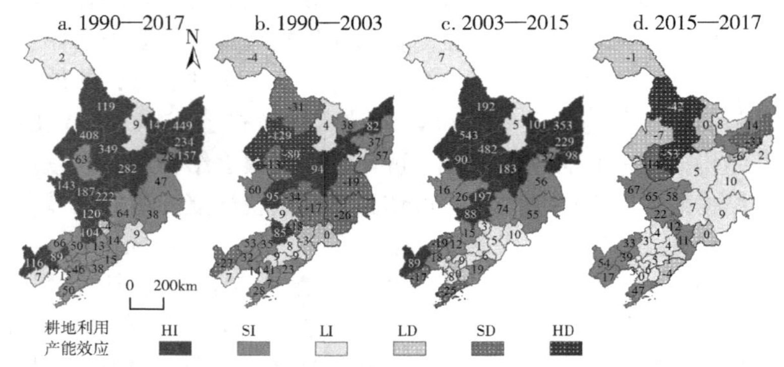

图 6-6 不同时期耕地产能效应空间分布变化（万 t）

Fig. 6-6 The spatial distribution of cultivated land yield effect changes in different periods（万 t）

黑龙江省和吉林省各 6 个，齐齐哈尔、绥化、长春、黑河负向作用显著；吉林省东部沿海地区水资源虽丰富但坡耕地较多，水土流失较为严重，粮食单产水平降低，成为产能效应负向次高值聚集区。2003—2015 年，产能效应的正向作用扩张，除了大连、鞍山、阜新、葫芦岛外，其余各地市结构效应均为正向作用，贡献作用高值区集中分布于松嫩平原西北部、小兴安岭地区和三江平原，包括齐齐哈尔、绥化、佳木斯、双鸭山、长春、黑河、哈尔滨、鹤岗、鸡西、大庆、朝阳、四平、吉林等市，黑龙江省大部分区域此阶段对粮食生产贡献份额大幅度增加。2015—2017 年，东北地区有 26 个地市产能效应均为正向作用，其中，黑龙江省 5 个、吉林省 8 个、辽宁省 13 个，贡献作用高值区主要分布于辽河平原南北两端地区，包括白城、松原、长春、朝阳、大连、锦州、阜新；有 10 个地市产能效应均为负向作用，其中，黑龙江省 8 个，贡献较大的地区为绥化、黑河、双鸭山、大庆，从黑龙江粮食主产区单产效应由正变负来看，说明耕地利用所要增加的生产力投入即将达到生产上限。通过比较这一阶段粮食生产的规模效应、强度效应与结构效应变化趋势，产能效应的波动较为剧烈，说明从 2015 年开始单产效应受粮食作物内部种植结构影响相对较大。

（四）耕地利用效应主导因素

由于地形地貌特征、耕地面积及自然资源禀赋差异的影响，东北地区各地市的粮食产量差异较大。同时，各地市粮食产量变动及强弱分化迥异，4 种耕地利用效应对其粮食产量变动的贡献也不尽相同。

各时期强度效应和产能效应的贡献率高于规模效应和结构效应。1990—2017 年，耕地的规模效应、强度效应、结构效应、产能效应对各地市粮食产量变化的平均贡献率分别为 7.60%、39.25%、11.45%、41.69%。1990—2003 年，耕地的规模效应、强度效应、结构效应、产能效应对各地市粮食产量变化的平均贡献率分别为 12.59%、27.70%、18.90%、40.81%。2003—2015 年，耕地的规模效应、强度效应、结构效应、产能效应对各地市粮食产量变化的平均贡献率分别为 4.90%、47.50%、15.38%、32.22%。2015—2017 年，耕地的规模效应、强度效应、结构效应、产能效应对各地市粮食产量变化的平均贡献率分别为 3.43%、33.06%、19.25%、44.26%。

从行政区域横向比较上看，影响东北地区各地市粮食产量变动的耕地利用主导效应有很大差别，耕地利用效应以单一效应主导为主，且主效应以强度效应和产能效应居多，次效应以强度、产能、结构效应居多。依据各地市粮食产量变动贡献最大的效应差异可将东北地区划分为 7 类不同的效应主导区：产能效应主导区、强度效应主导区、结构效应主导区，单一效应在粮食产量变化幅度中的贡献率超过 50%；强度—产能组合主导区、结构—产能组合主导区、规模—产能组合主导区、结构—强度组合主导区，单一效应在粮食产量变化幅度中的贡献率介于 30%~50%。

产能效应主导区粮食产量变动主要受耕地单产水平变动的影响

最大。1990—2017 年长期来看，产能效应主导区包括齐齐哈尔、鹤岗、白山、大连、鞍山、本溪、丹东、锦州、辽阳、铁岭、朝阳等 11 个地市。分阶段来看，1990—2003 年，产能效应主导区有 15 个，其中，黑龙江省 6 个、吉林省 2 个、辽宁省 7 个；2003—2015 年，产能效应主导区缩减为 10 个，其中，黑龙江省 4 个、辽宁省和吉林省各 3 个；2015—2017 年，产能效应主导区增加到 16 个，其中，黑龙江省 6 个、吉林省 3 个、辽宁省 7 个。该区域通过耕地资源的外延式扩张来提高粮食产量并不现实，可通过依靠优化要素投入结构和科技进步来提高单产水平，以耕地资源的内涵式开发实现粮食产量的内生型增长。

强度效应主导区粮食产量变动受耕地复种指数的影响最大。1990—2017 年从长期来看，强度效应主导区包括大庆、伊春、七台河、牡丹江、黑河、大兴安岭、吉林、四平、辽源、通化、松原、延边、沈阳、盘锦等 14 个地市。分阶段来看，1990—2003 年，强度效应有主导区 8 个，其中，吉林省 4 个、黑龙江省和辽宁省各 2 个；2003—2015 年，强度效应主导区有 17 个，其中，辽宁省 8 个、黑龙江省 5 个、吉林省 4 个；2015—2017 年，强度效应主导区有 9 个，其中，黑龙江省 5 个、吉林省和辽宁省各 2 个。该区域耕地集约化利用程度低于其他非强度效应主导区，从而使得复种指数的增量效应对粮食产量增长发挥主导性作用，说明该区域复种指数的贡献率尚有挖潜空间。

结构效应主导区粮食产量变化受到粮食面积比例变化影响最大。1990—2017 年从长期来看，强度效应主导区仅为葫芦岛市。分阶段来看，1990—2003 年，结构效应主导区有 4 个，为七台河、本溪、锦州、葫芦岛；2003—2015 年，结构效应主导区有 1 个，为锦州。2015—2017 年，结构效应有 2 个，为本溪、沈阳。鉴于耕地资源的稀缺性和农作物种植的替代性，以市场为导向的农业结构调整导致农作物种植结构及供求结构失衡。

东北地区耕地利用效应以单一效应主导为主，组合效应分布区域较为分散，不稳定（图 6-7）。（1）规模-产能组合主导区粮食产量变动受到耕地面积和单产综合作用显著。1990—2017 年从长期来看，规模-产能组合主导区仅为营口市。分阶段来看，1990—2003 年，规模-产能组合主导区有 2 个，为白山和牡丹江市。2003—2015 年和 2015—2017 年并未形成规模-产能组合主导区。说明东北大部分地区的粮食增产仅靠规模扩张和单产提高是远远不够的。（2）强度-产能组合主导区粮食产量变动耕地复种指数和单产水平综合作用显著。1990—2017 年长期来看，强度-产能组合主导区包括哈尔滨、鸡西、双鸭山、佳木斯、绥化、长春、白城、抚顺、阜新等 9 个地市。分阶段来看，1990—2003 年，强度-产能组合主导区有 6 个，2003—2015 年增加到 7 个，2015—2017 年减少到 6 个。（3）结构-产能组合主导区和结构-强度组合主导区分布不稳定。1990—2017 年长期来看，东北地区没有以结构-产能效应和结构-强度效应组合为主导的区域。分阶段来看，各时期均有 1~2 个区域粮食产量变动受到粮作比例和单产水平或者复种指数的综合作用显著，分布区域相对灵活多变。

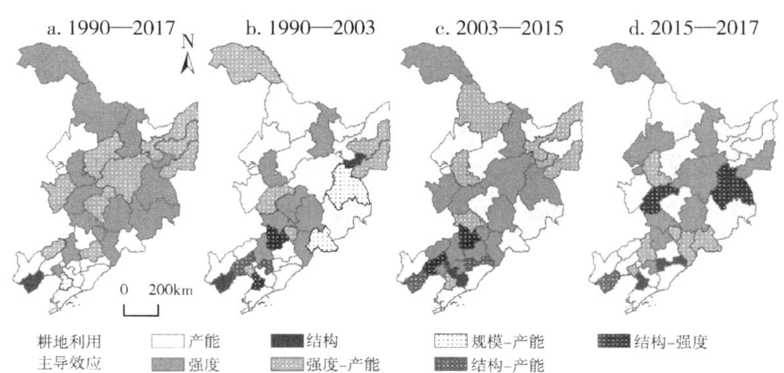

图 6-7　耕地利用主导效应分布

Fig. 6-7　Distribution of dominant effect of cultivated land utilization

二、粮食生产结构对虚拟耕地的影响

目前，学界对于引起粮食生产变化的结构调整贡献，只是从宏观角度分析粮食面积比例调整对粮食生产的变化，大部分没有对粮食作物内部结构调整进行深入探讨与研究，为进一步研究东北地区玉米、水稻、大豆、杂粮等粮食作物种植结构与耕地利用之间的影响机制，利用虚拟耕地测算与粮食各品种作物之间建立关联。

虚拟耕地，是指生产某种商品或服务所需要的耕地资源数量，为方便描述，本研究中虚拟耕地特指生产粮食作物产品所需要的耕地资源数量。区域单位粮食作物产品虚拟耕地含量增减变化是不同作物生产变化引起的该作物单位产品虚拟耕地含量增减变化的累加结果，计算公式如下：

$$V_L = \sum_{i=1}^{5} R_i \cdot V_i = \sum_{i=1}^{5} \frac{P_i}{P} \cdot \frac{1}{Y_i} \tag{6-7}$$

$$\Delta V_L = \sum_{i=1}^{5} \Delta CV_i \tag{6-8}$$

式中，V_L 为单位粮食作物产品虚拟耕地含量，hm^2/t；P 为粮食总产量，万 t；P_i 为粮食作物 i 的产量，万 t；R_i 为粮食作物 i 产量在粮食总产量中占比；Y_i 为粮食作物 i 的单产，t/hm^2；V_i 为粮食作物 i 单位产品虚拟耕地含量，hm^2/t；ΔV_L 为区域单位粮食作物产品虚拟耕地含量变化量，hm^2/t；ΔCV_i 为粮食作物 i 对区域单位粮食产品虚拟耕地含量变化的贡献量，hm^2/t。

某粮食作物 i 对区域单位粮食产品虚拟耕地含量变化的贡献量（ΔCV_i）受到该作物在区域粮食产量中占比结构变化和该作物单产水平变化的影响。其中，由作物生产结构变化引起的，故将其称为结构变化贡献 ΔR_i，由作物单产水平变化引起的，故将其称为单产变化贡献 ΔV_i。ΔR_i 和 ΔV_i 由对数平均迪氏指数法（LMDI）分解计算而来，方法同上，不再赘述。

（一）粮食虚拟耕地含量时序变化特征

根据虚拟耕地方法，对东北整体及省域尺度粮食生产的虚拟耕地进行了测算，如图 6-8 所示。通过计算发现，1990—2017 年黑龙江、吉林、辽宁 3 省的单位粮食作物产品虚拟耕地含量总体均呈下降趋势，分别由 0. 321hm²/t、0. 172hm²/t、0. 209hm²/t 下降为 0. 191hm²/t、0. 134hm²/t、0. 149hm²/t，分别净减少 0. 130hm²/t、0. 038hm²/t、0. 060hm²/t，若以 2017 年粮食产量为基准，则相当于分别较 1990 年生产等量粮食节约耕地 962. 29 万 hm²、161. 29 万 hm²、140. 01 万 hm²，表明黑龙江、吉林、辽宁 3 省的粮食生产结构总体均向节地的方向演变。

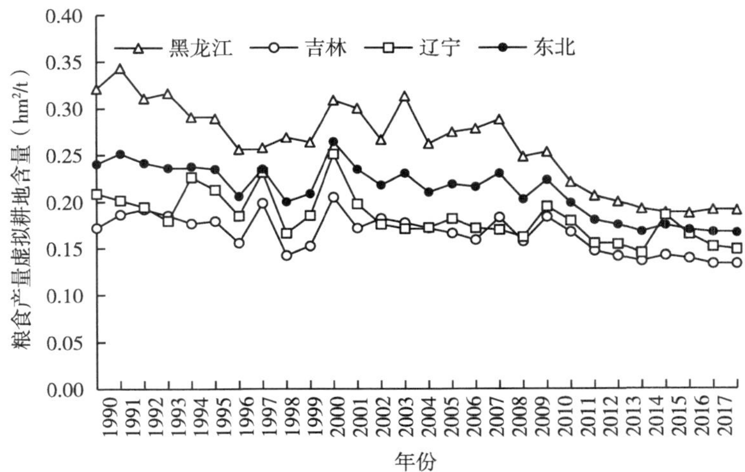

图 6-8　粮食作物产品虚拟耕地含量时序变化

Figure 6-8　Temporal changesof virtual cultivated land content of grain products

从不同时段变化趋势来看，1990—2003 年，黑龙江省、辽宁省单位粮食作物产品虚拟耕地含量分别净减少 0. 017hm²/t、

0.0378hm^2/t，按照2003年产量基准，相当于分别较1990年节约耕地19.81万hm^2、56.55万hm^2；吉林省单位粮食作物产品虚拟耕地含量净增加0.005hm^2/t，按照2003年产量基准，相当于较1990年多消耗耕地12.08万hm^2。2003—2015年，黑龙江、吉林、辽宁3省单位粮食作物产品虚拟耕地含量分别净减少0.125hm^2/t、0.038hm^2/t、0.006hm^2/t，按照2015年产量基准，较2003年节约耕地955.28万hm^2、152.52万hm^2、140.01万hm^2，粮食生产结构均呈向节地方向变化。2015—2017年，黑龙江单位粮食作物产品虚拟耕地含量增加0.0020hm^2/t，按照2017年产量基准，2017年较2015年多消耗耕地25.65万hm^2，粮食生产结构向耗地方向变化；吉林省、辽宁省单位粮食作物产品虚拟耕地含量减少0.0058hm^2/t、0.0161hm^2/t，按照2017年产量基准，2017年较2015年节约耕地24.07万hm^2、37.54万hm^2，粮食生产结构进一步向节地的方向变化。

（二）粮食生产变化对虚拟耕地含量时序变化的影响

从粮食生产内部构成看，由于不同粮食作物之间的单产存在着显著差异，所以，粮食作物种植结构的内部调整和单产变化都会对虚拟耕地含量变化的贡献份额产生影响，因此，在分析各作物对虚拟耕地的贡献时，进一步将其分解为单产贡献份额和结构调整贡献份额。根据LMDI模型对虚拟耕地变化的作物因素进行分解，计算了不同时期东北地区省级尺度的虚拟耕地变化以及水稻、玉米、大豆、小麦、杂粮的贡献份额以及各作物单产变化和结构调整所占的份额，如表6-3所示。

从各省不同时段贡献因素来看。1990—2003年，黑龙江省粮食作物生产结构变化是影响虚拟耕地含量的主要因素，其中，小麦生产结构变化是最主要贡献因素，其次是大豆，水稻、玉米种植结构调整的贡献也较大，杂粮贡献作用较小；而粮食作物单产变化的贡献作用相对较小。2003—2015年，黑龙江省粮食作物生产结构变化的贡献作用仍强于单产变化的贡献作用，在粮食作物生产结构中，大豆生产结构变化成为最主要贡献因素，其次为玉米生产结构；在粮食作物单产中，玉米单产变化为最主要贡献因素，其次为大豆单产变化。2015—2017 年，黑龙江省粮食作物单产变化的贡献作用略强于生产结构变化的贡献作用，在粮食作物单产中，玉米和大豆为主要贡献因素；在粮食作物生产结构中，大豆和玉米生产结构变化为主要贡献因素；总体来看，粮食作物生产结构变化的贡献作用强于作物单产的贡献作用。

1990—2003 年，吉林省粮食作物单产变化是影响虚拟耕地含量的主要因素，在粮食作物单产中，玉米和大豆单产变化为主要影响因素；在生产结构变化中，大豆、玉米和杂粮生产结构变化为主要影响因素。2003—2015 年，吉林省粮食作物生产结构变化的贡献作用强于单产变化，在粮食作物生产结构中，大豆生产结构变化成为最主要贡献因素，其次为玉米和杂粮；在粮食作物单产中，玉米单产变化为最主要贡献因素，其次为大豆。2015—2017 年，吉林省粮食作物单产变化强于生产结构变化的贡献作用，大豆、玉米生产结构和单产变化为主要贡献因素。总体来看，粮食作物生产结构变化的贡献作用强于作物单产的贡献作用。

1990—2003 年，辽宁省粮食作物单产变化对虚拟耕地含量变化的贡献作用略高于生产结构变化，在粮食作物单产中，杂粮、玉米和大豆单产变化为主要影响因素；在生产结构变化中，玉米为最主要贡献因素，其次为大豆。2003—2015 年，辽宁省粮食作物生产结构变化的贡献作用强于单产变化，在粮食作物生产结构中，玉米生产结构变化仍为最主要贡献因素，玉米和杂粮贡献也较高；在粮食作物单产中，玉米单产变化为最主要贡献因素，其次为大豆。2015—2017 年，辽宁省粮食作物单产变化强于生产结构变化的贡献作用，在粮食作物生产结构中，玉米、杂粮、大豆生产结构变化为主要贡献因素；在粮食作物单产中，玉米单产变化为主要贡献因素。总体来看，粮食作物生产结构变化的贡献作用强于作物单产的贡献作用。

表 6-3 粮食作物生产结构变化对虚拟耕地含量变化的贡献作用（$10^{-2}hm^2/t$）

Table 6-3 The contribution of the change of grain production structure to the change of virtual cultivated land content（$10^{-2}hm^2/t$）

	1990—2003			2003—2015			2015—2017		
	黑龙江	吉林	辽宁	黑龙江	吉林	辽宁	黑龙江	吉林	辽宁
虚拟耕地变化	-0.79	0.53	-3.77	-12.54	-3.84	-0.62	0.35	-0.58	-1.61
水稻贡献	2.24	0.35	-1.02	-0.01	-0.43	-0.47	0.18	0.02	-0.03
结构调整	3.55	-0.01	-0.60	0.24	0.28	-0.28	0.33	0.03	-0.04
单产变化	-1.31	0.36	-0.42	-0.25	-0.72	-0.19	-0.14	-0.02	0.01
小麦贡献	-6.85	-0.20	-0.62	-0.76	-0.10	-0.12	0.05	0.00	0.00
结构调整	-7.98	-0.15	-0.71	0.61	-0.10	0.00	0.44	0.01	-0.05
单产变化	1.13	-0.04	0.09	-1.37	0.01	-0.12	-0.40	-0.01	0.05
玉米贡献	-1.28	0.78	0.22	1.57	-0.93	4.01	-1.75	-0.67	-1.82
结构调整	-2.41	-0.50	1.23	4.83	1.09	2.73	-1.24	-0.11	-0.40
单产变化	1.13	1.28	-1.02	-3.26	-2.02	1.28	-0.51	-0.56	-1.41
大豆贡献	3.91	-0.36	-0.43	-9.41	-1.45	-1.63	1.55	0.07	0.04
结构调整	4.98	0.81	0.80	-9.44	-2.79	-2.30	1.62	0.39	0.22
单产变化	-1.07	-1.17	-1.23	0.03	1.34	0.67	-0.08	-0.32	-0.18
杂粮贡献	1.19	-0.04	-1.92	-3.93	-0.93	-2.42	0.32	0.01	0.19
结构调整	0.54	0.40	-0.63	-2.93	-0.88	-2.63	0.27	0.01	0.31
单产变化	0.65	-0.44	-1.29	-1.00	-0.05	0.21	0.05	-0.01	-0.12

（三）粮食虚拟耕地含量空间聚类

为进一步揭示东北地区各市地粮食虚拟耕地含量的空间格局变化，使用 SPSS 25.0 软件，运用系统聚类分析方法，以 1990 年、2003 年、2015 年和 2017 年各市地粮食虚拟耕地含量的合集为变量因素，进行Q型聚类，参照分类结果按照数值高低确定类型划分标准，将粮食虚拟耕地含量聚类为高值区（HV）、次高值区（SHV）、中值区（MV）、次低值区（SLV）、低值区（LV）5个类型，如图6-9所示。

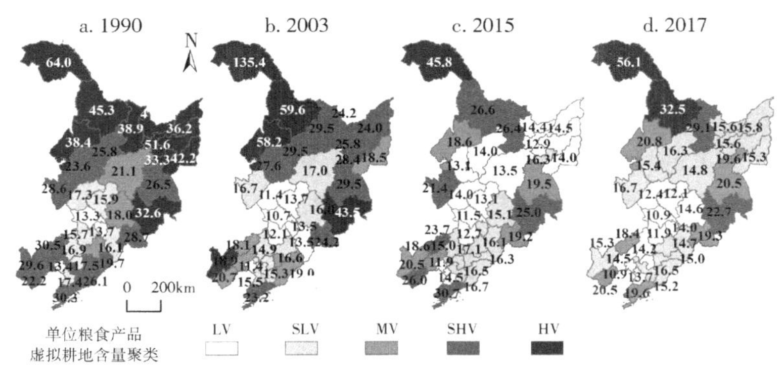

图6-9　虚拟耕地含量时空分布（$10^{-2}hm^2/t$）

Fig. 6-9　Spatial and temporal distribution of virtual cultivated land content（$10^{-2}hm^2/t$）

1990—2017年，粮食虚拟耕地含量较高地市的空间分布大幅收缩，演变为仅在西北部存在聚集分布，而含量较低地市的空间分布则大幅扩张，演变为南部-中部-东北部的连片聚集分布。1990年，东北地区粮食虚拟耕地高值区为大兴安岭、双鸭山、黑河、鸡西、鹤岗、伊春、齐齐哈尔、佳木斯、七台河、延边，主要聚集分布在北部，次高值地市分布范围较广，主要分布在中西部、西南部、东南部。低值区为四平、盘锦、辽源，次低值区为铁岭、长春、通化、沈阳、松原、营口、辽阳，主要聚集分布在中部至中南部。2003年，双鸭山、鸡西、鹤岗、伊春、佳木斯、七台河退出高值区行列，阜新、本溪、白城、丹东、锦州、鞍山、葫芦岛退出次高值区行列，铁岭、长春、通化、松原成为低值区，吉林、抚顺、哈尔滨成为次低值区，与1990年相比，虚拟耕地高值区空间分布呈从东北部和南部退出的态势，而虚拟耕地低值区空间分布呈向中东部扩展态势。2015 年，双鸭山、大庆、哈尔滨、鸡西、绥化、鹤岗、佳木斯、营口成为低值区，本溪、七台河、丹东成为次低值区，黑河、延边、朝阳、齐齐哈尔退出高值区行列，使得与 2003 年相比，虚拟耕地含量较高地市的在北部的分布大幅缩减，而较低地市的空间分布向北部、东北部及东南部大范围扩展。2017 年，黑河变为高值区，大连、葫芦岛、阜新退出次高值区行列，锦州、辽阳、辽源、沈阳、吉林变为了低值区，哈尔滨、鸡西、大庆、双鸭山、鹤岗、佳木斯、绥化变为了次低值区，使得与 2015 年相比，虚拟耕地含量较高地市的空间分布在南部及中西部退出，较低地市空间分布向西部进一步拓展，其中，低值区呈从北部及东北部退出向中南部及西南部发展态势。

（四）粮食虚拟耕地含量变化幅度的空间差异

采用系统聚类分析方法，以 1990—2017 年、1990—2003 年、2003—2015 年、2015—2017 年各市地粮食虚拟耕地含量增减变化的合集为变量因素，进行 Q 型聚类，参照分类结果按照数值高低确定类型划分标准，将粮食虚拟耕地含量增减变化程度聚类为增幅高值区（HI）、增幅次高值区（SI）、增幅低值区（LI）、减幅低值区（LD）、减幅次高值区（SD）、减幅高值区（HD）6 个类型，如图 6-10 所示。

1990—2017 年，除辽源外，东北地区各地市粮食虚拟耕地含量均有所减少，减幅高值区包括双鸭山、鸡西、鹤岗、佳木斯、七台河、齐齐哈尔、黑河、朝阳、大连等，主要分布在北部和西部，减幅低值区主要分布在吉林省中部至辽宁省中南部地区，此区域粮食虚拟耕地含量一直以来就较低，进一步减少的空间有限（图 6-10）。1990—2003 年，大兴安岭、齐齐哈尔、黑河、延边、朝阳、大庆、绥化和牡丹江等地级市粮食虚拟耕地含量有所增加，其

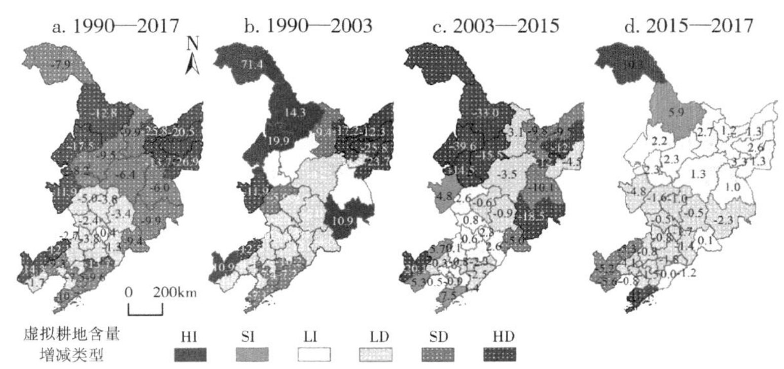

图 6–10　虚拟耕地含量增减变化时空分布（$10^{-2}hm^2/t$）

Fig. 6–10　Spatial and temporal distribution of increase and decrease of virtual cultivated land content（$10^{-2}hm^2/t$）

中大兴安岭、齐齐哈尔、黑河、延边为增幅高值区。其余 28 个地市粮食虚拟耕地含量均有减少，其中东北部双鸭山、鸡西、鹤岗、阜新、佳木斯和西部的白城为减幅高值区。2003—2015 年，13 个地市粮食虚拟耕地含量有所增加，主要分布在吉林省西部和辽宁省北部、中南部及南部，其中，大连、阜新、葫芦岛、白城等地市为增幅高值区。23 个地市粮食虚拟耕地含量均有减少，大兴安岭、齐齐哈尔、黑河、朝阳、延边、绥化、大庆、双鸭山等为减幅高值区，主要分布在黑龙江省西部至北部、黑龙江省东部至吉林东部地区。2015—2017 年，15 个地市粮食虚拟耕地含量有所增加，除白山、丹东，全部位于黑龙江省境内，其中，以大兴安岭、黑河增幅较大。21 个地市粮食虚拟耕地含量均有减少，广泛分布在吉林省和辽宁省大部分地区，其中，大连为减幅高值区，葫芦岛、阜新、朝阳为减幅次高值区。

（五）粮食生产变化对虚拟耕地含量影响的空间差异

区域单位粮食产品虚拟耕地含量增减变化是不同作物生产变化

引起的该作物单位产品虚拟耕地含量增减变化的累加结果。从不同作物单位产品虚拟耕地含量增减变化对区域粮食虚拟耕地含量增减变化的贡献来看（表6-4）。1990—2017年，黑龙江省各地市对粮食虚拟耕地含量减少的贡献较大的作物以小麦和大豆居多；吉林省各地市对粮食虚拟耕地含量减少的贡献较大的作物以大豆居多，其次为玉米；辽宁省各地市对粮食虚拟耕地含量减少的贡献较大的作物以杂粮居多，其次大豆和水稻。具体来看，1990—2017年齐齐哈尔、鸡西、鹤岗、双鸭山、大庆、佳木斯、七台河等地市粮食虚拟耕地含量减少的最主要贡献因素是小麦和大豆，伊春、牡丹江、黑河、大兴安岭虚拟耕地含量减少的最主要贡献因素为小麦，延边、白山、通化、辽源、吉林、本溪、鞍山等地市虚拟耕地含量减少的最主要贡献因素是大豆，四平、葫芦岛、阜新、营口、锦州、铁岭等地市虚拟耕地含量减少的最主要贡献因素是杂粮，朝阳、长春等地市虚拟耕地含量减少的主要贡献因素是大豆和杂粮，白城、松原、大连等地市虚拟耕地含量减少的主要贡献因素是玉米，盘锦，丹东、沈阳等地市虚拟耕地含量减少的主要贡献因素是水稻，辽阳、抚顺等地市虚拟耕地含量减少的主要贡献因素是水稻和大豆。

从各时段不同作物单位产品虚拟耕地含量变化的贡献来看。1990—2003年，黑龙江省各地市对粮食虚拟耕地含量减少的贡献较大的作物以小麦居多；吉林省各地市对粮食虚拟耕地含量减少的贡献较大的作物以玉米居多，其次为水稻；辽宁省各地市对粮食虚拟耕地含量减少的贡献较大的作物以杂粮和水稻居多，其次玉米。具体来看，1990—2003年除哈尔滨为玉米外，黑龙江省其余各地市及延边、铁岭对粮食虚拟耕地含量减少的贡献最大的均为小麦，松原、白城、四平、长春、大连、丹东等地市虚拟耕地含量减少的主要贡献因素是玉米，白山、本溪等地市虚拟耕地含量减少的最主要贡献因素是大豆，朝阳、葫芦岛、阜新、营口、锦州、鞍山等地市虚拟耕地含量减少的最主要贡献因素是杂粮，盘锦、辽阳、沈阳、抚顺等地市虚拟耕地含量减少的主要贡献因素是水稻。

表 6-4　主要粮食作物生产变化对虚拟耕地含量增减变化的贡献（$10^{-2}hm^2/t$）

Table 6-4　Contribution of different crops to virtual cultivated land change（$10^{-2}hm^2/t$）

地区	1990—2017年						1990—2003年						2003—2015年						2015—2017年					
	合计	水稻	小麦	玉米	大豆	杂粮	合计	水稻	小麦	玉米	大豆	杂粮	合计	水稻	小麦	玉米	大豆	杂粮	合计	水稻	小麦	玉米	大豆	杂粮
沈阳市	-2.14	-3.15	-0.55	2.82	-0.61	-0.64	-1.45	-3.11	-0.49	1.21	0.91	0.03	0.07	-0.34	-0.11	3.00	-1.61	-0.86	-0.76	0.30	0.05	-1.39	0.09	0.20
大连市	-15.12	-3.27	-0.76	-6.69	-0.67	-3.73	-11.53	-3.25	-0.71	-6.66	0.63	-1.54	7.45	0.62	-0.07	9.15	-1.12	-1.13	-11.05	-0.64	0.02	-9.18	-0.18	-1.07
鞍山市	-4.03	-1.79	-0.34	2.55	-2.69	-1.77	-3.92	-1.29	-0.29	-0.04	-0.96	-1.34	1.47	-0.36	-0.06	4.44	-1.68	-0.86	-1.58	-0.14	0.01	-1.84	-0.04	0.43
抚顺市	-2.78	-3.21	0.00	5.11	-4.35	-0.32	-1.52	-2.03	0.00	2.27	-2.00	0.25	0.58	-0.44	0.00	3.69	-2.40	-0.28	-1.83	-0.74	0.00	-0.85	0.05	-0.29
本溪市	-9.83	-1.92	0.00	0.75	-6.46	-2.19	-6.70	0.82	-0.37	-1.55	-4.12	-1.48	-2.27	-2.05	0.00	2.26	-2.12	-0.34	-1.24	-0.69	0.00	0.04	-0.22	-0.37
丹东市	-8.60	-3.76	0.00	-0.93	-2.01	-1.90	-6.14	-2.05	0.05	-2.38	-0.60	-1.16	-2.54	-2.19	-0.05	1.65	-1.45	-0.50	0.08	0.48	0.00	-0.20	0.04	-0.25
锦州市	-5.04	-0.18	-1.26	4.28	-1.30	-6.57	-0.64	-0.57	-1.05	2.39	1.15	-2.57	0.00	0.38	-0.22	6.39	-2.37	-4.20	-4.40	0.00	0.00	-4.50	-0.09	0.20
营口市	-1.53	-0.45	0.00	3.49	-0.82	-3.75	-0.06	-0.30	-0.28	2.60	0.10	-2.19	-0.91	-0.70	0.00	1.48	-0.91	-0.78	-0.83	0.55	0.00	-0.59	-0.01	-0.77
阜新市	-4.37	-0.51	-0.82	8.09	-2.18	-8.94	-4.72	-0.34	-0.70	-0.61	-0.31	-2.76	5.64	-0.01	-0.13	14.52	-1.93	-6.81	-5.29	-0.16	0.01	-5.83	0.07	0.62
辽阳市	-4.32	-2.63	0.00	1.04	-1.67	-1.06	-2.26	-2.14	-0.21	0.30	0.53	-0.73	-0.77	-0.62	0.00	2.03	-2.18	0.00	-1.50	0.13	0.00	-1.29	-0.02	-0.32
盘锦市	-1.67	-1.59	0.00	0.41	0.05	-0.55	-1.34	-1.25	-0.11	0.22	0.32	-0.52	0.52	-1.25	0.00	0.35	-0.37	1.79	-0.96	0.92	0.00	-0.15	0.10	-1.83
铁岭市	-2.50	-1.05	0.00	1.59	-1.01	-2.03	-4.10	-0.81	-1.69	-1.13	0.22	-0.70	0.71	0.06	-0.10	3.42	-1.23	-1.43	-0.90	-0.30	0.00	-0.71	0.01	0.10
朝阳市	-21.78	-0.09	-3.50	1.00	-1.16	-18.03	3.47	-0.04	-2.58	10.06	0.82	-4.78	-20.07	-0.05	-0.93	-3.19	-1.97	-13.92	-5.18	0.00	0.01	-5.87	0.00	0.67

（续表）

地区	1990—2017年						1990—2003年						2003—2015年						2015—2017年					
	合计	水稻	小麦	玉米	大豆	杂粮	合计	水稻	小麦	玉米	大豆	杂粮	合计	水稻	小麦	玉米	大豆	杂粮	合计	水稻	小麦	玉米	大豆	杂粮
葫芦岛市	-10.78	-0.59	-1.45	4.52	-0.65	-12.63	-10.57	-0.05	-1.35	-2.80	0.88	-7.24	5.34	-0.19	-0.09	12.86	-1.53	-5.71	-5.55	-0.34	0.00	-5.54	0.00	0.32
长春市	-3.78	0.39	-0.13	-0.77	-1.44	-1.83	-2.16	0.25	-0.08	-1.82	0.42	-0.94	-0.63	0.07	-0.05	2.35	-2.01	-0.98	-0.99	0.07	0.00	-1.30	0.15	0.09
吉林市	-3.36	-2.03	0.00	2.90	-3.82	-0.42	-2.02	-1.56	0.00	0.91	-1.14	-0.22	-0.90	-0.60	0.00	2.61	-2.77	-0.14	-0.45	0.13	0.00	-0.62	0.09	-0.06
四平市	-2.41	-0.45	-0.34	0.03	-0.41	-1.24	-2.63	-0.45	-0.20	-2.71	1.48	-0.75	0.76	0.00	-0.14	3.47	-2.00	-0.56	-0.55	0.00	0.00	-0.73	0.11	0.07
辽源市	0.37	-0.34	0.00	3.78	-2.11	-0.96	-0.19	-0.51	-0.01	0.22	0.49	-0.38	2.28	0.32	0.00	5.32	-2.76	-0.59	-1.73	-0.15	0.00	-1.76	0.16	0.01
通化市	-1.30	-0.16	0.00	3.21	-2.87	-1.48	-2.59	-0.63	-0.02	-0.82	-0.06	-1.06	2.65	1.21	-0.01	4.53	-2.80	-0.28	-1.39	-0.74	0.00	-0.49	-0.02	-0.14
白山市	-10.79	-0.81	0.00	-2.10	-7.67	-0.21	-6.86	-0.02	0.01	-0.80	-6.13	0.08	-4.15	-0.74	-0.01	0.16	-3.27	-0.29	0.22	-0.04	0.00	-1.46	1.73	0.00
松原市	-4.72	0.66	0.00	-3.20	-0.51	-1.67	-5.93	0.01	-0.11	-6.33	0.32	0.18	2.63	0.62	-0.12	4.35	-0.94	-1.29	-1.65	0.03	0.00	-1.22	0.11	-0.56
白城市	-10.64	0.88	0.00	-12.40	-2.20	3.07	-11.92	-1.35	-1.06	-13.74	-1.72	5.95	4.76	2.35	-0.23	5.14	-0.53	-1.97	-4.78	-0.12	0.00	-3.79	0.05	-0.91
延边市	-8.46	-3.83	0.00	5.73	-7.96	-2.40	10.94	2.81	-1.20	4.71	5.34	-0.71	-18.50	-6.33	-0.24	3.39	-13.60	-1.72	-2.34	-0.31	0.00	-2.37	0.30	0.03
哈尔滨市	-6.38	0.52	-0.31	-1.66	-3.27	-1.65	-4.19	-0.65	-0.31	-3.14	0.89	-0.98	-3.51	0.89	-0.01	1.26	-4.84	-0.82	1.31	0.27	0.00	0.21	0.67	0.15
齐齐哈尔市	-17.52	2.21	-9.78	-1.43	-4.49	-4.03	19.89	2.60	-9.10	4.98	11.47	9.94	-39.63	-1.14	-0.70	-4.28	-18.57	-14.95	2.22	0.75	0.01	-2.13	2.61	0.97
鸡西市	-26.92	4.85	-18.01	-1.37	-11.61	-0.79	-23.74	6.03	-17.84	-3.07	-9.38	0.52	-4.51	-2.58	-0.17	3.85	-4.20	-1.41	1.33	1.41	0.01	-2.15	1.97	0.10

（续表）

地区	1990—2017年						1990—2003年						2003—2015年						2015—2017年					
	合计	水稻	小麦	玉米	大豆	杂粮	合计	水稻	小麦	玉米	大豆	杂粮	合计	水稻	小麦	玉米	大豆	杂粮	合计	水稻	小麦	玉米	大豆	杂粮
鹤岗市	-25.77	5.41	-15.93	-2.24	-12.72	-0.30	-17.18	1.99	-15.20	-1.37	-3.78	1.18	-9.76	2.59	-0.73	1.07	-11.07	-1.62	1.17	0.83	0.00	-1.94	2.13	0.15
双鸭山市	-36.03	5.14	-21.67	-1.29	-15.27	-2.94	-25.77	4.05	-20.82	-1.43	-6.75	-0.82	-12.88	-0.78	-0.85	3.02	-12.04	-2.23	2.63	1.87	0.00	-2.88	3.52	0.11
大庆市	-8.23	2.37	-3.57	-4.86	-1.74	-0.44	3.98	2.09	-3.50	-1.08	0.47	5.99	-14.54	-0.44	-0.11	-2.88	-2.70	-8.42	2.33	0.72	0.03	-0.90	0.49	1.99
伊春市	-9.86	0.91	-10.87	-2.15	2.76	-0.51	-9.41	1.11	-10.56	-0.73	0.12	0.65	-3.13	-1.47	-0.37	2.88	-3.16	-1.01	2.67	1.27	0.06	-4.31	5.80	-0.15
佳木斯市	-20.49	4.96	-9.86	-3.63	-10.74	-1.21	-12.27	3.19	-8.54	-3.53	-2.82	-0.57	-9.48	0.69	-1.33	1.60	-9.36	-1.09	1.26	1.08	0.00	-1.70	1.44	0.44
七台河市	-13.68	-1.10	-8.24	3.26	-6.14	-1.44	-4.86	1.35	-7.68	-3.41	1.84	3.04	-12.15	-2.99	-0.57	7.24	-11.33	-4.50	3.34	0.53	0.00	-0.57	3.35	0.02
牡丹江市	-6.01	-2.73	-5.89	3.46	-0.89	0.03	3.02	-0.24	-5.43	1.25	6.11	1.33	-10.08	-2.43	-0.45	4.52	-9.71	-2.01	1.04	-0.06	-0.01	-2.31	2.72	0.71
黑河市	-12.85	0.00	-20.57	1.73	5.94	0.05	14.27	-0.02	-16.39	-0.50	25.60	5.57	-32.98	0.01	-5.07	8.22	-30.18	-5.96	5.86	0.01	0.90	-5.99	10.51	0.43
绥化市	-9.46	0.78	-2.87	-3.15	-0.28	-3.95	3.77	0.40	-2.77	0.35	5.37	0.41	-15.52	-0.21	-0.11	-2.91	-7.61	-4.67	2.29	0.59	0.01	-0.58	1.96	0.31
大兴安岭	-7.92	0.00	-29.90	0.43	26.39	-4.83	71.07	0.00	-21.58	-0.33	66.93	26.05	-89.28	0.00	-12.67	2.90	-47.90	-31.61	10.30	0.00	4.36	-2.14	7.35	0.73

2003—2015 年，黑龙江省各地市对粮食虚拟耕地含量减少的贡献较大的作物以大豆居多；吉林省各地市对粮食虚拟耕地含量减少的贡献较大的作物以大豆居多，其次为杂粮；辽宁省各地市对粮食虚拟耕地含量减少的贡献较大的作物以大豆和杂粮居多。具体来看，2003—2015 年大庆、白城、葫芦岛、朝阳、阜新等地市对粮食虚拟耕地含量减少的贡献最大的作物为杂粮，均以种植结构变化贡献更大；铁岭、锦州、大连、松原、齐齐哈尔等地市对粮食虚拟耕地含量减少的贡献最大的作物为杂粮和大豆，本溪、丹东、盘锦等地市对粮食虚拟耕地含量减少的贡献最大的作物为水稻和大豆；除上述地市外，其余地市对粮食虚拟耕地含量减少的贡献最大的作物为大豆。

2015—2017 年，黑龙江省各地市粮食虚拟耕地含量均有所增加，对粮食虚拟耕地含量增加贡献最大的作物以大豆居多，对粮食虚拟耕地含量减少的贡献最大的作物以玉米居多；吉林省各地市，除白山市因大豆正向贡献作用强于玉米的负向贡献作用而有所增加外，其余地市粮食虚拟耕地含量均有所减少，对粮食虚拟耕地含量减少的贡献较大的作物以玉米居多；辽宁省各地市，除丹东市因水稻正向贡献作用强于玉米和杂粮的负向贡献作用而有所增加外，其余地市粮食虚拟耕地含量均有所减少，对粮食虚拟耕地含量减少的贡献较大的作物以玉米居多，其次为杂粮。具体来看，2015—2017 年，杂粮对盘锦、营口、丹东等地市对粮食虚拟耕地含量减少的贡献较大，水稻对本溪、抚顺、通化等地市对粮食虚拟耕地含量减少的贡献较大；其余地市中，除哈尔滨外，玉米对粮食虚拟耕地含量变化均具有较大的负向贡献。

（六）结构及单产变化对粮食虚拟耕地含量增减变化的影响

某作物单位产品虚拟耕地含量增减变化受到该作物在区域粮食产量中占比变化（即结构变化）和该作物单产水平变化的影响。本研究对不同作物结构变化和单产变化对虚拟耕地增减变化的贡献作用进行了分解，进一步探究结构变化和单产水平变化对虚拟耕地含量变化的影响。

1990—2017 年，鸡西、鹤岗、双鸭山、佳木斯、七台河、牡丹江、辽源、通化、吉林、阜新、锦州、抚顺等 12 个地市的作物结构变化对本地市粮食虚拟耕地含量减少的贡献作用强于单产变化。黑龙江省所属 6 市的小麦和大豆的结构变化对粮食虚拟耕地含量减少的贡献最大，吉林省所属 3 市及抚顺市的大豆结构变化粮食虚拟耕地含量减少的贡献最大，锦州和抚顺杂粮的结构变化对粮食虚拟耕地含量减少的贡献最大，可见调整粮食作物种植结构，降低单位产品虚拟耕地含量更高的作物在粮食生产结构中所占的比例，是推动上述地市粮食生产向着更节地方向发展的主要途径（表 6-5）。除了上述 12 地市外，东北地区其余各地市的作物单产变化对本地市的粮食虚拟耕地含量减少的贡献作用强于结构变化，在不同作物单产变化对粮食虚拟耕地含量减少的贡献中，以玉米贡献最大的地市（13 个）居多，可见通过提高粮食作物的单产水平来降低单位粮食产品中的虚拟耕地含量，是推动这些地市的粮食生产向着更节地方向发展的主导力量。总体来看，1990—2017 年，除辽源外，各地市粮食生产结构在向节地方向变化，通过提高粮食作物的单产水平来降低单位粮食产品中的虚拟耕地含量，是实现粮食生产结构向节地方向变化的主要手段，减少单位产品虚拟耕地含量较大的作物在粮食生产结构中的比例是辅助手段。

表 6-5　1990—2017 年各地市不同作物结构变化及单产变化对粮食虚拟耕地含量的影响（$10^{-2}hm^2/t$）

Table 6-5　Contribution to virtual cultivated land of different crop structure and its yield in 1990—2017（$10^{-2}hm^2/t$）

地区	结构变化						单产变化					
	合计	水稻	小麦	玉米	大豆	杂粮	合计	水稻	小麦	玉米	大豆	杂粮
沈阳市	0.06	-2.37	-0.58	3.21	-0.21	0.01	-2.20	-0.78	0.03	-0.39	-0.41	-0.65

（续表）

地区	结构变化						单产变化					
	合计	水稻	小麦	玉米	大豆	杂粮	合计	水稻	小麦	玉米	大豆	杂粮
大连市	0.82	-2.09	-0.60	2.68	1.53	-0.70	-15.94	-1.18	-0.16	-9.37	-2.20	-3.03
鞍山市	-1.71	-1.51	-0.32	2.90	-1.63	-1.15	-2.32	-0.28	-0.02	-0.34	-1.06	-0.61
抚顺市	-3.04	-2.88	0.00	3.64	-3.74	-0.07	0.27	-0.33	0.00	1.47	-0.62	-0.26
本溪市	-3.65	-0.63	0.00	2.54	-4.81	-0.74	-6.18	-1.29	0.00	-1.79	-1.65	-1.45
丹东市	-0.10	-2.02	0.00	3.19	-1.21	-0.06	-8.50	-1.73	0.00	-4.12	-0.80	-1.85
锦州市	-2.84	0.24	-1.22	5.47	-1.11	-6.23	-2.20	-0.42	-0.05	-1.19	-0.19	-0.35
营口市	-0.44	0.04	0.00	2.97	-0.18	-3.28	-1.09	-0.49	0.00	0.52	-0.65	-0.47
阜新市	-4.71	-0.41	-0.85	7.32	-1.47	-9.30	0.34	-0.10	0.03	0.76	-0.71	0.36
辽阳市	-0.88	-1.28	0.00	2.10	-1.27	-0.43	-3.44	-1.35	0.00	-1.06	-0.40	-0.62
盘锦市	0.26	-0.70	0.00	0.90	-0.02	0.08	-1.93	-0.88	0.00	-0.48	0.07	-0.64
铁岭市	-0.55	-0.58	0.00	1.82	-0.54	-1.25	-1.95	-0.47	0.00	-0.24	-0.47	-0.78
朝阳市	-5.00	-0.09	-3.65	8.74	-0.90	-9.10	-16.78	0.00	0.15	-7.74	-0.26	-8.93
葫芦岛市	-2.42	-0.42	-1.45	7.23	-0.29	-7.49	-8.36	-0.17	0.01	-2.71	-0.35	-5.14
长春市	-1.38	0.63	-0.11	0.37	-1.31	-0.96	-2.40	-0.24	-0.02	-1.14	-0.12	-0.87
吉林市	-1.75	-2.34	0.00	3.68	-2.78	-0.31	-1.61	0.31	0.00	-0.77	-1.04	-0.10
四平市	-0.83	-0.18	-0.26	0.61	-0.68	-0.32	-1.59	-0.27	-0.08	-0.58	0.27	-0.92
辽源市	-1.88	-0.39	0.00	1.17	-1.89	-0.77	2.25	0.05	0.00	2.61	-0.22	-0.19
通化市	-2.38	-0.76	0.00	2.38	-3.02	-0.98	1.08	0.60	0.00	0.83	0.15	-0.50
白山市	0.29	-0.68	0.00	1.56	-0.14	-0.45	-11.08	-0.13	0.00	-3.66	-7.53	0.24
松原市	-0.75	1.56	0.00	-0.41	-0.74	-1.15	-3.97	-0.90	0.00	-2.78	0.23	-0.53
白城市	-1.94	4.74	0.00	-5.08	-2.29	0.69	-8.71	-3.86	0.00	-7.31	0.08	2.38
延边市	0.17	-3.97	0.00	6.24	-1.51	-0.58	-8.63	0.14	0.00	-0.50	-6.45	-1.82
哈尔滨市	-2.98	1.37	-0.33	0.44	-3.11	-1.36	-3.40	-0.86	0.02	-2.11	-0.16	-0.29
齐齐哈尔市	-7.96	3.23	-9.01	4.39	-4.55	-2.03	-9.56	-1.02	-0.77	-5.82	0.06	-2.00
鸡西市	-19.57	7.53	-18.42	1.99	-9.99	-0.68	-7.35	-2.67	0.41	-3.36	-1.61	-0.11

（续表）

地区	结构变化						单产变化					
	合计	水稻	小麦	玉米	大豆	杂粮	合计	水稻	小麦	玉米	大豆	杂粮
鹤岗市	-18.72	9.04	-16.11	0.29	-12.10	0.16	-7.05	-3.63	0.18	-2.53	-0.62	-0.45
双鸭山市	-24.39	7.95	-21.69	2.32	-10.43	-2.53	-11.65	-2.82	0.02	-3.61	-4.84	-0.40
大庆市	-3.17	2.89	-3.03	-1.37	-1.39	-0.26	-5.06	-0.52	-0.54	-3.49	-0.34	-0.17
伊春市	-2.67	2.35	-10.41	0.48	5.05	-0.15	-7.19	-1.44	-0.46	-2.63	-2.30	-0.37
佳木斯市	-13.75	8.48	-9.58	-0.92	-10.10	-1.63	-6.74	-3.52	-0.28	-2.72	-0.64	0.42
七台河	-7.16	-0.45	-8.15	6.23	-4.57	-0.23	-6.52	-0.66	-0.09	-2.98	-1.58	-1.22
牡丹江市	-4.30	-2.55	-6.11	6.16	-2.53	0.72	-1.71	-0.18	0.22	-2.70	1.64	-0.69
黑河市	-2.21	0.15	-19.22	4.60	9.97	2.29	-10.64	-0.15	-1.35	-2.87	-4.03	-2.24
绥化市	-3.29	1.87	-2.63	0.85	0.31	-3.69	-6.18	-1.09	-0.23	-3.99	-0.59	-0.27
大兴安岭	10.90	0.00	-19.01	0.88	30.89	-1.86	-18.82	0.00	-10.89	-0.46	-4.50	-2.97

1990—2003 年，牡丹江、黑河、绥化、大兴安岭、大庆、齐齐哈尔、延边、朝阳、营口等 9 个地市，单位粮食虚拟耕地含量有所增加，大兴安岭、大庆、齐齐哈尔、朝阳等地市的单产变化对本地市的单位粮食虚拟耕地含量增加的贡献作用强于结构变化，其余地市则反之（表 6-6）。东北地区 27 个单位粮食虚拟耕地含量有所减少的地市中，仅有鸡西、鹤岗、双鸭山、抚顺的作物结构变化对本地市的粮食虚拟耕地含量减少的贡献作用强于单产变化，黑龙江省所属 3 市的小麦结构变化对粮食虚拟耕地含量减少贡献最大。其余 23 个单位粮食虚拟耕地含量有所减少的地市，作物单产变化对本地市的粮食虚拟耕地含量减少的贡献作用更大，在作物单产变化对粮食虚拟耕地含量减少贡献中，以玉米贡献最大的地市（11 个）居多，其次为大豆贡献最大的地市（9 个），提高粮食作物的单产水平是推动这些地市的粮食生产向着更节地方向发展的主导力量。总体来看，1990—2003 年东北地区各地粮食生产主要向节地方向发展，提高粮食作物的单产水平是主要推动手段。

表 6-6 1990—2003 年不同作物结构变化及单产变化对粮食虚拟耕地含量的影响（$10^{-2}hm^2/t$）

Table 6-6 Contribution to virtual cultivated land of different crop structure and its yield in 1990—2003（$10^{-2}hm^2/t$）

地区	结构变化						单产变化					
	合计	水稻	小麦	玉米	大豆	杂粮	合计	水稻	小麦	玉米	大豆	杂粮
沈阳市	1.34	-2.84	-0.78	2.47	1.52	0.97	-2.79	-0.26	0.28	-1.25	-0.61	-0.94
大连市	3.46	-2.48	-0.59	0.82	2.80	2.90	-14.99	-0.77	-0.12	-7.48	-2.18	-4.44
鞍山市	0.81	-0.73	-0.31	1.05	1.56	-0.77	-4.73	-0.56	0.02	-1.09	-2.53	-0.57
抚顺市	-0.79	-1.75	0.00	1.52	-1.12	0.57	-0.73	-0.28	0.00	0.75	-0.88	-0.32
本溪市	-1.00	2.26	0.00	-0.90	-1.47	-0.88	-5.32	-1.44	0.00	-0.65	-2.64	-0.60
丹东市	0.70	-1.20	0.00	1.24	0.34	0.33	-6.89	-0.85	0.00	-3.62	-0.94	-1.48
锦州市	0.54	-0.37	-1.28	2.35	1.81	-1.98	-1.18	-0.20	0.23	0.04	-0.66	-0.60
营口市	0.28	-0.18	0.00	2.18	0.81	-2.53	-0.07	-0.12	0.00	0.42	-0.71	0.34
阜新市	-0.88	-0.24	-0.76	2.04	1.56	-3.50	-3.84	-0.10	0.05	-2.65	-1.87	0.73
辽阳市	1.31	-1.38	0.00	1.18	1.78	-0.27	-3.36	-0.76	0.00	-0.88	-1.25	-0.47
盘锦市	-0.02	-0.12	0.00	0.31	0.10	-0.31	-1.21	-1.14	0.00	-0.09	0.23	-0.20
铁岭市	-0.22	-0.33	-2.13	0.34	1.24	0.67	-3.89	-0.48	0.44	-1.47	-1.02	-1.37
朝阳市	-1.25	-0.01	-2.97	7.71	0.36	-6.34	4.72	-0.03	0.39	2.34	0.45	1.56
葫芦岛市	0.55	0.16	-1.42	1.05	1.31	-0.54	-11.12	-0.21	0.07	-3.85	-0.43	-6.70
长春市	0.48	0.47	-0.06	-0.76	0.65	0.19	-2.64	-0.22	-0.02	-1.05	-0.22	-1.12
吉林市	0.57	-1.66	0.00	1.69	0.57	-0.03	-2.59	0.10	0.00	-0.79	-1.71	-0.19
四平市	0.65	-0.22	-0.14	-0.11	1.23	-0.11	-3.27	-0.22	-0.06	-2.60	0.25	-0.64
辽源市	1.57	-0.46	-0.01	-0.32	1.96	0.40	-1.76	-0.05	0.00	0.54	-1.47	-0.78
通化市	0.29	-0.41	-0.02	0.41	0.33	-0.03	-2.88	-0.22	0.00	-1.24	-0.39	-1.03
白山市	0.21	-0.14	0.00	0.16	0.22	-0.03	-7.08	0.12	0.00	-0.96	-6.34	0.11
松原市	0.72	0.72	-0.07	-1.22	-0.13	1.42	-6.66	-0.71	-0.04	-5.11	0.45	-1.25
白城市	-0.95	0.99	-0.90	-2.77	-0.56	2.29	-10.96	-2.34	-0.15	-10.97	-1.16	3.66

（续表）

地区	结构变化						单产变化					
	合计	水稻	小麦	玉米	大豆	杂粮	合计	水稻	小麦	玉米	大豆	杂粮
延边市	6.24	-7.18	-1.04	2.59	10.71	1.15	4.71	9.99	-0.17	2.12	-5.37	-1.86
哈尔滨市	1.29	0.99	-0.33	-1.33	2.04	-0.07	-5.48	-1.64	0.02	-1.81	-1.14	-0.91
齐齐哈尔市	-1.42	3.12	-11.48	1.16	4.19	1.58	21.32	-0.52	2.38	3.82	7.27	8.36
鸡西市	-14.83	8.61	-17.31	-1.08	-6.33	1.28	-8.91	-2.58	-0.53	-1.99	-3.05	-0.76
鹤岗市	-10.31	4.41	-17.44	0.73	0.09	1.90	-6.88	-2.42	2.24	-2.10	-3.87	-0.72
双鸭山市	-17.90	6.25	-23.34	0.96	-1.48	-0.30	-7.87	-2.20	2.51	-2.39	-5.27	-0.52
大庆市	-0.56	2.19	-5.47	-3.60	0.29	6.03	4.53	-0.10	1.97	2.53	0.18	-0.04
伊春市	-3.54	2.27	-10.06	0.78	1.66	1.83	-5.87	-1.16	-0.50	-1.50	-1.54	-1.18
佳木斯市	-5.68	5.65	-10.08	-2.98	2.21	-0.48	-6.59	-2.46	1.54	-0.55	-5.03	-0.09
七台河市	3.52	2.33	-8.36	-1.72	4.54	6.73	-8.39	-0.98	0.68	-1.69	-2.70	-3.69
牡丹江市	1.79	-1.76	-5.28	1.68	4.89	2.26	1.23	1.52	-0.15	-0.43	1.22	-0.93
黑河市	9.02	-0.24	-22.36	-0.78	24.49	7.90	5.25	0.22	5.96	0.29	1.11	-2.33
绥化市	2.57	0.71	-2.58	-1.28	5.35	0.37	1.19	-0.31	-0.19	1.63	0.02	0.04
大兴安岭	12.79	0.00	-38.90	0.00	33.12	18.57	58.61	0.00	17.32	0.00	33.81	7.48

2003—2015 年，辽宁省的本溪、丹东、营口、辽阳、朝阳和吉林省的长春、吉林、白山、延边，以及黑龙江省的全部地市，合计 22 个地市的单位粮食虚拟耕地含量有所减少（表 6–7）。辽宁省的本溪、营口、辽阳和吉林省的长春、吉林以及黑龙江省的哈尔滨、鸡西、鹤岗、双鸭山、佳木斯、七台河、牡丹江，作物结构变化对本地市的粮食虚拟耕地含量减少的贡献作用强于单产变化，且除营口市为杂粮外，均以大豆结构变化对粮食虚拟耕地含量减少贡献最大。作物单产变化对本地市的粮食虚拟耕地含量减少的贡献作用更大的地市中，丹东和延边以水稻单产变化的贡献最大，大兴安岭、黑河和伊春以大豆单产变化贡献最大，其余以玉米单产变化贡献最大。2003—2015 年，在单位粮食虚拟耕地含量有所增加的地

市中，除盘锦外，各地市均以单产变化对本地市的粮食虚拟耕地含量增加的贡献作用更大，并且玉米单产变化的贡献最大。总体看来，2003—2015 年，东北地区大多数地市粮食生产结构在向节地方向变化，其中，减少单位产品虚拟耕地含量较大的作物在粮食生产结构中的比例是中部及东北部地市实现节地的主要途径，提高粮食作物的单产水平是西北部及东南部地市实现节地的主要途径。部分地市粮食生产结构向耗地方向变化，未能有效提高玉米单产水平是粮食生产耗地化的主要原因。

表 6-7　2003—2015 年各地市不同作物结构变化及单产变化对粮虚拟耕地含量的影响（$10^{-2}hm^2/t$）

Table 6-7　Contribution to virtual cultivated land of different crop structure and its yield in 2003 —2015（$10^{-2}hm^2/t$）

地区	结构变化						单产变化					
	合计	水稻	小麦	玉米	大豆	杂粮	合计	水稻	小麦	玉米	大豆	杂粮
沈阳市	-1.34	0.49	0.00	0.52	-1.42	-0.93	1.41	-0.83	-0.10	2.47	-0.19	0.07
大连市	-0.56	0.75	0.00	0.14	-0.08	-1.36	8.08	-0.13	0.00	9.01	-1.04	0.23
鞍山市	-0.91	-0.07	0.00	1.41	-1.56	-0.70	2.44	-0.30	0.00	3.03	-0.12	-0.16
抚顺市	-1.40	0.06	0.00	0.94	-2.10	-0.31	1.98	-0.50	0.00	2.75	-0.29	0.03
本溪市	-1.15	-0.67	0.00	2.17	-1.84	-0.81	-1.12	-1.38	0.00	0.08	-0.29	0.47
丹东市	-0.81	-0.74	0.00	1.85	-1.02	-0.89	-1.68	-1.45	0.00	-0.20	-0.42	0.40
锦州市	-0.89	0.70	0.00	3.42	-2.20	-2.80	1.10	-0.31	0.00	2.97	-0.16	-1.39
营口市	-1.95	0.30	0.00	0.74	-0.59	-2.41	1.04	-1.00	0.00	0.74	-0.33	1.63
阜新市	-1.09	0.07	0.00	4.73	-1.93	-3.96	6.86	-0.08	0.00	9.79	-0.01	-2.84
辽阳市	-1.50	0.65	0.00	0.25	-1.97	-0.44	0.73	-1.27	0.00	1.78	-0.22	0.43
盘锦市	0.31	-0.38	0.00	0.62	-0.15	0.22	0.21	-0.87	0.00	-0.27	-0.22	1.57
铁岭市	-0.87	0.26	0.00	1.01	-1.00	-1.14	1.68	-0.21	0.00	2.42	-0.24	-0.29
朝阳市	-3.65	0.00	-0.28	6.27	-1.57	-8.06	-16.36	0.00	-0.65	-9.45	-0.40	-5.86
葫芦岛市	0.54	-0.06	0.00	4.99	-1.24	-3.16	4.90	-0.13	0.00	7.87	-0.29	-2.55

（续表）

地区	结构变化						单产变化					
	合计	水稻	小麦	玉米	大豆	杂粮	合计	水稻	小麦	玉米	大豆	杂粮
长春市	-1.18	0.02	0.00	1.37	-1.77	-0.81	0.60	0.04	0.00	0.97	-0.24	-0.17
吉林市	-1.44	-0.47	0.00	1.79	-2.57	-0.19	0.54	-0.13	0.00	0.82	-0.20	0.05
四平市	-1.89	0.02	-0.13	0.84	-2.10	-0.53	2.65	-0.02	-0.01	2.62	0.10	-0.03
辽源市	-1.60	0.13	0.00	1.68	-2.66	-0.75	3.88	0.19	0.00	3.63	-0.10	0.16
通化市	-1.89	-0.23	0.00	1.60	-2.77	-0.49	4.54	1.44	0.00	2.93	-0.03	0.21
白山市	-1.09	-0.61	0.00	2.03	-2.01	-0.50	-3.05	-0.13	0.00	-1.87	-1.26	0.21
松原市	-1.26	0.59	0.00	0.54	-0.85	-1.54	4.01	0.03	0.00	3.81	-0.09	0.25
白城市	-2.24	1.68	0.00	0.26	-0.61	-3.56	7.23	0.67	0.00	4.88	0.09	1.59
延边州	-8.18	-1.09	0.00	5.97	-11.98	-1.07	-10.08	-5.24	0.00	-2.57	-1.62	-0.65
哈尔滨市	-3.73	0.28	0.00	1.67	-4.77	-0.90	0.23	0.62	0.00	-0.41	-0.07	0.08
齐齐哈尔市	-10.85	-0.32	-0.58	6.47	-10.90	-5.52	-28.78	-0.82	-0.12	-10.75	-7.67	-9.42
鸡西市	-3.89	-1.84	-0.18	4.21	-3.85	-2.23	-0.62	-0.74	0.01	-0.36	-0.35	0.82
鹤岗市	-8.61	3.14	0.00	1.29	-11.08	-1.97	-0.42	-0.56	0.00	-0.22	0.01	0.35
双鸭山市	-9.51	0.11	-0.84	4.06	-10.96	-1.87	-3.38	-0.89	-0.01	-1.04	-1.08	-0.36
大庆市	-4.67	0.11	0.08	3.30	-2.31	-5.86	-9.87	-0.55	-0.19	-6.18	-0.39	-2.56
伊春市	-1.09	-0.72	-0.43	2.69	-1.76	-0.86	-2.04	-0.75	0.06	0.19	-1.40	-0.14
佳木斯市	-6.53	1.82	-1.21	3.25	-9.92	-0.48	-2.95	-1.13	-0.12	-1.65	0.56	-0.61
七台河市	-7.02	-2.80	0.00	8.04	-10.09	-2.17	-4.56	-0.18	0.00	-0.81	-1.24	-2.33
牡丹江市	-5.38	-0.92	-0.47	5.40	-7.57	-1.82	-4.69	-1.50	0.01	-0.87	-2.15	-0.19
黑河市	-15.22	0.32	-3.35	11.05	-21.47	-1.77	-17.76	-0.31	-1.72	-2.83	-8.71	-4.19
绥化市	-6.40	0.52	0.00	3.30	-6.55	-3.66	-9.01	-0.74	0.00	-6.21	-1.06	-1.01
大兴安岭	-7.89	0.00	-2.77	0.00	14.20	-19.32	-84.29	0.00	-9.90	0.00	-62.10	-12.29

2015—2017年，除丹东和白山外，辽宁省和吉林省各地市的单位粮食虚拟耕地含量有所减少，并且均以作物单产变化对本地市

的粮食虚拟耕地含量减少的贡献作用更大，除盘锦为杂粮外，均以玉米单产变化对粮食虚拟耕地含量减少贡献最大（表 6-8）。2015—2017 年，有 15 个地市单位粮食虚拟耕地含量有所增加，其中，哈尔滨、齐齐哈尔、大庆、佳木斯、大兴安岭作物单产变化对本地市的粮食虚拟耕地含量增加的贡献作用更大，其余地市均以结构变化对本地市的粮食虚拟耕地含量增加的贡献作用更大，且以大豆结构变化对粮食虚拟耕地含量增加贡献最大的地市（9 个）居多。总体来看，2015—2017 年，东北地区大多数地市粮食生产结构在向节地方向变化，主要分布在吉林、辽宁两省，减少单位产品虚拟耕地含量较大的作物在粮食生产结构中的比例是各地市实现节地的主要途径。部分地市粮食生产结构向耗地方向变化，单位产品虚拟耕地含量较大的作物在粮食生产结构中比例的回升是其中多数地市粮食生产耗地化的主要原因。

表 6-8 2015—2017 年各地市不同作物结构变化及单产变化对粮食虚拟耕地含量的影响（$10^{-2}hm^2/t$）

Table 6-8 Contribution to virtual cultivated land of different crop structure and its yield in 2015—2017（$10^{-2}hm^2/t$）

地区	结构变化						单产变化					
	合计	水稻	小麦	玉米	大豆	杂粮	合计	水稻	小麦	玉米	大豆	杂粮
沈阳市	0.22	-0.20	0.01	0.08	0.10	0.23	-0.98	0.50	0.04	-1.47	-0.01	-0.03
大连市	-0.28	-0.51	0.00	1.84	-0.56	-1.05	-10.79	-0.13	0.00	-11.02	0.38	-0.02
鞍山市	0.19	-0.58	0.00	0.47	-0.06	0.36	-1.79	0.44	0.00	-2.32	0.02	0.08
抚顺市	0.16	-1.07	0.00	1.46	-0.01	-0.22	-1.99	0.33	0.00	-2.30	0.05	-0.07
本溪市	0.39	-1.16	0.00	1.24	-0.21	0.53	-1.63	0.48	0.00	-1.20	-0.01	-0.90
丹东市	0.17	-0.06	0.00	-0.19	-0.04	0.45	-0.09	0.54	0.00	-0.01	0.08	-0.70
锦州市	0.10	-0.19	0.00	0.45	-0.10	-0.06	-4.49	0.20	0.00	-4.96	0.01	0.26
营口市	0.25	-0.09	0.00	0.09	0.00	0.25	-1.08	0.64	0.00	-0.69	-0.01	-1.02
阜新市	0.13	-0.20	0.00	0.36	-0.01	-0.02	-5.43	0.03	0.00	-6.19	0.08	0.64

（续表）

地区	结构变化						单产变化					
	合计	水稻	小麦	玉米	大豆	杂粮	合计	水稻	小麦	玉米	大豆	杂粮
辽阳市	0.29	-0.59	0.00	0.74	-0.03	0.18	-1.79	0.72	0.00	-2.03	0.01	-0.50
盘锦市	0.49	-0.14	0.00	0.03	0.03	0.57	-1.45	1.06	0.00	-0.18	0.07	-2.40
铁岭市	0.03	-0.45	0.00	0.43	-0.01	0.06	-0.93	0.16	0.00	-1.15	0.02	0.04
朝阳市	0.38	0.00	-0.01	-0.93	0.02	1.30	-5.57	0.00	0.02	-4.94	-0.02	-0.63
葫芦岛市	0.62	-0.35	0.00	1.43	-0.05	-0.40	-6.18	0.01	0.00	-6.96	0.05	0.73
长春市	0.06	0.13	0.00	-0.24	0.10	0.06	-1.05	-0.06	0.00	-1.05	0.04	0.03
吉林市	0.05	-0.15	0.00	0.17	0.07	-0.04	-0.50	0.28	0.00	-0.79	0.02	-0.02
四平市	0.07	0.01	0.00	-0.22	0.07	0.21	-0.62	-0.01	0.00	-0.51	0.04	-0.14
辽源市	0.08	-0.04	0.00	0.00	0.13	0.00	-1.82	-0.11	0.00	-1.75	0.03	0.01
通化市	-0.07	-0.11	0.00	0.23	-0.10	-0.09	-1.32	-0.64	0.00	-0.72	0.08	-0.05
白山市	1.08	-0.01	0.00	-0.56	1.61	0.03	-0.86	-0.04	0.00	-0.91	0.12	-0.03
松原市	-0.18	0.00	0.00	0.31	0.08	-0.56	-1.47	0.03	0.00	-1.53	0.03	0.00
白城市	-0.09	0.95	0.00	-1.86	-0.01	0.84	-4.69	-1.07	0.00	-1.93	0.06	-1.75
延边州	0.88	0.38	0.00	-1.02	1.47	0.05	-3.22	-0.69	0.00	-1.34	-1.17	-0.02
哈尔滨市	0.42	-0.10	0.00	-0.11	0.50	0.13	0.90	0.37	0.00	0.33	0.17	0.03
齐齐哈尔市	0.97	0.68	0.01	-1.37	1.19	0.46	1.25	0.07	0.00	-0.76	1.43	0.51
鸡西市	1.18	1.10	0.01	-1.77	1.54	0.30	0.15	0.31	0.00	-0.38	0.43	-0.20
鹤岗市	1.54	0.83	0.00	-1.52	1.88	0.35	-0.36	0.00	0.00	-0.41	0.25	-0.20
双鸭山市	2.30	1.49	0.00	-2.58	3.31	0.07	0.33	0.38	0.00	-0.30	0.21	0.04
大庆市	1.07	0.94	0.04	-1.35	0.47	0.97	1.26	-0.23	-0.01	0.45	0.02	1.02
伊春市	2.86	0.83	0.08	-2.49	4.87	-0.43	-0.19	0.44	-0.02	-1.81	0.92	0.28
佳木斯市	0.40	0.84	0.00	-1.52	1.06	0.02	0.86	0.24	0.00	-0.19	0.38	0.42
七台河市	1.79	0.40	0.00	-1.10	2.64	-0.15	1.55	0.13	0.00	0.54	0.71	0.17
牡丹江市	0.71	-0.27	-0.01	-0.35	0.70	0.65	0.33	0.21	0.00	-1.96	2.02	0.06
黑河市	6.17	0.06	0.92	-3.36	8.54	0.02	-0.31	-0.05	-0.02	-2.63	1.98	0.42

（续表）

地区	结构变化						单产变化					
	合计	水稻	小麦	玉米	大豆	杂粮	合计	水稻	小麦	玉米	大豆	杂粮
绥化市	1.44	0.60	0.00	-1.08	1.76	0.16	0.84	-0.01	0.00	0.49	0.20	0.15
大兴安岭	2.96	0.00	3.55	-2.28	1.07	0.62	7.34	0.00	0.81	0.15	6.28	0.11

三、章节小结

本章采用 LMDI 方法建立粮食生产的耕地利用效应无残差因素分解模型，基于 1990—2017 年东北地区、黑吉辽 3 个省域、36 个地市不同尺度数据，对该期间影响粮食产量变动的耕地利用效应进行了分解，主要表现为规模效应、强度效应、结构效应、产能效应，并根据 Q 型聚类以及 GIS 空间表达进一步对分解效应的空间分布进行分析。在此基础上，利用虚拟耕地分析粮食生产的节地与耗地变化，并量化了玉米、水稻、大豆、小麦、杂粮 5 种粮食内部作物结构和单产变化对虚拟耕地的影响大小，主要得出如下结论。

自 1990 年以来，东北地区粮食产量增加了 1.01 亿 t，35 个地市粮食总产量增加，粮食增加量大于 150 万 t 的增产高值区有 25 个，集中分布在三大平原地区。粮食总产量“中间高，南北边缘低”的空间格局进一步显化。从东北地区耕地利用效应的描述性统计分析可知，规模效应的相对差异略有下降，区域分布趋向平衡，强度效应、结构效应与产能效应均是先增加后减小。根据粮食生产历史变化的耕地因素分解的时序变化看，耕地利用对粮食总产出的影响，强度正效应逐步增大，规模效应变化不大，结构负效应现阶段较为显著，产能效应则由负转正。

从 3 个时段 4 个分解因素的作用方式和作用程度看，1990—2003 年，东北地区粮食产量增加 416.49 万 t，主要因素是强度效应和结构效应，种植结构调整使耕地利用结构效应贡献值减少了

413.78 万 t，但粮食复种指数增加使耕地强度效应贡献值增加了 559.68 万 t，对粮食生产起到稳定作用，产能效应贡献值为 292.57 万 t，是影响粮食生产的次要耕地利用效应，规模效应贡献较小。2003—2015 年，粮食增产7 506.29万 t，规模效应、强度效应、结构效应和产能效应均对粮食生产产生正向促进作用，使得粮食生产大幅度增长，其中，强度效应和产能效应是影响粮食产量变化的主要贡献因素，对粮食产量变化的贡献值分别为 3 353.74 万 t 和 3 144.97万 t，其次为结构效应，贡献值为 982.25 万 t，规模效应贡献作用较小。2015—2017 年，粮食增产 66.36 万 t，主要因素是产能效应和结构效应，种植结构调整使耕地利用结构效应贡献值减少了 124.09 万 t，但粮食单产提高使耕地产能效应贡献值增加了 231.64 万 t，对粮食生产起到稳定作用；耕地面积减少和复种指数下降所造成耕地规模效应和强度效应贡献有所下降，但对粮食产量变化影响相对较小。

从 4 个分解效应的空间分布看，1990—2017 年，27 个地级市耕地面积变化产生的规模效应对粮食生产的累积效应为负值，贡献高值区空间分布分布较为零散，未形成集中趋势，且区域间的效应差异也在逐渐弱化；34 个地市复种指数变化产生的强度效应对粮食生产的累积效应为正值，分布聚集成片，贡献高值区主要位于松嫩平原、三江平原、吉林省中西部地区，呈现“中部高、南北边缘低”的格局；23 个地市粮食面积比例调整产生的结构效应对粮食生产的累积效应均为正值，作用高值区空间分布与强度效应类似；36 个地市变化产生的产能效应对粮食生产的累积效应均为正值，高值区明显集中分布于北部地区的黑龙江省和吉林西部地区，总体呈现面积较大的片状连绵分布特征，在辽宁省出现地域面积较小的块状单元。

由于地形地貌特征、耕地面积及自然资源禀赋差异的影响，东北地区各地市的粮食产量差异较大。同时，各地市粮食产量变动及强弱分化迥异，4 种耕地利用效应对其粮食产量变动的贡献也不尽相同，主要表现在：各时期强度效应和产能效应的贡献率高于规模效应和结构效应；耕地利用效应以单一效应主导为主，且主效应以强度效应和产能效应居多，次效应以强度、产能、结构效应居多。依据4个阶段对各地市粮食产量变动贡献最大的效应差异可将东北地区划分为7类不同的效应主导区，分为产能效应主导区、强度效应主导区、结构效应主导区、强度-产能组合主导区、结构-产能组合主导区、规模-产能组合主导区和结构-强度组合主导区。从1990—2017年长期来看，东北地区没有以结构-产能效应和结构-强度效应组合为主导的区域。其中，产能效应主导区有11个，强度效应主导区有14个，结构效应主导区有1个，规模-产能组合主导区有1个，强度-产能组合主导区有9个。

根据虚拟耕地方法，对东北整体及省域尺度粮食生产的虚拟耕地进行了测算。1990—2017年黑龙江、吉林、辽宁3省的单位粮食作物产品虚拟耕地含量总体均呈下降趋势，粮食生产结构总体均向节地的方向演变。从各阶段看，除了2015—2017年黑龙江省粮食生产结构向耗地方向变化以外，其余阶段各省粮食生产结构均呈向节地方向变化。根据虚拟耕地含量及其增减变化Q型聚类结果，1990—2017年，粮食虚拟耕地含量较高地市的空间分布大幅度收缩，演变为仅在西北部存在聚集分布，而含量较低的地市空间分布则大幅度扩张，演变为自南部至中部及东北部一带连片聚集分布。从增减变化看，双鸭山、鸡西、鹤岗、佳木斯、七台河、齐齐哈尔、黑河、朝阳、大连等北部和西部地区虚拟耕地大幅度减少，节地效应显著。吉林省中部至辽宁省中南部地区各地市的粮食虚拟耕地含量一直以来就较低，进一步减少的空间有限，节地难度较大。

从不同作物单位产品虚拟耕地含量增减变化对区域粮食虚拟耕地含量增减变化的贡献来看。1990—2017年，黑龙江省各地市对粮食虚拟耕地含量减少的贡献较大的作物以小麦和大豆居多；吉林省各地市对粮食虚拟耕地含量减少的贡献较大的作物以大豆居多，其次为玉米；辽宁省各地市对粮食虚拟耕地含量减少的贡献较大的作物以杂粮居多，其次大豆和水稻。从不同作物单产和结构变化的贡献比较来看，12 个地市的作物结构变化对本地市的粮食虚拟耕地含量减少的贡献作用强于单产变化，大豆的结构变化作用最为显著，24 个地市作物单产变化对本地市的粮食虚拟耕地含量减少的贡献作用强于结构变化，玉米的单产变化影响最大。可见，通过提高粮食作物的单产水平来降低单位粮食产品中的虚拟耕地含量，是实现粮食生产结构向节地方向变化的主要手段，减少单位产品虚拟耕地含量较大的作物在粮食生产结构中的比例是辅助手段。

总而言之，强度效应和产能效应是影响东北地区粮食产量变化的主要贡献因素，远远超出种植结构调整产生的结构效应和耕地面积减少产生的规模效应。粮食增产实际上是以播种面积扩大为主导的外延式增产，其特点是粮食增产高度依赖土地资源和水资源的消耗，资源集约利用效应较低。随着时间的推移，粮食单产变化导致的粮食总产量的增加量呈现下降趋势，表明在当前科学技术、管理方式无重大突破的情况下，粮食单产的提升空间在降低，为了维持区域粮食的持续稳定增长，必须保障耕地面积不再减少、复种指数不再降低，并增强结构调整的正向效应。对不同阶段东北地区各地市虚拟耕地区域变化的研究发现，处于粮食生产不同阶段的地区，虚拟耕地减少幅度的空间差异，伴随作物单产变化和结构调整的不同走向，累积构成粮食生产及耕地利用的“节地”与“耗地”与因素贡献的区域差异。

第七章　粮食-水（WF）关联研究

本章主要研究水资源与粮食生产之间的关联关系及其空间分布格局。首先，根据各地主要粮食作物的灌溉定额，计算综合灌溉定额，分析粮食作物综合灌溉定额变化及其影响因素，探究其时空分布；其次，对粮食灌溉需水量从时间和空间两个维度上的协同性和差异性进行科学分析，并确定因素作用主导分区；进而探析玉米、水稻、大豆、小麦、杂粮5种粮食内部作物结构变化对灌溉需水量的影响。

一、粮食生产结构变化对综合灌溉定额影响

灌溉用水定额在节水灌溉发展史上是崭新的概念，其定额制定较工业用水定额制定起步晚。2003年，根据《关于编制灌溉用水定额的通知》（水农水〔2003〕206号），全国开始开展农业灌溉用水定额编制工作。目前全国初步提出了193种作物的灌溉用水定额。农业灌溉用水定额的确定较为复杂，受自然地理条件、降水气候条件、土壤特性、水资源条件和灌溉方式等多种因素影响，其成果是前人大量调研、监测、统计、分析工作的重要结晶。

灌溉用水定额实际上是单位灌溉面积的作物净灌溉需水量，作物净灌溉需水量需要计算作物需水量和有效降水量两个重要指标，在国家发布的灌溉用水定额编制导则（GB/T 29404—2012）中FAO推荐的分段单值作物系数法计算作物需水量，有效降水量的计算方法与计算时段长度的选取有关，计算式为：

$$ET_C = K_C \cdot ET_0 \tag{7-1}$$

$$P_e = \begin{cases} P \text{ 当 } P \leqslant ET_0 \\ ET_C \text{ 当 } P > ET_0 \end{cases} \tag{7-2}$$

$$IR = ET_C - P_e \tag{7-3}$$

式中，ET_C 为作物需水量；K_C 为作物系数，根据当地的灌溉试验成果确定；ET_0 为参照作物腾发量，采用 FAO 推荐的修正 Penman-Monteith 公式计算参照作物腾发量；P_e 为计算时段内有效降水量；P 为计算时段内总降水量；IR 作物净灌溉需水量。

为实行“总量控制，定额管理”的水资源管理制度，使农业灌溉有科学合理的用水标准，黑龙江省、吉林省和辽宁省各级水利部门、农林部门及灌区管理单位也做了大量的调研、监测、统计和数据分析，并结合灌溉试验成果，编制了农业灌溉用水定额。黑龙江省于 2003 年 12 月首次发布，后经过 3 次修订，形成了现行的黑龙江省用水定额（DB 23/T 727—2017）。辽宁省于 2003 年 7 月首次发布，后经过 3 次修订，形成了现行的辽宁省用水定额（DB 21/T 1237—2015）。吉林省于 2004 年 12 月首次发布，后经过 4 次修订，形成了现行的吉林省用水定额（DB 22/T 389—2019）。3 省用水定额中种植业灌溉定额部分均分作物、区域、灌溉方式、灌溉保证率确定。灌溉定额的确定为实施用水总量控制和定额管理结合的管理制度打下了坚实的科学基础，为区域统一规划、合理配置水资源及科学研究提供了技术标准和数据参考。

黑龙江省粮食作物灌溉定额作物分水稻、玉米、小麦、大豆、马铃薯；灌溉一级区域包括松嫩平原区、三江平原区、张广才岭老爷岭山地区和大小兴安岭山地区等 5 个区；水稻灌溉方式分井灌和渠灌，小麦、大豆和马铃薯灌溉方式分地面灌溉和喷灌，玉米灌溉方式分地面灌溉、喷灌、膜下滴灌和注水灌溉；水稻不区分灌溉保证率，玉米、小麦、大豆、马铃薯灌溉保证率分 25%、50% 和 75%；

辽宁省粮食作物灌溉定额作物分水稻、玉米、小麦、谷子、高粱、大豆；灌溉一级区域包括辽西低山丘陵区、辽河中下游平原区、辽北低丘波状平原区、辽东山区和辽南半岛丘陵区等5个区；灌溉保证率分50%和75%。

吉林省粮食作物灌溉定额作物分水稻、玉米、小麦、燕麦、绿豆、大豆、脱毒马铃薯；灌溉一级区域包括长白山山地区、中东部低山丘陵区、中部平原区和西部平原区4个区；灌溉方式因作物不一样，水稻不区分灌溉方式，玉米分管灌、喷洒灌、坐水种、膜下滴灌，其他粮食作物分管灌、喷洒灌；灌溉保证率分多年平均和75%。

作物综合灌溉定额是指区域内某种作物在各种实际灌溉条件下的灌溉用水定额按灌溉面积的加权平均值，在灌溉用水定额已知的情况下可以通过公式计算综合灌溉定额（灌溉用水定额编制导则，2012），同时，可以判定某作物在综合定额中的贡献值及某作物种植变化在综合灌溉定额变化幅度中的贡献率，从而测度粮食种植结构对综合灌溉定额变化的影响。如下式：

$$M = \sum_{i=1}^{5} \frac{m_i \cdot a_i}{A} \tag{7-4}$$

$$R_i = M_i / M = \frac{m_i \cdot a_i}{A} / M \tag{7-5}$$

$$\Delta C_i = \frac{|\Delta M_i|}{\sum_{i=1}^{n} |\Delta M_i|} \cdot 100\% \tag{7-6}$$

式中，M为某行政单元的粮食作物综合灌溉定额，m^3/hm^2；A为粮食作物总播种面积，万hm^2；a_i为粮食作物i的播种面积，万hm^2；m_i为粮食作物i的灌溉用水定额，m^3/hm^2，由其所辖下一级行政单元按该粮食作物种植规模加权平均计算而来，所辖区县的该粮食作物灌溉定额可根据灌溉定额分区中行政区归属确定，进而求得市级、省级区域的灌溉用水定额；R_i为粮食作物i在综合灌溉定额的贡献率；M_i为粮食作物i在综合灌溉定额中的贡献值，m^3/hm^2；ΔC_i为粮食作物i种植变化在综合灌溉定额变化幅度中的

贡献率；$|\Delta M_i|$ 为粮食作物 i 的综合灌溉定额变化幅度的绝对值，m^3/hm^2。

依据贡献率大小对某地区粮食作物灌溉定额变化的影响因素进行分类，当 $\Delta C_i \geqslant 50\%$，则粮食作物 i 为主要因素，当 $30\% \leqslant \Delta C_i < 50\%$，则粮食作物 i 为次要因素，当 $10\% \leqslant \Delta C_i < 30\%$，则粮食作物 i 为辅助因素。

（一）粮食作物综合灌溉定额时序变化

对历年来粮食作物综合灌溉定额进行了估算，从图 7-1 可以看出 1990—2017 年东北地区粮食作物综合灌溉定额总体呈增加态势，由 1 838.30 m^3/hm^2 增加至 2 192.52m^3/hm^2，增加了 354.22 m^3/hm^2，表明东北地区粮食作物种植总体上表现为向耗水型的种植结构变化。从分省变化情况来看，1990—2017 年，黑龙江省和吉林省粮食作物综合灌溉定额总体呈增加态势，分别由 1 546.47 m^3/hm 和 1 902.97 m^3/hm^2 增加至 2 268.68 m^3/hm^2 和 2 110.85 m^3/hm^2，增加了 722.21m^3/hm^2和 207.89m^3/hm^2，表明黑龙江省和吉林省粮食作物种植总体上表现为向耗水型的种植结构变化；辽宁省粮食作物综合灌溉定额总体呈减少态势，由 2 458.93m^3/hm^2下降至2 012.17m^3/hm^2，减少了 446.76m^3/hm^2，表明辽宁省粮食作物种植总体上表现为向节水型的种植结构变化。

（二）粮食种植结构对综合灌溉定额变化影响的阶段特征

对历年来主要粮食作物对综合灌溉定额的贡献值进行了估算。从表 7-1 可以看出，水稻和玉米在粮食种植结构中占比的扩大是东北地区综合灌溉定额变化最主要正向贡献因素，对东北地区综合定额变化的贡献分别为 535.57m^3/hm^2、170.49m^3/hm^2；小麦和杂粮在粮食种植结构中占比的下降是东北地区综合灌溉定额变化的主要负向贡献因素，对东北地区综合定额变化的贡献分别为 -167.10m^3/hm^2、-152.82m^3/hm^2。在黑龙江省和吉林省，水稻在

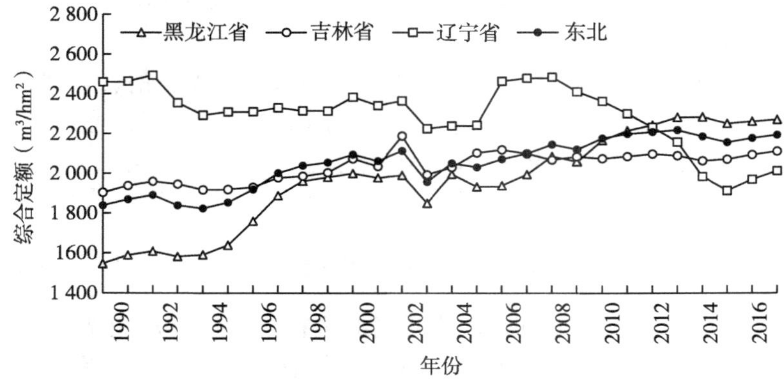

图 7-1 粮食作物综合灌溉定额时序变化

Fig. 7-1 Time series change of comprehensive quota for grain crop irrigation

粮食种植结构中占比的扩大对综合灌溉定额变化的正向贡献最大，分别为 936.30m³/hm²、260.51m³/hm²，玉米的贡献值居其次，分别为 170.490m³/hm²、152.650m³/hm²；在辽宁，则以玉米的正向贡献最大，为 396.91m³/hm²。大豆、小麦、杂粮在粮食种植结构中的占比下降对黑龙江省、吉林省综合灌溉定额变化均具有负向贡献作用，其中，黑龙江省以小麦贡献最大，为-273.24m³/hm²，吉林省以大豆最大，为-85.85m³/hm²，杂粮在两省的贡献作用均居第二位。辽宁省除玉米外，其余四类粮食作物对综合灌溉定额变化均具有负向贡献作用，其中，杂粮贡献最大，为-419.39m³/hm²，其次为水稻、大豆，分别为-232.27m³/hm²和-116.75m³/hm²。可见，种植结构中水稻占比的上升促使东北地区及黑龙江省和吉林省粮食种植结构向耗水方向发展，水稻和杂粮占比的下降促使辽宁省粮食种植结构向节水方向发展。

表 7-1　主要粮食作物对综合灌溉定额的贡献（m^3/hm^2）

Table 7-1　Contribution of major grains to comprehensive irrigation quota（m^3/hm^2）

地区	水稻	玉米	大豆	小麦	杂粮	合计
东北	535. 57	170. 49	-31. 93	-167. 10	-152. 82	354. 22
黑龙江省	936. 30	152. 65	-17. 31	-273. 24	-76. 19	722. 21
吉林省	260. 51	109. 13	-85. 85	-27. 29	-48. 62	207. 89
辽宁省	-232. 27	396. 91	-116. 75	-75. 25	-419. 39	-446. 76

注：表中数据为 2017 年相对于 1990 年的主要粮食作物对综合灌溉定额贡献变化

从粮食生产波动的不同阶段各粮食作物对综合灌溉定额变化的影响来看（表 7-2）。

1990—2003 年粮食生产波动期间，水稻占比变化是黑龙江省、吉林省种植结构耗水化和辽宁省种植结构节水化的主要推动力。东北地区粮食作物综合灌溉定额增加 117. 84m^3/hm^2，水稻种植比例扩大是综合定额变化最主要正向贡献因素，贡献 191. 51m^3/hm^2；其次是大豆，贡献 83. 95m^3/hm^2；小麦种植比例下降是综合定额变化的最主要负向贡献因素，贡献-149. 67m^3/hm^2，其次为杂粮，贡献-14. 48m^3/hm^2，种植结构中水稻占比的扩大是东北地区种植结构耗水化的主要推动力。对于黑龙江省粮食作物综合灌溉定额变化，水稻是最主要正向贡献因素，贡献为 383. 18m^3/hm^2，其次是大豆，贡献为 161. 11m^3/hm^2，小麦是最主要负向贡献因素，贡献为-249. 65m^3/hm^2。对于吉林省粮食作物综合灌溉定额变化，水稻也是最主要正向贡献因素，贡献为 125. 17m^3/hm^2，小麦、大豆是主要的负向贡献因素。对于辽宁省粮食作物综合灌溉定额变化，玉米是主要正向贡献因素，其贡献值为 123. 68m^3/hm^2，水稻是最主要负向贡献因素，贡献为-160. 18m^3/hm^2，其次为杂粮，贡献为-133. 81m^3/hm^2。

2003—2015 年粮食快速增产期间，水稻占比变化是黑龙江省、吉林省种植结构进一步耗水化的主要推动力，水稻和杂粮占比变化辽宁省种植结构节水化的主要推动力。东北地区粮食作物综合灌溉定额增加 199.24m^3/hm^2，水稻和玉米对综合定额变化的正向贡献较大，分别为 298.42m^3/hm^2、254.26m^3/hm^2；大豆和杂粮种植比例下降对综合定额变化的负向贡献较大，贡献 -176.79 m^3/hm^2、-157.52m^3/hm^2，粮食生产结构中水稻和玉米占比扩大的正向贡献大于其他粮食作物的负向贡献作用，使得东北地区粮食种植结构进一步耗水化。黑龙江省粮食作物综合灌溉定额增加了 400.05 m^3/hm^2，水稻是最主要正向贡献因素，贡献为 383.18 m^3/hm^2，其次是玉米，贡献为 323.20m^3/hm^2，大豆和杂粮是最主要负向贡献因素，贡献为-273.36m^3/hm^2、-147.54m^3/hm^2，粮食生产结构中水稻占比增加是黑龙江省粮食作物种植结构向更耗水型发展的主因。对于吉林省粮食作物综合灌溉定额变化，玉米是最主要正向贡献因素，贡献为 135.60m^3/hm^2，其次为水稻，贡献为 77.69 m^3/hm^2，大豆和杂粮是主要的负向贡献因素，贡献为 -71.71 m^3/hm^2、-55.62m^3/hm^2，粮食生产结构中玉米、大豆、杂粮等旱田作物的贡献之和基本趋零，水稻比例的增加使得粮食种植结构进一步耗水化。对于辽宁省粮食作物综合灌溉定额变化，玉米是主要正向贡献因素，其贡献值为 304.90m^3/hm^2，杂粮、水稻、大豆的负向贡献均较大，分别为 -323.48m^3/hm^2、-159.24m^3/hm^2、-119.25m^3/hm^2，水稻和杂粮占比下降使得辽宁粮食种植结构进一步向节水型发展。

2015—2017 年粮食生产结构调整期间，玉米种植比例下降的负向贡献大部分被大豆、杂粮等作物种植比例增加的正向贡献抵消，水稻占比扩大的正向贡献使得东北地区及黑龙江省、吉林省、辽宁省的粮食种植结构进一步耗水化。东北地区粮食作物综合灌溉定额增加 37.13m^3/hm^2，大豆和水稻对综合定额变化的正向贡献较大，分别为 60.91m^3/hm^2、45.64m^3/hm^2；玉米种植比例下降对综合定额变化的负向贡献较大，贡献-90.30m^3/hm^2。黑龙江省粮食作物综合灌溉定额增加 19.06m³/hm²，大豆、水稻、杂粮对综合定额变化的正向贡献较大，分别为 94.95m³/hm²、29.11m³/hm²、20.81m³/hm²；玉米种植比例下降对综合定额变化的负向贡献较大，贡献-128.47m³/hm²。吉林省粮食作物综合灌溉定额增加 19.06m³/hm²，水稻对综合定额变化的正向贡献最大，为 57.65m³/hm²；玉米种植比例下降对综合定额变化的负向贡献较大，贡献-28.47m³/hm²。辽宁省粮食作物综合灌溉定额增加 19.06m³/hm²，水稻和杂粮对综合定额变化的正向贡献较大，分别为 87.15m³/hm²、37.91m³/hm²；玉米种植比例下降对综合定额变化的负向贡献较大，贡献-31.67m³/hm²。

表 7-2　不同时期主要粮食作物对综合灌溉定额的影响变化（m³/hm²）

Table 7-2　Changes of the influence of major grains on the comprehensive irrigation quota in different periods（m³/hm²）

	1990—2003 年				2003—2015 年				2015—2017 年			
	东北	黑龙江省	吉林省	辽宁省	东北	黑龙江省	吉林省	辽宁省	东北	黑龙江省	吉林省	辽宁省
水稻	191.51	383.18	125.17	-160.18	298.42	524.01	77.69	-159.24	45.64	29.11	57.65	87.15
玉米	6.53	-42.08	2.00	123.68	254.26	323.20	135.60	304.90	-90.30	-128.47	-28.47	-31.67
大豆	83.95	161.11	-21.22	-3.73	-176.79	-273.36	-71.71	-119.25	60.91	94.95	7.08	6.23
小麦	-149.67	-249.65	-18.55	-60.24	-19.12	-26.25	-8.72	-15.48	1.69	2.66	-0.02	0.47
杂粮	-14.48	50.55	3.06	-133.81	-157.52	-147.54	-55.62	-323.48	19.17	20.81	3.94	37.91
合计	117.84	303.09	90.47	-234.28	199.24	400.05	77.25	-312.56	37.13	19.06	40.18	100.08

（三）粮食综合灌溉定额空间分布

对东北地区 36 个地市粮食作物综合灌溉定额进行了估算。从图 7-2 可以看出，东北地区粮食作物综合灌溉定额总体呈由“南部高、北部低”向“中西至东北高、北部及中东至南部低”演化的空间分布特征，高值区持续向三江平原地区聚集。1990 年东北地区粮食作物综合灌溉定额总体呈“南高北低”的空间分布，综合定额较高的地区主要分布在南部及中部，其中，高值区包括盘锦、营口、辽阳、沈阳、吉林、丹东、通化等地市，次高值区主要分布在辽宁大部和吉林东部；综合定额较低的地区主要分布在北部，其中，高值区包括大兴安岭、白山、大庆、黑河等地市，次低值区主要分布在黑龙江省大部、吉林省中部。2003 年，综合定额较高地区向北部至东北部大幅度扩张，鸡西变为高值区，松原、哈尔滨、伊春、佳木斯、双鸭山变为次高值区；综合定额较低地区向南部镶嵌式发展，辽源变为低值区，铁岭、锦州、大连变为次低值区。2015 年，综合定额较高地区进一步向东北部巩固并向西北部扩张，双鸭山、佳木斯、鹤岗、白城变为高值区，齐齐哈尔、绥化变为次高值区；综合定额较低地区向南部扩张，四平、葫芦岛变为低值区，朝阳、鞍山、阜新、抚顺、延边、本溪变为次低值区。2017 年，综合定额较高地区的分布继续巩固在北部，伊春、大庆、长春变为次高值区；综合定额较低地区的分布继续巩固在南部，本溪、铁岭变为低值区，基本形成了“中西至东北高、西北及中东至南部低”的综合灌溉定额空间分布。

从粮食生产波动的不同阶段综合灌溉定额变化的幅度来看，东北地区综合灌溉定额增减变化呈“北增南减”的空间分布（图 7–3），1990—2017 年东北地区有 17 个地市综合定额出现增加，主要分布在北部地区，其中，位于三江平原的鸡西、双鸭山、鹤岗、佳木斯和位于松嫩平原的白城、大庆、齐齐哈尔、松原等地市为增幅高值区，伊春、长春、哈尔滨、绥化为增幅次高值区；19 个地市综合定额出现减少，主要分布在中西至南部，其中，沈阳、抚顺、延边、阜新、鞍山、铁岭、葫芦岛、辽阳、朝阳、吉林、大连、本溪为减幅高值区，丹东、牡丹江、四平、辽源、锦州、白山为减幅次高值区。1990—2003 年，东北地区有 19 个地市综合定额出现增加，主要分布在北部、中部及西南部，其中地处三江平原的鸡西、双鸭山、佳木斯为增幅高值区，本溪市、大庆、伊春、七台

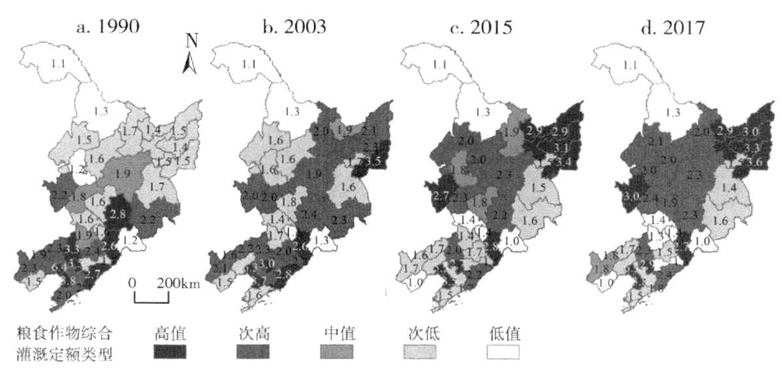

图 7-2　粮食作物综合灌溉定额类型时空分布（$10^3m^3/hm^2$）

Fig. 7-2　Spatial and temporal distribution of comprehensive quota type of grain crop irrigation（$10^3m^3/hm^2$）

河、松原、长春为增幅次高值区；17 个地市综合定额出现减少，主要分布中西至南部，其中，沈阳、辽阳、抚顺、大连、吉林为减幅高值区，锦州、鞍山、朝阳、辽源、铁岭、阜新、白城、四平为减幅次高值区。2003—2015 年，东北地区有 14 个地市综合定额出现增加，主要分布在中西至东北部，其中，鹤岗、佳木斯、双鸭山、白城为增幅高值区，哈尔滨、齐齐哈尔、绥化、大庆、松原、通化为增幅次高值区；22 个地市综合定额出现减少，主要分布在中东至南部，其中，盘锦、延边、本溪、丹东、阜新、葫芦岛为减幅高值区，鞍山、朝阳、辽阳、抚顺、沈阳、铁岭、白山、营口为减幅次高值区。2015—2017 年，东北地区有 23 个地市综合定额出现增加，广泛分布在北部、中西部、南部，其中，盘锦为增幅高值区，营口、白城、辽阳、沈阳、双鸭山为增幅次高值区；13 个地市综合定额出现减少，主要分布中东部、中南部，其中，铁岭、通化、抚顺、本溪为减幅较大区。

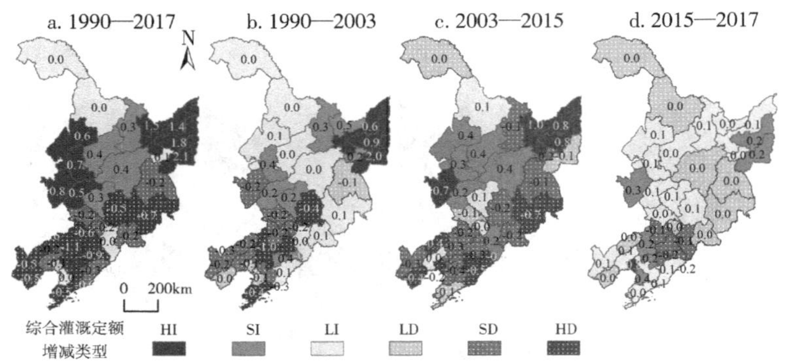

图 7-3 粮食作物综合灌溉定额增减变化的时空演变（$10^3m^3/hm^2$）

Fig. 7-3 spatial and temporal evolution of the change of comprehensive irrigation quota for food crops（$10^3m^3/hm^2$）

（四）粮食综合灌溉定额变化影响因素

各时期均以水稻贡献作用最强，其次为玉米。1990—2017 年，水稻、小麦、玉米、大豆、杂粮种植变化对各地市综合定额变化的平均贡献率分别为 40.14%、10.02%、19.94%、13.60%、16.29%。1990—2003 年，水稻、小麦、玉米、大豆、杂粮种植变化对各地市综合定额变化的平均贡献率分别为 38.84%、14.21%、13.87%、14.64%、18.43%。2003—2015 年，水稻、小麦、玉米、大豆、杂粮种植变化对各地市综合定额变化的平均贡献率分别为 31.25%、1.63%、28.55%、18.41%、18.31%。2015—2017 年，水稻、小麦、玉米、大豆、杂粮种植变化对各地市综合定额变化的平均贡献率分别为 43.91%、2.86%、32.98%、16.56%、3.69%。各时期玉米和水稻的贡献作用均强于大豆、小麦、杂粮，水稻贡献率呈逐期增加趋势，在种植结构调整期，大豆和杂粮贡献作用相较粮食增产期有所增强，玉米贡献率有所减弱。

影响各地市粮食作物综合定额变化的主要因素，以水稻居多

（图 7-4）。1990—2017 年，各作物种植变化在综合定额变化幅度中的贡献率超过 50%的地市，水稻有 16 个，其中，黑龙江省 8 个、吉林省 5 个、辽宁省 3 个；杂粮有 2 个，为盘锦市和葫芦岛市。1990—2003 年，各作物种植变化在综合定额变化幅度中的贡献率超过 50%的地市，水稻有 12 个，其中，辽宁省 6 个，黑龙江省和吉林省各 3 个。2003—2015 年，各作物种植变化在综合定额变化幅度中的贡献率超过 50%的地市，水稻有 7 个，其中，辽宁省 3 个、黑龙江省 2 个、吉林省 2 个；杂粮有 2 个，为朝阳市和葫芦岛市。2015—2017 年，各作物种植变化在综合定额变化幅度中的贡献率超过 50%的地市，水稻有 15 个，其中，辽宁省 10 个、吉林省 5 个；玉米有 1 个，为黑河市；杂粮有 1 个，为朝阳市。

影响各地市粮食作物综合定额变化的次要因素，以玉米居多（图 7-4）。1990—2017 年，各作物种植变化在综合定额变化幅度中的贡献率介于 30%～50%的地市，玉米有 9 个，其中，辽宁省 4 个、吉林省 3 个、黑龙江省 2 个；水稻有 8 个，其中辽宁省 4 个、黑龙江省和吉林省各 2 个；小麦有 4 个，均属黑龙江省；杂粮有 4 个，均属辽宁省；大豆有 3 个，为大兴安岭、黑河市、本溪市。1990—2003 年，各作物种植变化在综合定额变化幅度中的贡献率介于 30%～50%的地市，水稻有 8 个，其中，黑龙江省和吉林省各 3 个、辽宁省 2 个；小麦有 8 个，其中，黑龙江省 7 个，辽宁省 1 个；杂粮有 9 个，其中，辽宁省 6 个、吉林省 3 个；大豆有 7 个，其中，黑龙江省 5 个、吉林省 2 个；玉米有 3 个，其中，吉林省 2 个、辽宁省 1 个。2003—2015 年，各作物种植变化在综合定额变化幅度中的贡献率介于 30%～50%的地市，玉米有 17 个，其中，黑龙江省 7 个，吉林省和辽宁省各 5 个；水稻有 13 个，其中，黑龙江省 6 个、吉林省 3 个、辽宁省 4 个；杂粮有 6 个，其中，辽宁省 4 个、黑龙江省 2 个；大豆有 3 个，为大兴安岭、抚顺市、辽阳市。2015—2017 年，各作物种植变化在综合定额变化幅度中的贡献率介于 30%～50%的地市，玉米有 18 个，其中，黑龙江省 12

个、吉林省 4 个、辽宁省 2 个；大豆有 11 个，其中，黑龙江省 7 个、吉林省 3 个、辽宁省 1 个；水稻有 3 个，为鸡西市、双鸭山市、四平市；杂粮有 3 个，为葫芦岛市、阜新市、抚顺市。

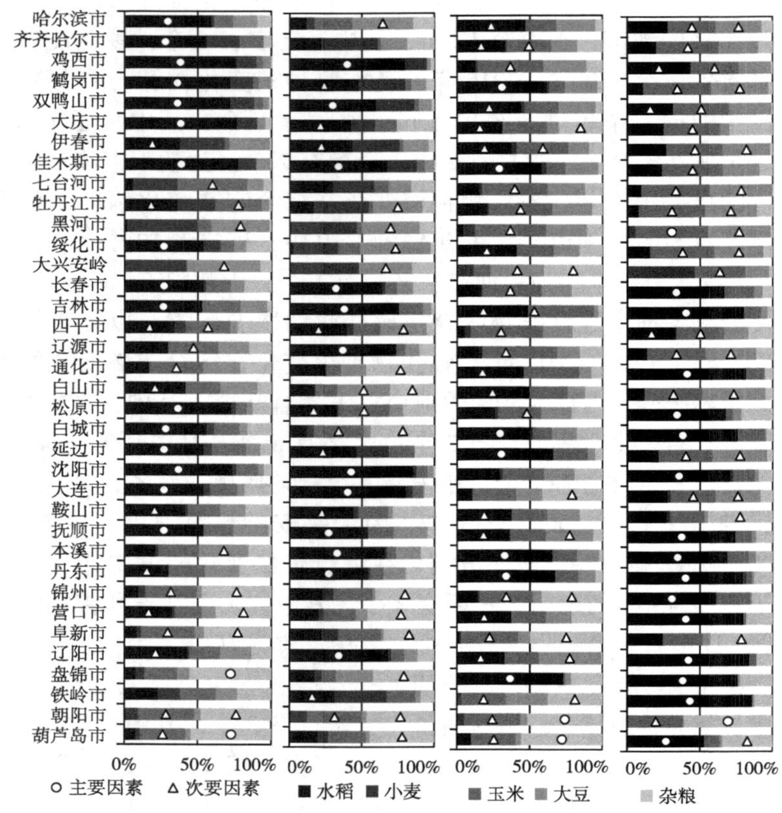

图 7-4 综合灌溉定额变化的主要与次要因素分布

Fig. 7-4 Distribution of main and secondary factors in comprehensive irrigation quota

二、粮食生产变化对灌溉需水量变化影响

粮食灌溉需水量的计算与净灌溉需水量和灌溉水有效利用系数有关。近年来，东北地区粮食生产规模扩张较快，种植结构发生了较大变化，研究粮食生产变化对灌溉需水量的影响，可为区域粮食生产发展和种植结构调整提供参考。同时根据测算某作物对粮食灌溉需水量的贡献率和某作物对粮食作物需水量变化幅度贡献率可进一步判断粮食灌溉需水量的主要影响作物。

$$W = \frac{\sum_{i=1}^{n} a_i \cdot m_i}{\eta} = \frac{A \cdot M}{\eta} \tag{7-7}$$

$$C_i = \frac{W_i}{\sum_{i=1}^{n} W_i} \tag{7-8}$$

$$\Delta C_i = \frac{|\Delta W_i|}{\sum_{i=1}^{n} |\Delta W_i|} \cdot 100\% \tag{7-9}$$

式中，W 为区域粮食作物灌溉需水总量，万 m^3；a_i为区域粮食作物 i 的播种面积，万 hm^2；m_i 为区域粮食作物 i 的灌溉定额，m^3/hm^2；η 为区域灌溉水有效利用系数；A 为区域粮食作物播种总面积，万 hm^2；M 区域粮食作物的综合灌溉定额，m^3/hm^2；C_i 为粮食作物 i 的灌溉需水量贡献率；W_i 为粮食作物 i 的灌溉需水量，万 m^3；ΔC_i 为作物 i 灌溉需水量变化在粮食作物需水总量变化幅度中的贡献率；$|\Delta W_i|$ 为作物 i 的灌溉需水量变化幅度的绝对值，万 m^3。

依据贡献率大小对某地区粮食作物灌溉需水量变化的影响因素进行分类，当 $\Delta C_i \geqslant 50\%$，则粮食作物 i 为主要因素，当 $30\% \leqslant \Delta C_i < 50\%$，则粮食作物 i 为次要因素，当 $10\% \leqslant \Delta C_i < 30\%$，则粮

食作物 i 为辅助因素。

（一）粮食作物灌溉需水量时序变化

2003—2017 年东北地区粮食作物灌溉需水量总体呈增加态势，由 565.44 亿 m^3 增加至 859.35 亿 m^3，增加了 293.91 亿 m^3。从分省变化情况来看，2003—2017 年黑龙江、吉林、辽宁 3 省灌溉需水量总体均呈增加态势，分别由 2003 年的 290.38 亿 m^3、154.16 亿 m^3、77.39 亿 m^3，增至 2017 年的 605.80 亿 m^3、193.86 亿 m^3、95.29 亿 m^3。从 2003—2015 年粮食增产期来看，黑龙江、吉林、辽宁 3 省灌溉需水量均有所增加，其中，以黑龙江省增幅最大（图 7-5）。从 2015—2017 年粮食结构调整时期来看，黑龙江、吉林、辽宁 3 省在末期灌溉需水总量均有所下降，其中，以黑龙江省下降趋势最明显。区域纵向比较来看，粮食作物灌溉需水量黑龙江最大，吉林省次之，辽宁省相对较少。历年来黑龙江省粮食作物灌溉需水量介于 287 亿~540 亿 m^3，吉林省粮食作物灌溉需水量介于 165 亿~204 亿 m^3，辽宁省粮食作物灌溉需水量介于 113 亿~146 亿 m^3。

（二）粮食作物灌溉需水量时序变化的影响因素

粮食作物灌溉需水量由粮食生产田间需水量和灌溉水有效利用系数的比值计算而来。粮食净生产田间需水量代表了粮食灌溉的需水强度，灌溉水有效利用系数代表了粮食灌溉的用水效率。需水强度和用水效率共同影响粮食作物灌溉需水量变化，研究对两者贡献作用进行了分解。

从表 7-3 可以看出，2003—2017 年东北地区及黑龙江、吉林、辽宁 3 省的需水强度对粮食灌溉需水量变化的正向贡献作用强于用水效率的负向贡献作用，使得粮食作物灌溉需水量分别增加 293.91 亿 m^3、251.36 亿 m^3、36.80 亿 m^3、5.75 亿 m^3。从粮食生产的不同阶段分析，2003—2015 年粮食快速增产的同时灌溉需水

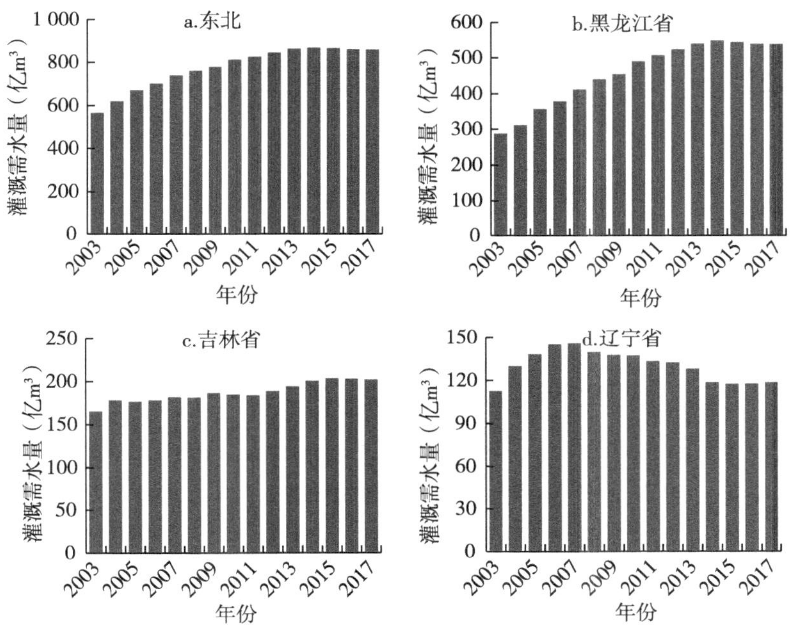

图 7-5 粮食作物灌溉需水量时序变化

Fig. 7-5 Temporal variation of irrigation water demand for grains

量也显著增加，其中，需水强度对灌溉需水量变化的贡献均为正值，用水效率对灌溉需水量变化均为负值；2015—2017 年结构调整期，黑龙江省需水强度贡献变为负值，说明此阶段粮食作物播种面积的下降对于减少需水强度的作用显著，辽宁省和吉林省粮食播种面积也有所下降，但是综合灌溉定额增加，使其需水强度仍小幅增加。2003—2015 年和 2015—2017 年，黑龙江、吉林、辽宁 3 省用水效率对灌溉需水量变化均保持负向贡献作用。

表 7-3　需水强度和用水效率对灌溉需水量变化的贡献（亿 m^3）

Table 7-3　Contribution of net irrigation water demand and effective utilization coefficient of irrigation water to the change of irrigation water demand（亿 m^3）

年份	东北		黑龙江省		吉林省		辽宁省	
	需水强度	用水效率	需水强度	用水效率	需水强度	用水效率	需水强度	用水效率
2003—2017	411.97	−118.06	316.84	−65.48	69.61	−32.81	23.30	−17.55
2003—2015	409.37	−108.95	319.08	−61.62	66.01	−27.78	21.81	−17.08
2015—2017	2.60	−9.11	−2.23	−3.87	3.60	−5.03	1.49	−0.47

（三）粮食生产变化对需水强度的影响

需水强度变化是影响灌溉需水量的最主要影响因素，而需水强度又受到粮食生产变化的影响。研究对不同作物生产变化对粮食作物需水强度的影响作用进行了解构，结果如表 7-4 所示。2003—2017 年黑龙江、吉林、辽宁 3 省粮食作物需水强度分别增加 315.41 亿 m^3、39.70 亿 m^3、17.88 亿 m^3；水稻生产变化是黑龙江省和吉林省粮食作物需水强度增加主导因素，玉米生产变化是辽宁省粮食作物需水强度增加主导因素。2003—2015 年黑龙江省、吉林省、辽宁省粮食作物需水强度分别增加 326.26 亿 m^3、41.30 亿 m^3、19.50 亿 m^3；水稻生产变化是黑龙江省粮食作物需水强度增加的主导因素，玉米生产变化是吉林省和辽宁省粮食作物需水强度增加的主导因素。2015—2017 年黑龙江省、吉林省、辽宁省粮食作物需水强度分别下降 10.85 亿 m^3、1.60 亿 m^3、1.62 亿 m^3。玉米生产变化是黑龙江省、吉林省、辽宁省粮食作物需水强度下降的主导因素。

表 7-4　不同粮食作物对需水强度的影响（亿 m^3）

Table 7-4　influence of major grains on net irrigation water demand（亿 m^3）

地区	年份	粮食作物贡献					需水强度变化
		水稻	玉米	大豆	小麦	杂粮	
东北	2003—2017	160.99	78.93	1.52	-2.04	-13.97	225.43
	2003—2015	153.58	101.70	-12.21	-2.42	-18.28	222.37
	2015—2017	7.41	-22.78	13.73	0.38	4.31	3.06
黑龙江省	2003—2017	130.28	47.65	6.23	-1.32	-7.16	175.68
	2003—2015	127.90	66.66	-6.92	-1.69	-10.07	175.88
	2015—2017	2.38	-19.01	13.15	0.37	2.91	-0.20
吉林省	2003—2017	23.29	16.87	-2.05	-0.35	-0.76	37.01
	2003—2015	19.99	18.37	-2.44	-0.35	-0.98	34.58
	2015—2017	3.30	-1.50	0.40	0.00	0.23	2.43
辽宁省	2003—2017	7.42	14.40	-2.66	-0.37	-6.05	12.74
	2003—2015	5.69	16.67	-2.85	-0.38	-7.23	11.90
	2015—2017	1.73	-2.27	0.19	0.01	1.17	0.84

（四）粮食作物灌溉需水量空间分布

对东北地区 36 个地市粮食作物灌溉需水量进行了估算。从图 7-6 可以看出，粮食灌溉需水量现阶段空间差异悬殊。黑龙江省除大兴安岭、七台河、伊春、牡丹江以外，其余大部分地区灌溉需水量均在中值及以上，佳木斯为黑龙江省灌溉需水最大的地区；吉林省灌溉需水量表现为西高东低的分布格局，各中西部地市粮食灌溉需水量高于东部地市；辽宁省灌溉需水量相对较小，除沈阳以外，其余地区均位于低值区和次低值区。经多年比较分析，2003 年粮食灌溉需水量还相对较少，次高值区集中于三江平原和松嫩平原局部区域，低值区和次低值区主要集中分布在中东部和南部。2015 年各地市粮食灌溉需水量均大幅度增长，鸡西、双鸭山、绥化、哈尔滨、齐齐哈尔、佳木斯演变为高值区，黑河、白城、松原演变为次高值区，大庆、鹤岗演变为中值区；辽宁省各地市灌溉需水量变化不大，除沈阳外仍全部处于低值区和次低值区。2017 年，除个别地市外，大部分区域粮食灌溉需水的等级分区未发生变化，但具体的灌溉需水量有增有降。从空间演变看，总体表现为由“南部高、北部低”向“中西至东北高、北部及中东至南部低”演化的空间分布特征。

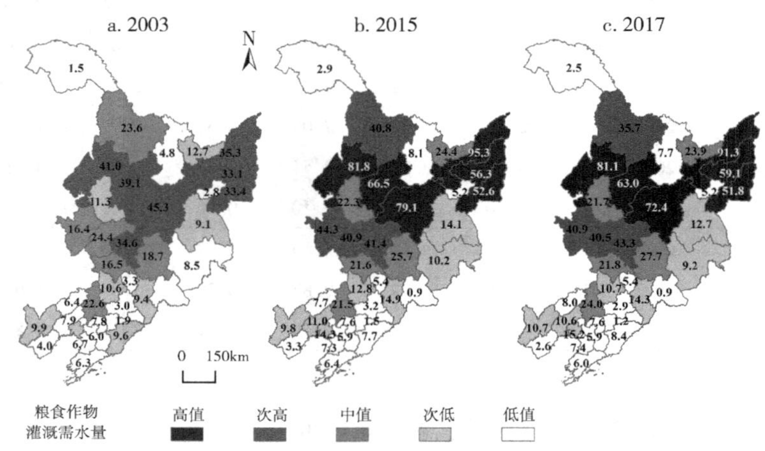

图 7-6　粮食作物灌溉需水量时空分布（亿 m³）

Fig. 7-6　Spatial and temporal distribution of irrigation water requirements for grains（亿 m³）

总体而言，东北地区灌溉需水量增减变化与综合定额的空间变化相似，呈“北增南减”的空间变化格局（图 7-7）。具体地看，2003—2017 年有 28 个地市灌溉需水量增加，增幅介于 0. 05 亿～56 亿 m³，主要位于北部地区，其中，位于三江平原的鸡西、双鸭山、佳木斯和位于松嫩平原的齐齐哈尔、绥化、哈尔滨、白城、松原等地市为增幅高值区；有 8 个地市灌溉需水量减少，主要分布在辽东地区，主要包括抚顺、鞍山、葫芦岛、辽阳、大连、本溪、丹东、白山，减幅介于 0.03～1.4 亿 m^3。从粮食生产波动的不同阶段来看，2003—2015 年粮食快速增产期间，东北地区有 29 个地市粮食灌溉需水出现增加，有 7 个地市灌溉需水量减少，与 2003—2017 年空间分布类似。2015—2017 年粮食结构调整期，东北地区有 11 个地市灌溉需水增加，增幅介于 0.02 亿～2.8 亿 m^3，分布在吉林省中部和辽宁省西部地区，均属于增幅低值区；有 25 个地市灌溉需水减少，主要分布黑龙江省、吉林省东西部边缘地区，其中，黑河、哈尔滨位于减幅高值区，佳木斯、绥化、白城位于减幅次高值区。

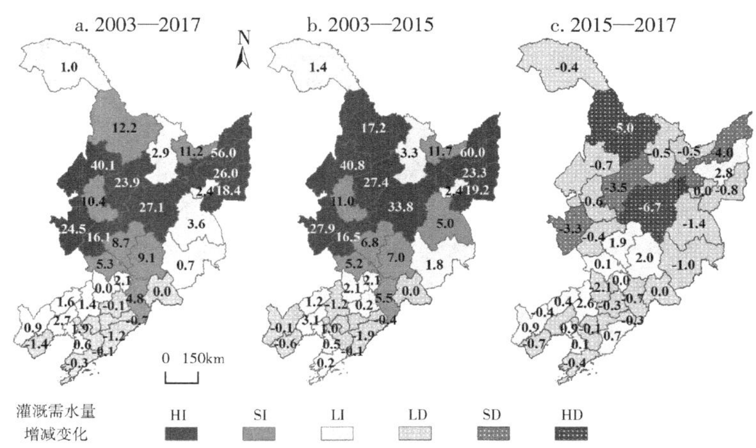

图 7-7　粮食作物灌溉需水量增减变化时空分布演变（亿 m^3）

Fig. 7-7　Spatial and temporal distribution evolution of increase and decrease of irrigation water demand for grains（亿 m^3）

（五）粮食作物灌溉需水量变化影响因素空间特征

对 36 个地市影响粮食作物灌溉需水量的因素贡献值进行了估算，从表 7-5 可以看出，2003—2017 年 28 个地市需水强度对灌溉需水量变化的正向贡献作用强于用水效率对灌溉需水量变化的负向贡献作用，使得粮食作物灌溉需水量增加。6 个地市需水强度对灌溉需水量变化的正向贡献作用弱于用水效率对灌溉需水量变化的负向贡献作用，使得粮食作物灌溉需水量减少。除本溪、葫芦岛以外，需水强度对灌溉需水量的贡献为正值，大部分区域粮食种植生产趋于耗水。

从粮食生产的不同阶段分析，2003—2015 年粮食快速增产的同时，28 地市需水强度对灌溉需水量变化的正向贡献作用强于用水效率对灌溉需水量变化的负向贡献作用，使得粮食作物灌溉需水量增加；5 个地市需水强度对灌溉需水量变化的正向贡献作用弱于用水效率对灌溉需水量变化的负向贡献作用，使得粮食作物灌溉需水量减少；除本溪、葫芦岛、丹东以外，需水强度对灌溉需水量的贡献为正值。2015—2017 年结构调整期，11 地市需水强度对灌溉需水量变化的正向贡献作用强于用水效率对灌溉需水量变化的负向贡献作用，使得粮食作物灌溉需水量增加；5 个地市需水强度对灌溉需水量变化的正向贡献作用弱于用水效率对灌溉需水量变化的负向贡献作用，使得粮食作物灌溉需水量减少；20 个需水强度对灌溉需水量的贡献为负值，包括大连、鞍山、抚顺、本溪、锦州、铁岭、葫芦岛、通化、白城、延边、哈尔滨、鸡西、鹤岗、大庆、伊春、佳木斯、牡丹江、黑河、绥化、大兴安岭等地，说明这部分区域节水潜力相对较大。

表 7-5　需水强度和用水效率对灌溉需水总量变化的影响分布（亿 m³）

Table 7-5　Influence distribution of net irrigation water demand and effective utilization coefficient of irrigation on thechange of irrigation water demand（亿 m³）

地区	2003—2017 年		2003—2015 年		2015—2017 年	
	需水强度	用水效率	需水强度	用水效率	需水强度	用水效率
沈阳市	5.50	-4.12	2.63	-3.81	2.64	-0.09
大连市	0.54	-0.82	0.99	-0.83	-0.42	-0.02

（续表）

地区	2003—2017 年		2003—2015 年		2015—2017 年	
	需水强度	用水效率	需水强度	用水效率	需水强度	用水效率
鞍山市	0.67	−0.80	0.72	−0.78	−0.05	−0.02
抚顺市	0.35	−0.48	0.67	−0.49	−0.30	−0.01
本溪市	−0.48	−0.24	−0.18	−0.26	−0.28	0.00
丹东市	0.45	−1.62	−0.35	−1.51	0.73	−0.03
锦州市	4.10	−1.40	4.51	−1.40	−0.38	−0.04
营口市	1.98	−1.33	1.81	−1.29	0.16	−0.03
阜新市	2.44	−0.84	2.04	−0.80	0.39	−0.02
辽阳市	1.05	−1.31	1.03	−1.29	0.02	−0.03
盘锦市	4.40	−2.46	3.33	−2.32	1.00	−0.06
铁岭市	1.74	−1.70	3.94	−1.82	−2.04	−0.04
朝阳市	2.14	−1.28	1.13	−1.19	0.95	−0.03
葫芦岛市	−0.93	−0.45	−0.15	−0.49	−0.73	−0.01
长春市	15.78	−7.09	12.65	−5.85	3.10	−1.21
吉林市	13.26	−4.20	10.43	−3.41	2.80	−0.76
四平市	8.78	−3.47	8.09	−2.92	0.77	−0.62
辽源市	2.83	−0.70	2.70	−0.59	0.16	−0.14
通化市	6.98	−2.13	7.37	−1.85	−0.26	−0.42
白山市	0.13	−0.16	0.13	−0.14	0.00	−0.03
松原市	21.71	−5.62	21.27	−4.76	0.72	−1.13
白城市	29.44	−4.92	32.21	−4.35	−2.12	−1.22
延边市	2.35	−1.61	3.22	−1.44	−0.77	−0.28
哈尔滨市	36.66	−9.58	43.19	−9.40	−5.90	−0.81
齐齐哈尔市	49.70	−9.57	49.81	−8.99	0.17	−0.86
鸡西市	25.36	−6.95	25.75	−6.55	−0.23	−0.56
鹤岗市	14.02	−2.82	14.41	−2.67	−0.29	−0.25

（续表）

地区	2003—2017 年		2003—2015 年		2015—2017 年	
	需水强度	用水效率	需水强度	用水效率	需水强度	用水效率
双鸭山市	34. 19	−8. 18	30. 71	−7. 46	3. 43	−0. 68
大庆市	12. 94	−2. 57	13. 45	−2. 44	−0. 41	−0. 23
伊春市	3. 85	−0. 98	4. 28	−0. 94	−0. 38	−0. 08
佳木斯市	65. 77	−9. 77	69. 36	−9. 36	−2. 99	−1. 00
七台河市	3. 02	−0. 66	3. 00	−0. 62	0. 03	−0. 06
牡丹江市	5. 40	−1. 80	6. 77	−1. 77	−1. 25	−0. 14
黑河市	17. 00	−4. 84	22. 06	−4. 86	−4. 63	−0. 41
绥化市	32. 29	−8. 42	35. 50	−8. 11	−2. 81	−0. 70
大兴安岭	1. 24	−0. 28	1. 65	−0. 28	−0. 38	−0. 02

（六）粮食作物需水强度主要影响因素

分别计算各阶段各类粮食作物生产变化在粮食作物需水强度变化幅度中的平均贡献率，如图 7-8 所示。2003—2017 年平均贡献率依次为水稻 41. 72%、玉米 36. 16%、大豆 13. 62%、杂粮 8. 61%、小麦 1. 02%；2003—2015 年平均贡献率依次为玉米 42. 25%、水稻 36. 42%、大豆 12. 32%、杂粮 9. 38%、小麦 0. 71%；2015—2017 年平均贡献率依次为水稻 35. 96%、玉米 35. 15%、大豆 15. 62%、杂粮 14. 70%、小麦 1. 38%。各时期玉米和水稻生产变化在粮食作物需水强度变化幅度中的贡献作用均强于大豆、小麦、杂粮，在种植结构调整期，大豆和杂粮贡献作用相较粮食增产期有所增强，玉米贡献率有所减弱。

从空间分布看，影响各地市粮食作物需水强度的主要因素中，以水稻居多，其次为玉米。2003—2015 年，单一类别粮食作物生产变化在粮食作物需水强度变化幅度中的贡献率超过 50%的地市，水稻有 12 个，其中，黑龙江省 7 个、吉林省 3 个；玉米有 13 个，

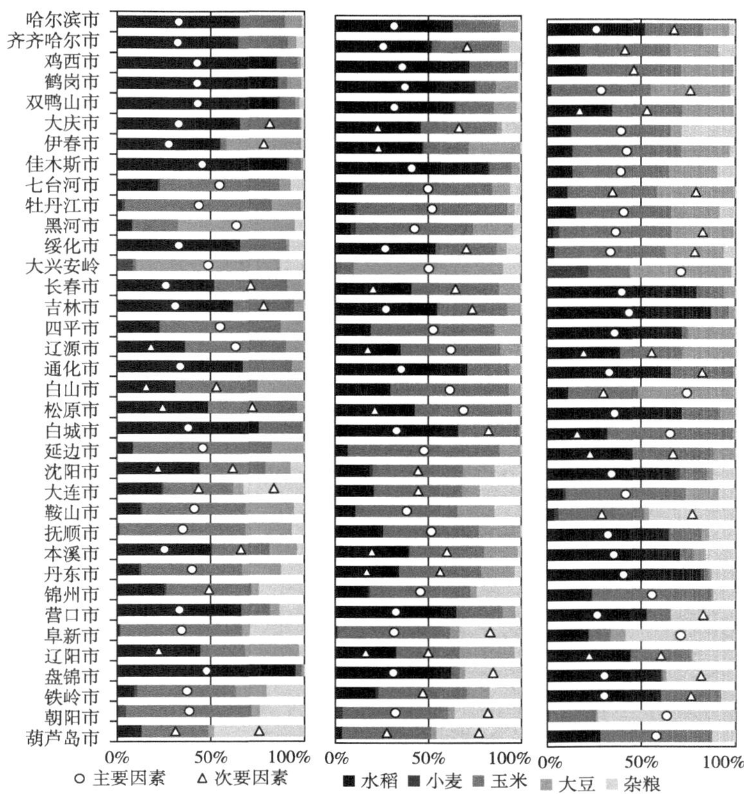

图 7-8　粮食作物需水强度变化的主要因素与次要因素

Fig. 7-8　Distribution of main factors and secondary factors in water demand for grain irrigation

其中，辽宁省 5 个、吉林省 5 个；大豆有 1 个，为大兴安岭地区。2015—2017 年，单一类别粮食作物生产变化在粮食作物需水强度变化幅度中的贡献率超过 50%的地市，水稻有 13 个，其中，辽宁省 7 个、吉林省 5 个；玉米有 11 个，其中，黑龙江省 7 个、辽宁省 3 个；大豆有 2 个，为白山和大兴安岭；为杂粮有 2 个，均位于辽宁省阜新和朝阳。从长期来看，2003—2017 年单一类别粮食作物生产变化在粮食作物需水强度变化幅度中的贡献率超过 50%的地市，水稻有 16 个，其中，黑龙江省 9 个、吉林省 4 个、辽宁省有 3 个；玉米有 11 个，其中，辽宁省 6 个、吉林省有 3 个、黑龙江省 2 个；大豆有 2 个，为大兴安岭和黑河。

影响各地市粮食作物需水强度的次要因素中，以玉米居多，其次为水稻。2003—2017 年，单一类别粮食作物生产变化在粮食作物需水强度变化幅度中的贡献率介于 30%~50%的地市，玉米有 10 个，其中，吉林省有 4 个、辽宁省有 5 个；水稻有 5 个，其中，辽宁省有 2 个、吉林省有 3 个；杂粮有 2 个，为葫芦岛和大连；大豆有 1 个，为伊春。2003—2015 年，单一类别粮食作物生产变化在粮食作物需水强度变化幅度中的贡献率介于 30%~50%的地市，玉米有 13 个，其中，辽宁省有 7 个、吉林省和黑龙江省各 3 个；水稻有 8 个，其中，吉林省和辽宁省各 3 个；杂粮有 4 个，为阜新、盘锦、朝阳和葫芦岛。2015—2017 年，单一类别粮食作物生产变化在粮食作物需水强度变化幅度中的贡献率介于 30%~50%的地市，玉米有 12 个，其中，黑龙江省有 5 个、吉林省有 4 个、辽宁省有 3 个；水稻有 5 个，其中，吉林省有 3 个、黑龙江省和辽宁省各 1 个；大豆有 4 个，均位于黑龙江省；杂粮有 3 个，均位于辽宁省。

三、章节小结

粮食生产是耗水大户，面对东北地区大部分地区水资源处于过度开发状态，灌溉用水快速增长，水资源极度短缺问题，优化有限灌溉水资源在粮食内部结构的结构和空间布局，对于实现东北地区粮食生产和水资源的长期保障具有重要作用。本章估算了 1990 年以来的粮食作物综合灌溉定额和粮食作物灌溉需水量，分析其时空变化和影响因素，并量化玉米、水稻、大豆、小麦、杂粮的作物结构变化对综合灌溉定额和灌溉需水量的影响。结果表明：

粮食综合灌溉定额和灌溉需水量年际变化增长趋势显著。1990—2017 年东北地区粮食作物综合灌溉定额和粮食灌溉需水量总体均呈增加态势，分别累积增加了 354.22m^3/hm^2 和 293.91 亿 m^3，表明东北地区粮食作物种植总体上表现为向耗水型的种植结构变化。从分省年际变化趋势看，黑龙江省和吉林省粮食综合灌溉定额和灌溉需水量均呈增加趋势，辽宁省综合灌溉定额有所下降，但灌溉需水量总体仍然增加。不同阶段变化情况显示，在 2003—2015 年粮食快速增长期间，综合灌溉定额和灌溉需水量也快速增长，在 2015—2017 年粮食结构调整期间，综合灌溉定额虽小幅度上升，但灌溉需水量均有所下降，其中，以黑龙江省下降趋势最明显。

东北地区粮食作物综合灌溉定额与灌溉需水量总体均呈现由“南部高、北部低”向“中西至东北高、北部及中东至南部低”演化的空间分布特征，高值区持续向松嫩平原和三江平原地区聚集。从多年变化看，47.2%的地市综合灌溉定额增加，主要分布在北部地区，其中位于三江平原的鸡西、双鸭山、鹤岗、佳木斯和位于松嫩平原的白城、大庆、齐齐哈尔、松原等地市为增幅高值区；有 52.8%的地市综合定额减少，主要分布在中西至南部，其中沈阳、抚顺、延边、阜新、鞍山、铁岭、葫芦岛、辽阳、朝阳、吉林、大连、本溪为减幅高值区。灌溉需水量增减变化与综合定额的空间变化相似，呈“北增南减”的空间变化格局。具体的看，有 77.8%的地市灌溉需水量增加，增幅高值区主要位于北部地区，有 22.2%的地市灌溉需水量减少，主要分布在辽东地区。

需水强度和用水效率对灌溉需水量的影响区域差异明显。从长期平均来看，77.8%的地市需水强度对灌溉需水量变化的正向贡献作用强于用水效率对灌溉需水量变化的负向贡献作用，使得粮食作物灌溉需水量增加。22.2%的地市需水强度对灌溉需水量变化的正向贡献作用弱于用水效率对灌溉需水量变化的负向贡献作用，使得粮食作物灌溉需水量减少。不同时期各地贡献变化较大，但总的来说，大部分区域需水强度对灌溉需水量的贡献为正值。

水稻和玉米生产变化对粮食综合灌溉定额和灌溉需水量变化影响较大。各时期水稻和玉米生产变化在粮食作物综合灌溉定额变化幅度中的平均贡献作用均强于大豆、小麦、杂粮，在种植结构调整期，大豆和杂粮贡献作用相较粮食增产期有所增强，玉米贡献率有所减弱。至于灌溉需水量，在粮食生产的不同阶段随着种植面积的变化各作物贡献作用差异显著，粮食快速增产期，贡献大小依次是水稻、玉米、杂粮、小麦和大豆，在结构调整期，贡献大小依次是玉米、大豆、水稻、杂粮和小麦。

第八章　水—耕地—粮食（WLF）关联研究

本章主要研究水资源、耕地与粮食生产的关联关系以及空间分布格局。首先，利用水土匹配系数分析区域水资源与耕地资源的匹配关系的空间分布及演化特征；其次，对4种情境下区域粮食生产可供利用水资源及耕地资源匹配状况与粮食生产对水资源需求和耕地资源利用状况的关联关系进行分析，评价水资源、耕地资源与粮食生产的适宜程度和满足程度；进而，剖析了水—耕地—粮食关联关系的影响因素。

一、水土资源匹配研究

目前，有关农业水土资源空间匹配的主要测算方法总体可分为两个方面：一是以单位耕地面积水资源量为计算模型进行水土资源匹配特征分析（农业水土匹配系数）；二是通过应用经济学的基尼系数来研究各区域水土资源之间的均衡状况。

基尼系数能够反映区域水土资源均衡程度的总体状态，但对各空间单元自身水土匹配优劣状况和区域水土资源匹配空间演化的判别能力不足。农业水土匹配系数能够反映特定区域农业生产可供的水资源和耕地资源时空适宜匹配的量比关系，是基于单位耕地面积水资源量研究区域水土资源匹配特征应用最广泛的分析模型。然而，众多研究在关于农业生产可供的水资源量的计算存在较大差异，既有将水资源总量或水资源量直接作为农业生产可供的水资源量的，也有将水资源总量中农业用水比例或水资源可利用量中农业用水比例作为农业生产可供的水资源量的，还有将用水总量中农业用水占比或用水总量中灌溉用水占比等作为农业生产可供的水资源量的。

归纳来看，主要分为两大类，一是基于区域水资源本底状况的农业可利用水资源量，二是基于区域水资源利用状况的农业可利用水资源量。由于区域水资源总量中用于维持生态环境的地表水资源和不可开采的地下水资源不宜开发利用，因而基于区域水资源本底状况计算农业可利用水资源量时，不宜以水资源总量为基数进行测算，应在统筹考虑生活、生产和生态环境用水的基础上，以水资源可利用量为基数测算农业生产可利用水资源量。由于研究区域内不同地区可能存在水资源过度开发利用或水资源开发利用程度偏低的状况，因而基于区域水资源利用状况计算农业可利用水资源量时，不宜直接以用水总量为基数进行测算，应参照区域水量分配和用水总量控制指标测算农业生产可利用水资源量。

为探究东北地区粮食生产水土资源匹配状况，采用基于区域水资源本底的水土资源匹配和基于用水总量控制的水土资源匹配，两个视角来进行研究，其计算方法如下。

一是，利用区域可利用水资源量（W_{AT}）中灌溉可利用水资源量（W_{AI}），计算基于区域水资源自然本底的水土资源匹配系数（R_{AI}），以消除区域间水量分配和过境水利用的影响，直观反映区域自然本底状况下的粮食生产可利用水资源与耕地资源的匹配状态。R_{AI} 计算公式为：

$$R_{AI} = \frac{W_{AI}}{L_F} \tag{8-1}$$

式中，区域可利用水资源量中灌溉可利用水资源量 W_{AI} 计算，公式为：

$$W_{AI} = \begin{cases} W_{AT} \cdot P_I \ W_{AT} < W_{UT} \\ W_{AT} - W_{UT}(1 - P_I) \ W_{AT} \geq W_{UT} \end{cases} \tag{8-2}$$

式中，W_{AT} 为区域可利用水资源量，万 m^3；P_I 为灌溉用水在区域用水总量中的占比；W_{UT} 为区域用水总量，万 m^3。

粮食生产可利用耕地面积 L_F 计算公式如下，

$$L_F = \frac{L_C \times L_A}{(L_C + L_O)},\ L_C = \frac{A_C}{C_C},\ L_O = \frac{A_O}{C_O} \tag{8-3}$$

式中，L_F 为粮食生产可利用耕地面积，万 hm^2；L_C 为粮食生产实际利用耕地面积，万 hm^2；L_o 为非粮作物种植实际利用耕地面积，万 hm^2；A_C 粮食作物播种面积，万 hm^2；C_C 粮食作物熟制，东北地区为一年一熟，故取值为 1；A_O 非粮作物播种面积；C_O 非粮作物熟制，东北地区部分设施类和露地叶菜类蔬菜熟制为一年多熟，但其种植规模小，其他非粮作物为一年一熟，故取值为 1；L_A 为区域耕地总面积，万 hm^2。

二是，利用区域用水总量控制指标（W_{UTI}）中灌溉可利用水资源量（W_{UI}），计算基于区域用水总量控制的水土资源匹配系数（R_{UI}），以破除区域水资源自然本底条件的限制，有效反映在水量分配和水资源总量控制情况下区域的粮食生产水资源量与耕地资源的匹配状态。R_{UI} 计算公式为：

$$R_{UI} = \frac{W_{UI}}{L_F} \tag{8-4}$$

式中，区域用水总量控制指标中灌溉可利用水资源量 W_{UI} 计算公式为：

$$W_{UI} = W_{UTI} \cdot P_I \tag{8-5}$$

式中，W_{UTI} 为区域用水总量控制指标，万 m^3；P_I 为灌溉用水在区域用水总量中的占比。

（一）基于区域水资源自然本底的水土资源匹配变化

研究利用区域可利用水资源量中可利用灌溉水量（W_{AI}），计算水土资源匹配系数（R_{AI}），以分析区域自然本底状况下的水资源量与耕地资源的匹配状态，结果如图 8-1 所示。从 R_{AI} 的时空分布情况来看，2003—2017 年，东北地区水土资源匹配系数 R_{AI} 的高值区主要有大兴安岭、白山、本溪、丹东、延边、伊春、抚顺等地市，R_{AI} 的次高值区主要有通化、鞍山、牡丹江、辽阳、营口、鹤岗、吉林等地市，R_{AI} 的高值区和次高值区主要分布在由西北部东中部的大小兴安岭和由东中部至东南部的长白山脉的山地丘陵地区。R_{AI} 的低值区主要有齐齐哈尔、大庆、松原、长春、佳木斯、绥化、四平、阜新、白城、朝阳、七台河等地市，次低值区主要有双鸭山、鸡西、辽源、盘锦、沈阳、锦州、大连等地市，R_{AI} 的低值区和次低值区主要分布在西部的松嫩平原、辽河平原及辽西丘陵地区以及东北部的三江平原地区。从 R_{AI} 的时空演化情况来看，与 2003 年相比，2017 年东北地区有 19 个地市的 R_{AI} 出现减少，其中，丹东、延边、大兴安岭、大连、本溪、通化、鞍山、葫芦岛、朝阳、铁岭、锦州等地市的减幅较大，主要位于辽宁省境内；有 17 个地市的 R_{AI} 出现增加，其中伊春、白山、抚顺、吉林、牡丹江、鹤岗、营口、辽阳、哈尔滨、黑河、双鸭山等地市的增幅较大，主要分布在中东部及东北部地区，系数值介于 0.5~87.5。总体来看，R_{AI} 的空间分布及演化具有“东多西少，南减北增”的特征。

（二）基于区域用水总量控制指标的水土资源匹配变化

研究利用区域用水总量控制指标中可利用灌溉水量，计算水土资源匹配系数 R_{UI}，分析在水量分配和水资源总量控制情况下区域的水资源量与耕地资源的匹配状态，结果如图 8-2 所示。2003—2017 年，东北地区水土资源匹配系数 R_{UI} 的高值区主要有盘锦、营口、辽阳等地市，次高值区主要有丹东、鸡西、鹤岗、佳木斯、大庆、哈尔滨、鞍山、沈阳、抚顺等地市，R_{UI} 的高值区和次高值区主要分布在南部和东北部地区。R_{UI} 的低值区主要有白山、黑河、大兴安岭、四平、阜新、辽源、朝阳等地市，次低值区主要有葫芦岛、七台河、牡丹江、长春、绥化、大连、锦州、铁岭、松原、齐齐哈尔、伊春、延边、吉林等地市，R_{UI} 的低值区和次低值区分布

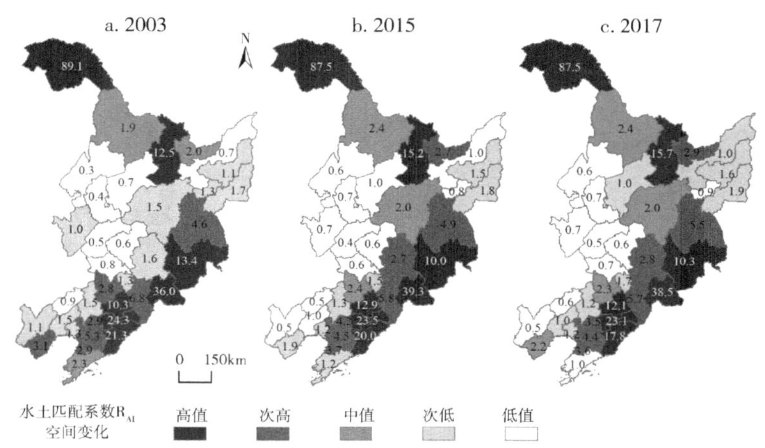

图 8-1　基于水资源自然本底的水土资源匹配空间分布（$10^3m^3/hm^2$）

Fig. 8-1　Spatial distribution of cultivated land and water resources matching based on natural background of water resources（$10^3m^3/hm^2$）

范围较广，包括辽宁省西部、吉林省大部、黑龙江省西北部及东南部地区。从 R_{UI} 的时空演化情况来看，与 2003 年相比，2017 年东北地区有 21 个地市的 R_{UI} 出现减少，其中，盘锦、丹东、白山、白城、铁岭、延边、抚顺、七台河、沈阳、通化、本溪、鞍山、葫芦岛、大连等地市的减幅较大，有 15 个地市的 R_{UI} 出现增加，其中，佳木斯、鹤岗、大庆、辽阳、吉林、齐齐哈尔、大兴安岭等地市的增幅较大，系数值介于 0.4~7.7。总体来看，R_{UI} 的空间分布及演化具有“南部及东北多、大部地区少，中部及南部减少，北部地区增加”的特征。

水土资源匹配系数能够表征区域农业生产所拥有的水资源与耕地资源在时空上匹配的量比关系，旨在揭示一定区域尺度水资源和耕地资源时空分配的均衡状况与满足程度。以往研究多认为，水土资源匹配系数越高，区域水土资源匹配程度就越高，农业生产的基础条件就越优越。若照此标准，则大兴安岭、白山等

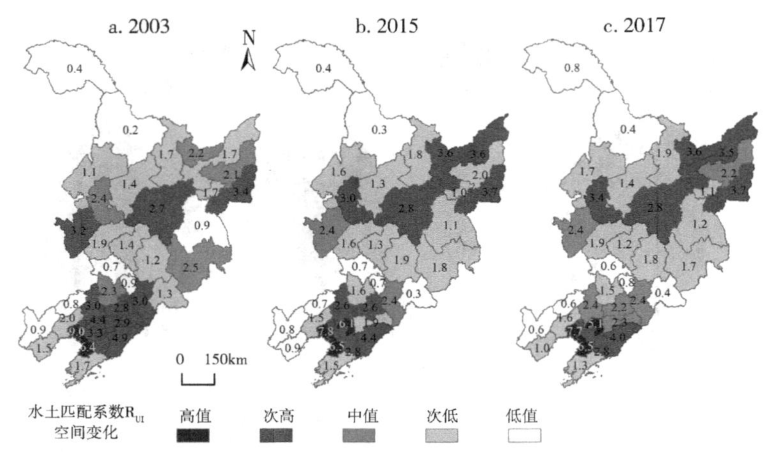

图 8-2 基于区域用水总量控制指标的水土资源匹配空间分布（$10^3m^3/hm^2$）

Fig. 8-2 Spatial distribution of land and water resources matching based on total water consumption control index（$10^3m^3/hm^2$）

地市将成为东北地区水土匹配状况最优的区域，而上述地区水土资源匹配系数奇高的原因是耕地资源严重稀缺，而水资源极大丰富，实应为水土资源严重的不匹配，显然采用“若水土匹配系数越高，则水土资源均衡程度越优”标准进行评价的结果与实际情况相悖。可见，区域粮食生产所拥有的水土资源匹配程度的优劣，不宜简单采用“若高则优”的标准来评价。研究认为，应以区域粮食生产所拥有的水资源和耕地资源的匹配状况，与当前粮食生产结构对水资源和耕地资源的利用状况的适应程度和满足程度如何标准来进行评价。

二、水—耕地—粮食关联关系研究

研究建立了水—耕地—粮食关联系数模型，以揭示区域粮食生产可供利用水资源及耕地资源匹配状况与粮食生产对水资源需求和耕地资源利用状况的关联关系，评价水资源、耕地资源与粮食生产的适宜程度和满足程度。水—耕地—粮食关联系数为粮食生产可利用水资源量和可利用耕地面积之比与粮食生产所需灌溉用水量与所利用耕地面积之比的比值。其计算公式如下：

$$WLF = \frac{W}{L} / \frac{\sum_{i=1}^{5} m_i \cdot A_i}{\left(\sum_{i=1}^{5} A_i / C_i\right) \cdot \eta} = \frac{W}{L} / \frac{M}{\eta} \tag{8-6}$$

式中，*WLF* 为水—耕地—粮食关联系数；*W* 为区域粮食生产可利用水资源量，万 m^3；*L* 为区域粮食生产可用于耕地面积，万 hm^2；η 为区域灌溉水有效利用系数；m_i 为区域粮食作物 i 的灌溉定额，m^3/hm^2；A_i 为区域粮食作物 i 的播种面积；C_i 为区域粮食作物 i 的熟制；东北地区粮食作物为一年一熟，故取值为 1；*M* 为区域粮食作物综合灌溉定额，m^3/hm^2。

当 *WLF* 介于 0.75～1.25，表明区域粮食生产可利用的灌溉水量和耕地资源的匹配状况基本能够满足当前耕地利用规模下粮食生产结构的灌溉用水需求，水—耕地—粮食关联关系处于平衡状态。*WLF* > 1.25，表明区域粮食生产可利用的灌溉水量和耕地资源的匹配状况，在满足当前耕地利用规模下粮食生产结构的灌溉用水需求的情况下仍有余水可用，处于水资源相对充足，而用于粮食生产的耕地资源相对短缺的状态；*WLF* < 0.75，表明区域粮食生产可利用的灌溉水量和耕地资源的匹配状况，不能够满足当前耕地利用规模下粮食生产结构的灌溉用水需求量，部分耕地面积上的粮食作物缺乏灌溉水，处于水资源相对稀缺，而用于粮食生产的耕地资源相对充足的状况（表 8-1）。

表 8-1　水—耕地—粮食关联系数（*WLF*）分区及等级

Table 8-1　Partition and classification of coefficients of water-land-food（*WLF*）nexus

分区	水资源短缺区			平衡区	耕地资源短缺区		
等级	重度	中度	轻度		轻度	中度	重度
WLF	<0.3	[0.3, 0.5)	[0.5, 0.75)	[0.75, 1.25]	(1.25, 1.5]	(1.5, 1.7]	>1.7

从区域水资源自然本底状况出发，在不考虑区域间水量分配和过境水利用的情况下，仅依靠区域水资源可利用量中粮食生产可利用水资源量与耕地利用总体状况的匹配程度，能否满足当前耕地利用规模下粮食生产灌溉水需求，值得探讨。此外，为合理配置水资源，维系良好生态环境，实现水资源可持续利用，保障流域经济社会可持续发展，相关部门对东北三省区制定了水量分配方案和用水总量指标，东北三省区在此基础上对所属地市制定了相应的水量分配方案和用水总量指标，各地市须按照用水总量控制指标合理安排本区域的粮食生产灌溉用水量。因此，在考虑区域水量分配和用水总量控制的情况下，依靠区域用水总量指标中粮食生产可利用水资源量与耕地利用总体状况的匹配程度，能否满足区域当前耕地利用规模下的粮食生产对灌溉水资源需求，同样值得进一步探讨。在现实粮食生产中，受农田水利条件限制，并非全部耕地上的粮食作物都可以实现有效灌溉，仅在具备灌溉条件的耕地上的粮食作物才能得到有效灌溉。因此，关于在依靠区域水资源自然本底情况下和依靠区域用水总量控制的情况下，粮食生产可利用水资源量与灌溉耕地状况的匹配程度，能否满足当前灌溉耕地上粮食生产灌溉水需求，也值得进一步研究。基于此，研究采用以下 4 种情境分析东北地区水—耕地—粮食关联关系（表 8-2）。

情境一，基于区域水资源可利用量中粮食生产可利用水资源量与可利用耕地资源匹配状况和粮食生产水土资源利用状况的关联关系，侧重于分析区域水资源自然本底与耕地利用总体状况、当前粮食生产水资源需求以及耕地资源利用状况的适宜程度和满足程度。

情境二，基于区域用水总量控制指标中粮食生产可利用水资源量与可利用耕地资源匹配状况和粮食生产水土资源利用状况的关联关系，侧重于分析区域水量分配和用水总量控制情况下的灌溉用水量与耕地利用总体状况、当前粮食生产水资源需求和耕地资源利用状况的适宜程度和满足程度。

情境三，基于区域水资源可利用量中粮食生产可利用水资源量与灌溉耕地资源匹配状况和灌溉耕地上粮食生产水土资源利用状况的关联关系，侧重于分析区域水资源自然本底与灌溉耕地利用状况和当前灌溉耕地上粮食生产水资源需求、耕地资源利用状况的适宜程度和满足程度。

情境四，基于区域用水总量控制指标中粮食生产可利用水资源量与灌溉耕地资源匹配状况和和灌溉耕地上粮食生产水土资源利用状况的关联关系，侧重于分析区域水量分配和用水总量控制情况下的灌溉用水量与灌溉耕地利用状况、当前灌溉耕地上粮食生产水资源需求和耕地资源利用状况的适宜程度和满足程度。

表 8-2　4 种情境水—耕地—粮食关联系数的计算方法

Table 8-2　Calculation methods of coefficients of water-land-food nexus in four situation

情境	计算公式	变量含义
情境一 $W_{AI}\,L_F\,F_A$	$W_{AI}\,L_F\,F_A = \frac{W_{AI}}{L_F}/\frac{M_A}{\eta}$	W_{AI} 为水资源可利用量中粮食生产可利用水资源量；L_F 为粮食生产可利用耕地资源量；M_A 为粮食作物综合灌溉定额；η 为灌溉水有效利用系数
情境二 $W_{UI}\,L_F\,F_A$	$W_{UI}\,L_F\,F_A = \frac{W_{UI}}{L_F}/\frac{M_A}{\eta}$	W_{UI} 为用水总量控制指标中粮食生产可利用水资源量；L_F 为粮食生产可利用耕地资源量；M_A 为粮食作物综合灌溉定额；η 为灌溉水有效利用系数

（续表）

情境	计算公式	变量含义
情境三 $W_{AI}L_IF_I$	$W_{AI}L_IF_I=\frac{W_{AI}}{L_I}/\frac{M_I}{\eta}$	W_{AI} 为水资源可利用量中粮食生产可利用水资源量；L_I 为粮食生产可利用灌溉耕地资源量；M_I 为灌溉耕地上粮食作物综合灌溉定额；η 为灌溉水有效利用系数
情境四 $W_{UI}L_IF_I$	$W_{UI}L_IF_I=\frac{W_{UI}}{L_I}/\frac{M_I}{\eta}$	W_{UI} 为用水总量控制指标中粮食生产可利用水资源量；L_I 为粮食生产可利用灌溉耕地资源量；M_I 为灌溉耕地上粮食作物综合灌溉定额；η 为灌溉水有效利用系数

（一）不同情境下水—耕地—粮食关联关系时空变化

1. 情境一的水—耕地—粮食关联系数 $W_{AI}L_FF_A$ 时空变化

研究基于区域可利用水资源量中粮食生产可利用水资源量 W_{AI} 和粮食生产可利用耕地面积 L_F 以及粮食综合灌溉定额 M_A，计算水—耕地—粮食关联系数 $W_{AI}L_FF_A$，以分析区域水资源本底及耕地总体状况与粮食生产水土资源利用关联关系。结果如图 8-3 所示，2003—2017 年，东北地区年均约仅有 12.04%的地市的 $W_{AI}L_FF_A$ 介于 0.75~1.25，处于水—耕地—粮食关联平衡状态。62.04%的地市的 $W_{AI}L_FF_A$ 低于 0.75，处于缺水状态，其中中度及重度缺水的地市比例为 15.74%和 35.19%，地处松嫩平原的齐齐哈尔、大庆、松原、长春、绥化，白城、四平，地处三江平原的佳木斯、双鸭山、七台河、鸡西以及地处辽河平原及辽西地山丘陵地区的阜新、朝阳、锦州、沈阳、盘锦，各年的 $W_{AI}L_FF_A$ 均低于 0.5，处于缺水程度较高，此类区域水资源量自然本底状况不能满足当前的粮食利用耕地规模和粮食生产结构下的灌溉需水，有大面积耕地上的粮食作物的灌溉需求不能得到满足；33.33%的地市的 $W_{AI}L_FF_A$ 大于 1.25，处于缺地状态，重度缺地的地市比例为 25.93%，其中地处大小兴安岭、长白山等山地丘陵地区的大兴安岭、白山、本溪、伊春、延边、抚顺、丹东等地市均始终处于严重缺地状态，此类区域水资源量自然本底能够满足当前全部粮食作物灌溉定额需水量，但因粮食生产可利用耕地资源相对短缺，不能通过进一步增加粮食面积，来使大量余水被有效利用。总体来看，东北地区水—耕地—粮食关联处于平衡状态的地市很少，大多数地市，特别是地处三大平原的地市，可利用水资源自然本底和耕地资源的匹配状况与当前粮食生产结构对水资源需求和耕地资源利用状况的适应程度极差。

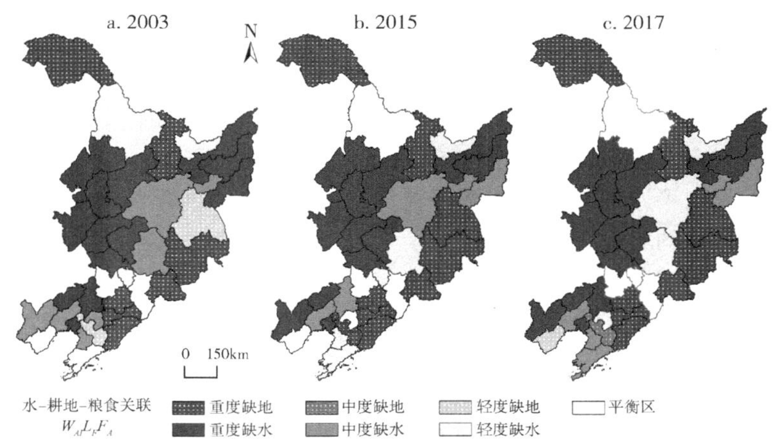

图 8-3 情境一的水—耕地—粮食关联系数 $W_{AI}\ L_F\ F_A$ 时空变化

Fig. 8-3 Spatial and temporal variation of the water-cultivated land-food correlation coefficient in situation 1

2. 情境二的水—耕地—粮食关联系数 $W_{UI}\ L_F\ F_A$ 时空变化

研究采用区域用水总量控制指标中粮食生产可利用水资源量 W_{UI} 与粮食生产可利用耕地面积 L_F 以及粮食综合灌溉定额 M_A，计算水—耕地—粮食关联系数 $W_{UI}\ L_F\ F_A$，以分析用水总量控制及耕地总体状况与粮食生产水土资源利用关联关系。结果如图 8-4 所示。2003—2017 年，东北地区平均有 17.59%的地市的 $W_{UI}\ L_F\ F_A$ 介于 0.75～1.25，处于水—耕地—粮食关联平衡状态，其中，2003 年、2015 年和 2017 年比例分别为 11.11%、19.44%和 22.22%。

2003年平衡区地市主要分布中西部和东南部，2015年和2017年其空间分布向东南部地区有所扩张，并形成了集中在东南部地区的分布格局。2003—2017年，东北地区平均有82.41%的地市的$W_{UI}L_F F_A$小于0.75，处于缺水状态，轻度、中度、重度比例分别为37.96%、29.63%、14.81%，以轻度和中度为主，重度比例较小。各年缺水区地市分布广泛，2003年主要分布在西南部、中部及北部，2015年和2017年东部地区缺水程度有所减轻，基本形成了东部程度较轻，西部程度较重的分布格局。情境二的水—耕地—粮食关联状况有所改善，17.59%的地市基本能够实现的平衡，37.96%的地市的不匹配程度较轻，与情境一相比，平衡区和轻度区的地市比例增多，而重度程度的地市比例大幅下降。同时，值得注意的是，松嫩平原大部、三江平原南部、辽河平原中西部的地区仍处于持续缺水的状态。

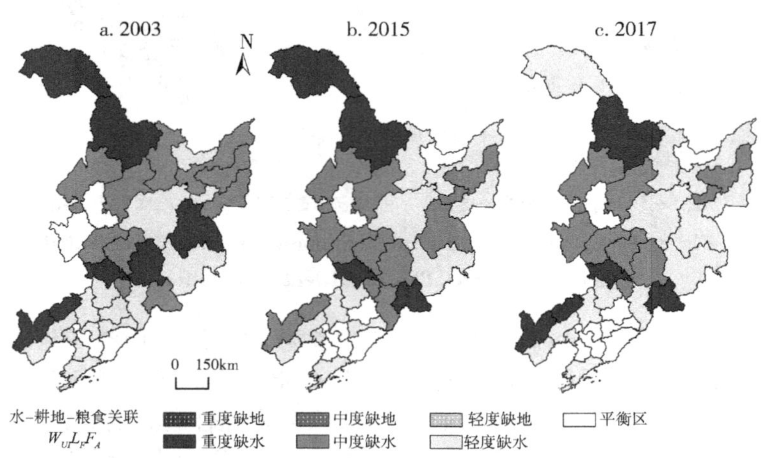

图8-4　情境二的水—耕地—粮食关联系数$W_{UI}L_F F_A$时空变化

Fig. 8-4　Spatial and temporal variation of the water-cultivated land-food correlation coefficient in situation 2

3. 情境三的水—耕地—粮食关联系数 $W_{AI} L_I F_I$ 时空变化

研究在利用水稻种植面积和需水量以及灌溉旱地粮食种植面积和需水量计算得到灌溉耕地上粮食综合灌溉定额 M_I 的基础上，利用区域灌溉可利用水资源量 W_{AI} 、粮食生产可利用灌溉耕地面积 L_I ，计算水—耕地—粮食关联系数 $W_{AI} L_I F_I$ ，以水资源本底及灌溉耕地状况与粮食生产水土资源利用关联关系。结果如图 8-5 所示，2003—2017 年，东北地区平均约仅有不到 10%的地市的 $W_{AI} L_I F_I$ 介于 0.75~1.25，处于水—耕地—粮食关联平衡状态，与 $W_{AI} L_F F_A$ 的比例基本相同。2003—2017 年，东北地区平均有 47.22%的地市的 $W_{AI} L_I F_I$ 大于 1.25，处于缺地状态，重度缺地的地市比例为 39.81%，其中鞍山、白山、本溪、大兴安岭、丹东、抚顺、黑河、葫芦岛、辽源、牡丹江、铁岭、通化、延边、伊春等地市 $W_{AI} L_I F_I$ 始终均高于 1.7，常年处于重度缺地状态。与 $W_{AI} L_F F_A$ 相比，东北地区各地市缺地程度有所加重，特别是重度缺地的地市比例出现大

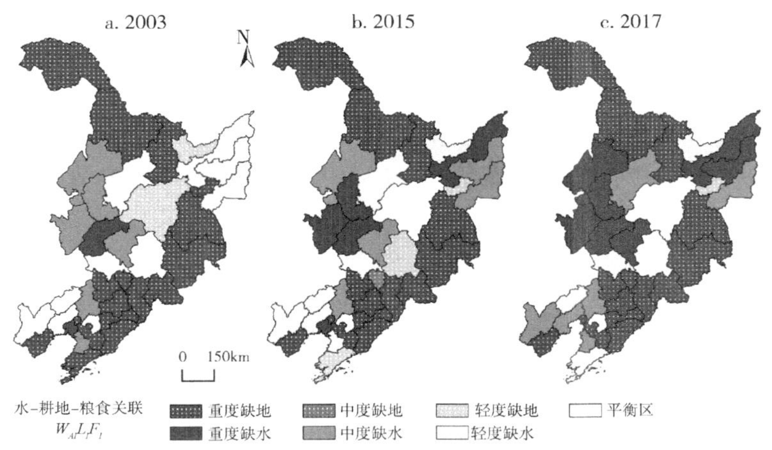

图 8-5　情境三的水—耕地—粮食关联系数 $W_{AI} L_I F_I$ 时空变化

Fig. 8-5　Spatial and temporal variation of the water-cultivated land-food correlation coefficient in situation 3

幅增加，并且其空间分布在原主要分布在大小兴安岭、长白山等山地丘陵地区的基础上向辽宁中部及南部有所拓展，在有限的灌溉耕地条件下，这些地市的缺地程度进一步加重。2003—2017 年，东北地区平均有 43. 52%的地市的 $W_{AI}L_IF_I$ 小于 0. 75，处于缺水状态，其中，中度及重度缺水的比例为 14. 84%和 12. 04%，分布在三江平原的鸡西、佳木斯、双鸭山，松嫩平原的白城、大庆、齐齐哈尔、松原、长春，辽河平原的盘锦、沈阳等地市的 $W_{AI}L_IF_I$ 均持续处于缺水状态，且常年缺水程度较大。与情境一相比，中度缺水地市的比例有小幅下降，严重缺水地市的比例出现大幅下降，东北地区各地市缺水程度有所减轻，但处于平原地区的地市，特别是处于三江平原和松嫩平原的地市缺水程度仍较大，平原地区水资源自然本底仍不能满足灌溉耕地上粮食灌溉需水。

4. 情境四的水—耕地—粮食关联系数 $W_{UI}L_IF_I$ 时空变化

研究采用区域粮食灌溉用水量 W_{UI}、粮食生产可利用灌溉耕地面积 L_I 及灌溉耕地上粮食综合灌溉定额 M_I，计算水—耕地—粮食关联系数 $W_{UI}L_IF_I$ 值，以分析用水总量控制及灌溉耕地状况与粮食生产水土资源利用关联关系，结果如图 8-6 所示。2003—2017 年，东北地区平均有 37. 04%的地市的 $W_{UI}L_IF_I$ 介于 0. 75~1. 25，处于水—耕地—粮食关联平衡状态。2003 年平衡区地市主要分布在东北地区的南部、中西部及东北部地区，至 2015 年其空间分布向北部及东北部地区有所拓展，而南部和中西部分布有所缩减，至 2017 年其空间分布在西北部和东南部进一步拓展，形成了主要分布在北部、中东部地区的空间格局。2003—2017 年，东北地区平均有 18. 52%的地市的 $W_{UI}L_IF_I$ 小于 0. 75，处于缺水状态，轻度比例为 16. 67%，以轻度为主。2003 年缺水地市主要分布在吉林省中部、辽宁省南部地区，2015 年缺水地市空间分布在辽宁省南部缩减，在吉林省西部有所扩张，2017 年其空间分布在辽宁省西至中南部地区有所扩张，形成了主要分布在东北地区中西部及西南部的空间格局。2003—2017 年，东北地区平均有 44. 44%的地市的 W_{UI}

L_I F_I 大于 1.25，处于缺地状态，轻度、中度、重度比例分别为 18.52%、5.56%、20.37%。2003 年缺地区主要分布在北部和中东部地区，2015 年和 2017 年其空间分布在北部地区大幅减少，逐渐变为主要分布在北部大兴安岭地区、中东至南部的长白山地区和辽东半岛地区的空间格局。

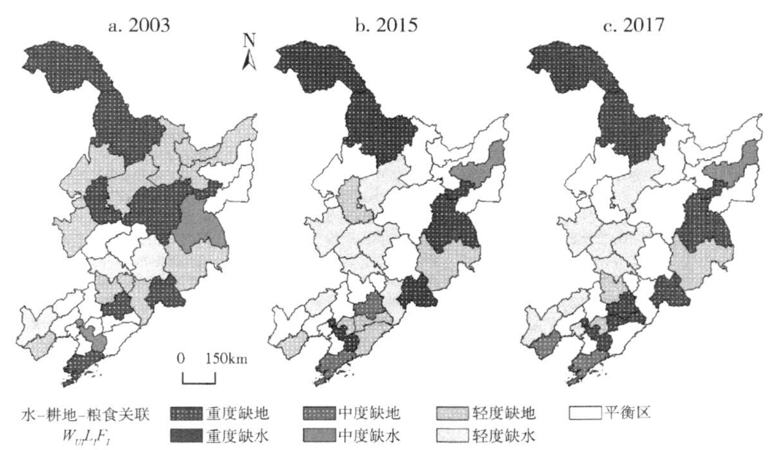

图 8-6　情境四的水—耕地—粮食关联系数 W_{UI} L_I F_I 时空变化

Fig. 8-6　Spatial and temporal variation of the water-cultivated land-food correlation coefficient in situation 4

（二）不同情境下水—耕地—粮食关联关系变化影响因素

1. 情境一的水—耕地—粮食关联系数变化 ΔW_{AI} L_F F_A 影响因素

情境一的水—耕地—粮食关联系数变化 ΔW_{AI} L_F F_A，受到可利用水资源量 ΔW_{AI}、可利用耕地资源 ΔL_F、灌溉水有效利用系数 $\Delta\eta$、综合灌溉定额 ΔM 等因素变化的直接影响，各因素的影响作用结果如图 8-7 所示。2003—2017 年，各地市水资源、耕地资源、有效利用系数、综合定额等因素变化对 ΔW_{AI} L_F F_A 的平均贡献率分

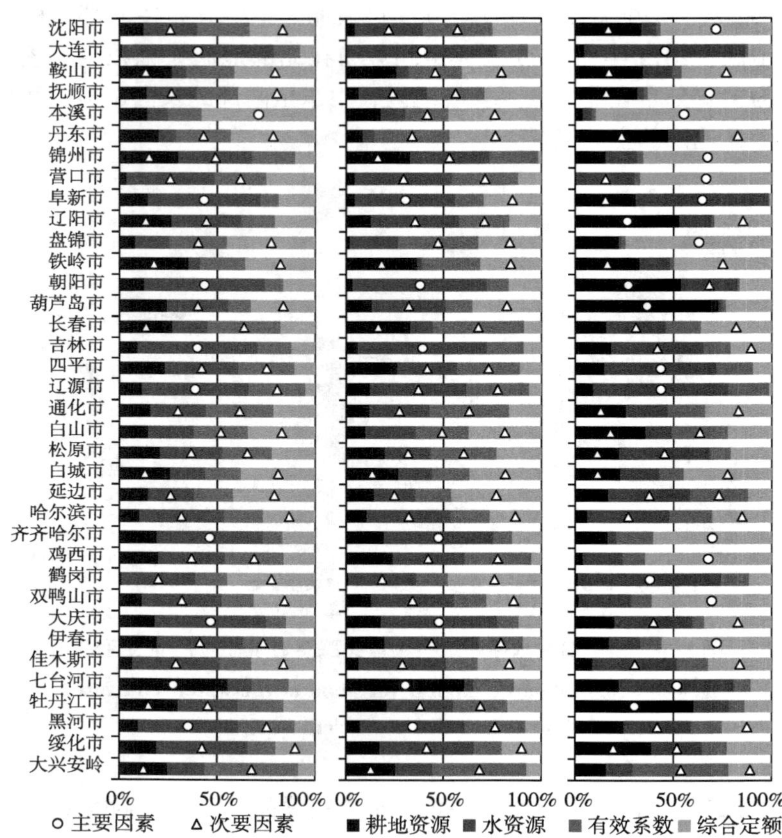

图 8-7　情境一的水—耕地—粮食关联系数变化 $\Delta W_{AI} L_F F_A$ 影响因素

Fig. 8-7　Influence factors of water-cultivatedland-food correlation coefficient variation in situation 1

别为 35.00%、18.13%、21.92%、24.95%，单一因素对 $\Delta W_{AI} L_F F_A$ 贡献率超过 50%的地市有 10 个，其中，水资源占 8 个，单一因素对 $\Delta W_{AI} L_F F_A$ 贡献率介于 30%～50%的地市中，水资源有 14 个、

综合定额有 13 个。2003—2015 年，水资源、耕地资源、有效利用系数、综合定额等因素变化对各地市 $\Delta W_{AI} L_F F_A$ 的平均贡献率分别为 36.09%、15.98%、25.60%、22.33%，单一因素对 $\Delta W_{AI} L_F F_A$ 贡献率超过 50%的地市有 8 个，其中水资源占 7 个，单一因素对 $\Delta W_{AI} L_F F_A$ 贡献率介于 30%～50%的地市中，水资源有 17 个、有效利用系数有 12 个、综合定额有 11 个。2015—2017 年，水资源量、耕地资源、有效利用系数、综合定额等因素变化对 $\Delta W_{AI} L_F F_A$ 的贡献率分别为 29.61%、23.83%、11.23%、35.32%，单一因素对 $\Delta W_{AI} L_F F_A$ 贡献率超过 50%的地市中，水资源 6 个，耕地资源有 4 个，综合定额有 10 个，单一因素对 $\Delta W_{AI} L_F F_A$ 贡献率介于 30%～50%的地市中，水资源有 8 个、耕地资源有 8 个、综合定额有 9 个。总体来看，2003—2017 年对水—耕地—粮食关联系数变化影响作用最大为水资源因素，其次为综合定额和有效利用系数，其中，有效利用系数在 2003—2015 年经长期积累能够发挥较大影响作用，但在 2015—2017 年短期过程中影响作用较小，而综合定额在长期和短期过程中都具有较大影响作用，特别是在 2015—2017 年短期过程中的影响作用在各因素中居首位。

2. 情境二的水—耕地—粮食关联系数变化 $\Delta W_{UI} L_F F_A$ 影响因素

情境二的水—耕地—粮食关联系数变化 $\Delta W_{UI} L_F F_A$ ，受到可利用水资源量 ΔW_{UI} 、可利用耕地资源 ΔL_F 、灌溉水有效利用系数 $\Delta\eta$ 、综合灌溉定额 ΔM 等因的直接影响。2003—2017 年，各地市水资源、耕地资源、有效利用系数、综合定额变化对 $\Delta W_{UI} L_F F_A$ 的平均贡献率分别为 33.96%、18.84%、21.95%、25.25%，单一因素贡献率超过 50%的地市有 8 个，其中，水资源占 7 个，单一因素贡献率介于 30%～50%的地市中，水资源有 10 个、灌溉定额有 14 个。从不同时期变化情况来看（图 8-8），2003—2015 年，水资源、耕地资源、有效利用系数、综合定额变化对 $\Delta W_{UI} L_F F_A$ 的贡献率分别为 32.05%、17.22%、27.53%、23.20%，单一因素贡献率超过 50%的地市有 9 个，其中，水资源占 5 个，有效利用系数占 3

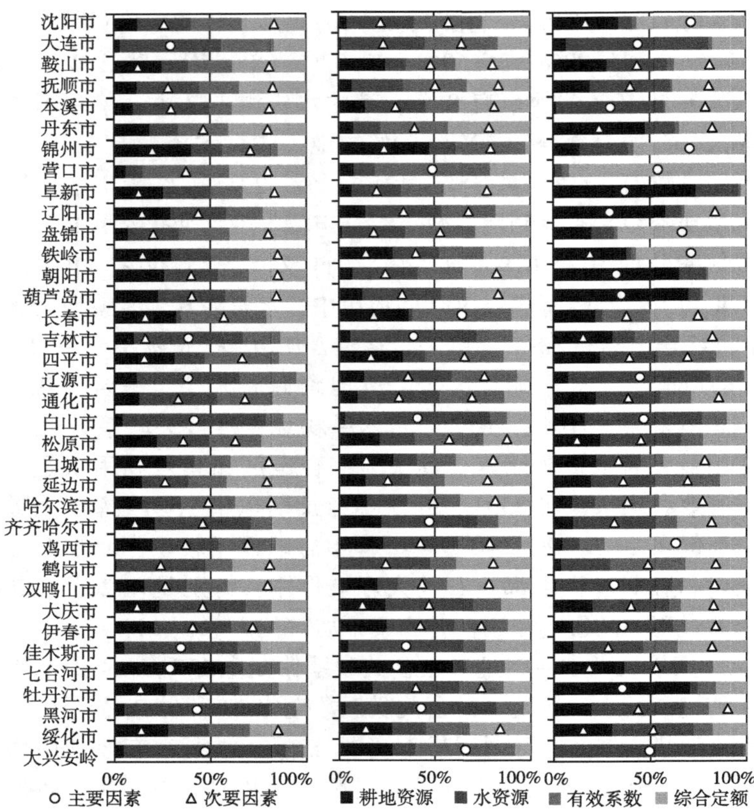

图 8-8　情境二的水—耕地—粮食关联系数变化 $\Delta W_{UI}\, L_F\, F_A$ 影响因素

Fig. 8-8　Influence factors of water-cultivated land-food correlation coefficient variation in situation 2

个，单一因素贡献率介于 30%～50%的地市中，水资源有 14 个、有效利用系数有 11 个、灌溉定额有 13 个。2015—2017 年，水资源、耕地资源、水有效利用系数、综合定额变化对 $\Delta W_{UI}\, L_F\, F_A$ 的贡献率分别为 31.45%、24.73%、10.82%、32.99%，单一因素贡献率超过50%的地市，水资源有7个，耕地资源有5个，综合定额6个；单一因素贡献率介于30%~50%的地市中，水资源有12个、灌溉定额有15个。总体来看，不同时期各因素变化对ΔW_{UI} L_F F_A影响作用与情境一类似，均以水资源因素影响作用最大，其次为综合定额和有效利用系数。

3. 情境三的水—耕地—粮食关联系数变化ΔW_{AI} L_I F_I影响因素

情境三的水—耕地—粮食关联系数变化ΔW_{AI} L_I F_I，受到可利用水资源量ΔW_{AI}、灌溉耕地资源ΔL_I、灌溉水有效利用系数Δη、灌溉定额ΔM_I等因素变化的直接影响（图8-9）。2003—2017年，各地市水资源、耕地资源、有效利用系数、灌溉定额对ΔW_{AI} L_I F_I的平均贡献率分别为23.96%、35.07%、15.36%、25.62%，单一因素贡献率超过50%的地市有17个，其中，耕地资源占11个、灌溉定额占4个，单一因素贡献率介于30%~50%的地市中，灌溉定额有11个、耕地资源有8个。2003—2015年，各地市水资源、耕地资源、有效利用系数、灌溉定额对ΔW_{AI} L_I F_I的平均贡献率分别为24.44%、35.64%、17.93%、21.99%，单一因素贡献率超过50%的地市有17个，其中，耕地资源占12个，灌溉定额占3个，单一因素贡献率介于30%~50%的地市中，水资源有11个、耕地资源有6个、有效利用系数有5个、灌溉定额有8个。2015—2017年，各地市水资源、耕地资源、有效利用系数、灌溉定额对ΔW_{AI} L_I F_I的平均贡献率分别为27.39%、29.80%、7.72%、35.09%，单一因素贡献率超过50%的地市中，灌溉定额有11个、耕地资源有7个、水资源有6个，单一因素贡献率介于30%~50%的地市中，耕地资源有9个、灌溉定额有8个、水资源有8个。总体来看，2003—2017年对ΔW_{AI} L_I F_I影响作用最大为灌溉耕地资源因素，其次灌溉定额因素，其中，综合定额在长期和短期过程中都具有较大影响作用，特别在短期过程中的影响作用在各因素中居首位。

4. 情境四的水—耕地—粮食关联系数变化ΔW_{UI} L_I F_I影响因素

情境四的水—耕地—粮食关联系数变化ΔW_{UI} L_I F_I，受到可利

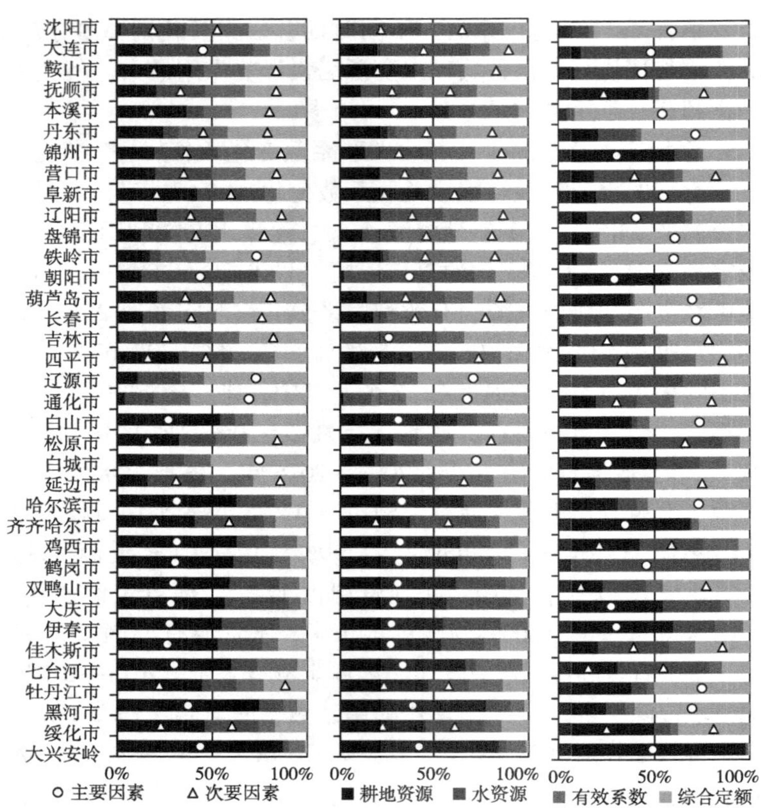

图 8-9　情境三的水—耕地—粮食关联系数变化 $\Delta W_{AI} L_I F_I$ 影响因素

Fig. 8-9　Influence factors of water-cultivated land-food correlation coefficient variation in situation 3

用水资源量 ΔW_{UI} 、灌溉耕地资源 ΔL_I 、灌溉水有效利用系数 $\Delta\eta$ 、灌溉定额 ΔM_I 等因素变化的直接影响，各因素的影响作用结果如图 8-10 所示。2003—2017 年，各地市水资源、耕地资源、有效利

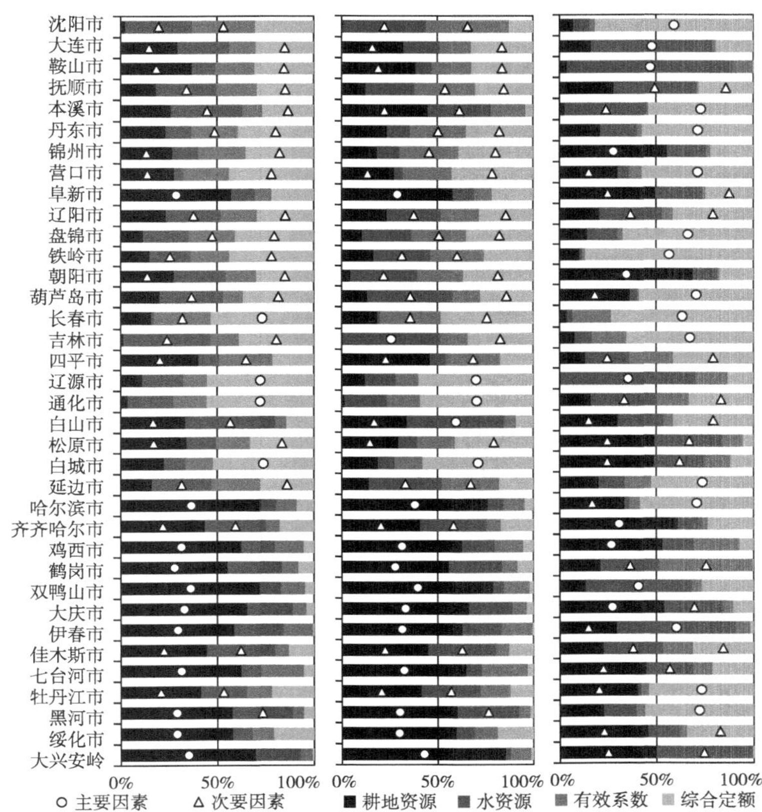

图 8-10 情境四的水—耕地—粮食关联系数变化 $\Delta W_{UI} L_I F_I$ 影响因素

Fig. 8-10 Influence factors of water-cultivated land-food correlation coefficient variation in situation 4

用系数、灌溉定额等因素变化对 $\Delta W_{UI} L_I F_I$ 的平均贡献率分别为 22.35%、35.77%、15.94%、25.95%，单一因素贡献率超过 50% 的地市有 15 个，耕地资源有 11 个、灌溉定额有 4 个；单一因素贡献率介于 30%~50%的地市中，水资源有 7 个、耕地资源有 10 个、灌溉定额有 10 个。从不同时期变化情况来看，2003—2015 年，各地市水资源、耕地资源、有效利用系数、灌溉定额等因素变化对 $\Delta W_{UI} L_I F_I$ 的平均贡献率分别为 22.03%、36.25%、18.55%、23.17%，单一因素贡献率超过 50%的地市有 16 个，耕地资源占 11 个、灌溉定额占 3 个，单一因素贡献率介于 30%～50%的地市中，水资源有 9 个、耕地资源有 8 个、有效利用系数有 5 个、灌溉定额有 11 个。2015—2017 年，各地市水资源、耕地资源、有效利用系数、灌溉定额等因素变化对 $\Delta W_{UI} L_I F_I$ 的平均贡献率分别为 26.72%、29.06%、8.66%、35.55%，单一因素贡献率超过 50%的地市有 23 个，灌溉定额占 13 个，耕地资源占 5 个，单一因素贡献率介于 30%～50%的地市中，水资源有 9 个、耕地资源有 10 个、灌溉定额有 6 个。总体来看，2003—2017 年对 $\Delta W_{AI} L_I F_I$ 影响作用最大为灌溉耕地因素，其次灌溉定额因素，其中，综合定额在长期和短期过程中都具有较大影响作用，特别在短期过程中的影响作用在各因素中居首位。

三、章节小结

本章主要研究了粮食生产可用水资源和粮食生产可利用耕地资源的空间分布，提出了基于区域自然本底状况和基于区域水资源总量控制情况下的两种水土资源匹配状态，构建了 4 种情境下水—耕地—粮食的关联关系，综合评价了水资源、耕地资源与粮食生产的适宜程度和满足程度，量化了影响水—耕地—粮食关联关系的影响因素。主要得出以下认识。

东北地区粮食生产可用水资源和粮食生产可利用耕地资源的空间分布极不匹配。粮食生产可用水资源具有“中北部多、北部及南部少，平原地区多，山丘地区少”的特征。粮食生产可利用耕地资源空间分布具有“北部地区多，南部地区少，平原地区多、山丘地区少”的特征。

基于区域自然本底状况和基于区域水资源总量控制情况下的两种水土资源匹配状态差异明显。从各地市水土匹配系数现状看，基于水资源总量控制的系数值介于0.4~7.7，基于自然本地状况的系数值介于0.5~87.5，总量控制匹配下的差距较小。从空间分布看，两种匹配情境下的高值区、低值区的区域分布不一致，基于区域自然本底状况的水土匹配高值区往往是基于水资源总量控制的水土匹配低值区。

应以区域粮食生产所拥有的水资源和耕地资源的匹配状况，与当前粮食生产结构对水资源和耕地资源的利用状况的适应程度和满足程度如何作为标准，来评价水土匹配情况。研究表明，简单采用水土资源系数“若高则优”的标准来评价水土资源匹配的优劣与现实水土资源利用情况相悖。

情境一和情境二分析结果表明，基于当前粮食生产结构和规模，东北地区大多数地市，特别是平原地区的地市，无论是基于水资源自然本底状况，还是基于用水总量控制的粮食生产可利用水资源量都不能满足其所利用耕地面积上全部粮食作物的灌溉需水。情境三分析结果表明，以灌溉耕地面积计算，三大平原地区部分地市缺水程度稍有缓解，但若仅靠自身水资源本底，三大平原地区大多数地市仍缺水严重，可见仅依靠区域自身水土条件，无法有效支撑当前的粮食生产规模和结构。情境四分析结果表明，在水量分配和用水总量控制情况下，以灌溉耕地面积计算，东北地区水—耕地—粮食关联关系有较大改善，平衡状态和轻度失衡状态地市的比例有所增加。

四种情境水—耕地—粮食关联关系的分析结果表明，东北地区水—耕地—粮食关联关系仍需要进一步改善和优化，也存在一定的改善空间。通过调控对水—耕地—粮食关联关系具有直接影响作用的影响因素，是改善水—耕地—粮食关联关系最直接有效的手段。

第九章　未来水—耕地—粮食（WLF）关联及调控

本章引入 LSTM 预测了未来粮食生产耕地、水资源利用情况和粮食种植结构变化，在此基础上对未来不同情境下的水—耕地—粮食的关联关系也进行了探讨，并结合宏观角度与中微观角度提出了破解问题的调控策略。

一、预测模型构建

利用时间序列数据进行粮食生产的耕地资源利用预测的模型主要有趋势预测、灰色模型、移动平均模型、随机森林模型、支持向量机模型、神经网络模型，其中，以趋势外推和灰色模型应用最为广泛。以上模型根据是否考虑影响因素可归纳为以下两类。

一是基于耕地资源时间序列自身特征，利用前序数据建立拟合模型，进而利用拟合模型预测未来值。陈印军等（2016）基于历史时序数据利用趋势预测模型对全国耕地面积、耕地复种指数和粮食面积比例进行了预测，表明未来全国耕地面积小幅减少，耕地复种指数提升，粮食作物面积占比下降。张凤荣等（2007）利用线曲线、对数曲线和增长曲线等趋势外推预测模型预测了 2015 年剩余耕地后备潜力，并判断未来各省能否实现耕地占补平衡。季翔等（2014）利用灰色模型 GM（1，1）分别预测未来旱地和水田的面积，并以此为基础测算了区域耕地的粮食供给能力。谢树春等（2016）利用指数平滑和灰色 GM（1，1）模型预测了耕地复种指数和粮作比，提出了不同组合方案下未来粮食安全的耕地需求量。

二是基于耕地资源时间序列和相关影响因素的时间序列数据，建立预测的回归模型，进而利用相关影响因素未来值，回归预测未来值。宫雪等（2017）利用线性回归统计模型预测了耕地的人口承载力和粮食产量。车明亮等（2010）的发现相比灰色模型和多元线性回归模型，BP 神经网络算法对耕地数量变化的预测精度更高。王全喜等（2018）发现随机森林算法适合于耕地面积预测，比 BP 神经网络的预测误差小，且能够对耕地面积变化的影响因素进行排序。罗亦泳等（2015）提出基于自适应进化相关向量机的耕地面积预测模型，降低了由于参数不当对模型精度的影响。

在建立回归模型时普遍会纳入多种因素，因而利用回归模型预测未来值时，需要首先确定各因素的未来值。除参考已有研究或官方规划文件外，获取因素未来值的主要方式为利用各因素已知序列数据分别建立时间序列拟合模型进行预测，但多未考虑各因素已知序列自身变化态势筛选适用模型，而是仅采用单一的拟合模型对各因素序列分别进行拟合和预测，这将导致各因素的预测误差在回归预测中累计，进而影响目标序列预测结果的可靠性。因此，不论是基于耕地资源时间序列自身特征的拟合模型预测，还是基于多因素驱动的回归模型预测，都需要以高精度的时间序列拟合和预测为基础。

研究引入 LSTM 模型进行时间序列数据的拟合和预测。为评价 LSTM 模型的拟合效果，本研究选择了具有代表性的趋势外推模型、指数平滑模型、灰色模型、移动平均自回归、支持向量机、NAR 动态神经网络等 6 类模型作为对比模型。

（一）LSTM 模型构建

长短期记忆模型（Long-Short Term Memory，LSTM）。根据经验（CORTEZ et al.，2018）及多次试验结果的稳定性，确定模型结构及参数如下：经反复训练显示隐含单元数量为 100 个的 LSTM 模型效果稳定，故将 LSTM 模型的隐含单元设为 100 个；采用

Adam 优化器，将训练的迭代次数设为 1 000次；梯度阈值设为 1，以防止梯度爆炸；指定初始学习率为 0.005，在 125 轮训练后通过乘以因子 0.2 来降低学习率。利用 MATLAB 2018a 深度学习工具箱实现。

（二）对比模型构建

1. 趋势外推模型（Trend Extrapolation）

根据本研究耕地时序数据呈现的函数特性，涉及函数包括线性曲线（Linear，LINE）、二次曲线（Quadratic，QUADR）、三次曲线（Cubic，CUB）、对数曲线（Logarithmic，LOG）、逆曲线（Inverse，INV）、幂曲线（Power，POW）、S 曲线（S）、增长曲线（Growth，GROW）等曲线拟合模型。各函数拟合及预测基于 SPSS25.0 内曲线估计工具实现。

2. 指数平滑模型（Exponential Smoothing）

在实际测算中，指数平滑预测模型可以根据时间的远近赋予各时期不同的权重，使预测值具有较高的精度。本研究指数平滑模型拟合及预测基于 SPSS25.0 时间序列预测工具实现，运用了霍尔特指数平滑平衡模型（Holt's linear trend exponential smoothing model，HOLT）和布朗指数平滑模型（Brown's linear trend exponential smoothing model，Brown）。

3. 灰色模型（Gray Model，GM）

灰色系统理论是一种研究少数据、贫信息不确定性问题的方法，主要通过对部分已知信息的开发生成，提取有价值的信息，以实现对系统运行的正确认识和有效控制（刘思峰，2004）。本研究根据耕地资源和粮食生产所特有的灰色属性，结合研究内容的数据特点，利用系统工程的思想，选取灰色系统中的基于累加方式的灰色系统 GM（1，1）模型和基于累减方式的灰色系统 Verhulst 模型（Grey Verhulst model，VERH），对耕地面积、耕地复种指数和粮食面积比例进行了模拟预测。灰色模型拟合及预测基于南京航空航天大学发行的灰色建模软件 V6.0 实现。

4. 移动平均自回归（Autoregressive Integrated Moving Average，ARIMA）

ARIMA 模型是时间序列预测与控制的 Box-Jenkins 建模方法中最为重要的基本模型，适用于非平稳时间序列的短期预测。本研究根据检验平稳性、差分、模型定阶、参数估计、诊断检验等建模流程，对耕地面积、耕地复种指数和粮食面积比例进行了分析预测，其参数参照专家建模器推荐值及时间序列的自相关函数值（ACF）与部分自相关函数值（PACF）特征进行调整。ARIMA 模型拟合及预测基于 SPSS25.0 时间序列预测工具实现。

5. 支持向量机（Support Vector Machine，SVM）

SVM 模型可以有效地实现对基于小样本的高维非线性系统精确拟合，并且采用结构风险最小原则，具有很好的推广性。本研究 SVM 模型拟合及预测基于 MATLAB2018a 实现，其方法为利用训练时间序列数据集，采取滑窗法构建模型训练的输入序列和目标序列，进行训练拟合，建立 SVM 模型。利用拟合输出末期数据作为模型预测的输入序列，逐期累进预测目标序列。

6. NAR 动态神经网络（NAR Dynamic Neural Network，NAR-NET）

当时间序列呈现非线性特征并且伴有随机性，人工神经网络处理的优势就得以体现。本研究利用 MATLAB2018a 机器学习工具箱中时间序列神经网络工具（Neural Time Series Tool），训练时序数据建立 NAR 动态神经网络，采用穷举试错法确定拟合效果最优的神经元数量，训练获得适宜的 NAR 动态神经网络。

（三）模型评价指标

本研究选取均方根误差（RMSE）和平均绝对误差（MAPE）评价各模型预测精度优劣。均方根误差可以衡量模型拟合值与实际值之间的偏差，RMSE 取值≥0，RMSE 值越小，表明拟合值越接近于实际值，拟合效果越好；RMSE 值越大，表明拟合值越偏离于实际值，拟合效果越差。RMSE 计算公式：

$$RMSE = \sqrt{\frac{1}{n}\sum_{i=1}^{n}(y_i - \widehat{y_i})^2} \tag{9-1}$$

式中，n 为样本数量，y_i 是为第 i 个样本实际值，$\widehat{y_i}$ 为模型对第 i 个样本的拟合值。

平均百分比误差（MAPE）可以反映模型预测误差的情况。MAPE 取值≥0，MAPE 值越小，表明拟合值误差越小，拟合效果越好；MAPE 值越大，表明拟合值误差越大，拟合效果越差。MAPE 计算公式：

$$MAPE = \frac{100\%}{n}\sum_{i=1}^{n}\frac{|\widehat{y_i} - y_i|}{y_i} \tag{9-2}$$

式中，n 为样本数量，y_i 为第 i 个样本的实际值，$\widehat{y_i}$ 为模型对第 i 个样本的拟合值。

采用 RMSE、MAPE 交叉检验的方式，评价模型对已知序列的拟合效果和对未来变化趋势的预测效果，当模型的 RMSE 和 MAPE 值越小时，表明模型拟合效果越好。

二、粮食生产的耕地利用情况预测

（一）耕地总面积预测

1. 模型训练拟合效果评价

为评价上述模型对前序时间序列的拟合能力，以黑龙江、吉林、辽宁 3 省 1990—2012 年耕地面积数据作为训练数据，分别利用 LINE、QUADR、CUB、LOG、INV、POW、S、GROW、VERH、GM（1，1）、ARIMA、HOLT、BROWN、SVM、NARNET、LSTM 建立拟合模型，计算各模型的 RMSE 和 MAPE，结果如表 9-1 所示。不同模型对黑龙江、吉林、辽宁 3 省耕地面积的拟合效果显示，

SVM、NARNET、LSTM 对于黑龙江省耕地面积的拟合效果优于其他模型，其中，NARNET、LSTM 拟合效果最优；ARIMA、HOLT、BROWN、NARNET、LSTM 对于吉林省耕地面积的拟合效果优于其他模型，其中，NARNET、LSTM 拟合效果最优；NARNET、LSTM 对于辽宁省耕地面积的拟合效果优于其他模型，其中，LSTM 训练拟合效果最优。总体来看，NARNET、LSTM 对黑龙江、吉林、辽宁 3 省耕地面积的效果均为最优，ARIMA、HOLT、BROWN、CUB 对吉林省拟合效果较好，SVM 模型对黑龙江省拟合效果较好。故选取 ARIMA、HOLT、BROWN、SVM、NARNET、LSTM 模型进入测试阶段。

表 9-1 不同模型对耕地面积的训练拟合效果评价

Table 9-1 Evaluation of training fitting performance of models on cultivated land area

模型	黑龙江省		吉林省		辽宁省	
	RMSE	MAPE（%）	RMSE	MAPE（%）	RMSE	MAPE（%）
LINE	7.54	0.40	1.29	0.16	1.67	0.25
QUADR	6.65	0.31	0.98	0.12	1.48	0.23
CUB	5.86	0.33	1.04	0.12	1.48	0.22
LOG	6.17	0.31	1.72	0.23	2.00	0.33
INV	7.70	0.43	2.03	0.26	4.34	0.80
POW	6.18	0.31	1.72	0.23	2.03	0.33
S	7.68	0.43	2.03	0.26	4.35	0.80
GROW	7.57	0.40	1.29	0.16	1.65	0.25
VERH	6.45	0.31	3.46	0.44	1.57	0.24
GM(1,1)	7.42	0.41	1.26	0.15	1.63	0.25

（续表）

模型	黑龙江省		吉林省		辽宁省	
	RMSE	MAPE（%）	RMSE	MAPE（%）	RMSE	MAPE（%）
ARIMA	5.49	0.24	0.67*	0.06*	1.62	0.22
HOLT	4.84	0.24	0.64*	0.07*	1.64	0.23
BROWN	6.06	0.28	0.67*	0.08*	1.97	0.27
SVM	5.26	0.18**	0.75*	0.07*	1.60	0.21
NARNET	2.13**	0.07**	0.39**	0.02*	0.92**	0.11*
LSTM	0.17**	0.01**	0.13**	0.01*	0.13**	0.01**

注：* 表示在95%水平显著，** 为在99%水平显著

2. 模型预测效果测试

为进一步评价模型对后序时间序列的预测效果，利用上述构建效果较好的ARIMA、HOLT、BROWN、SVM、NARNET、LSTM模型分别预测东北3省2013—2017年耕地面积，分别与本省该时期实际耕地面积进行比较，并计算各模型预测的RMSE和MAPE（表9-2）。ARIMA、HOLT、BROWN、SVM、NARNET、LSTM对黑龙江、吉林、辽宁3省耕地面积拟合的测试结果显示，对于黑龙江省和吉林省，LSTM模型预测RMSE和MAPE均为最小，预测值与实际值间误差最小，预测精度显著高于其他模型。对于辽宁省，NARNET和LSTM模型预测RMSE和MAPE显著小于其他模型，预测精度显著高于其他模型。NARNET模型对辽宁省预测效果较好，但对于吉林省和黑龙江省的预测效果仍弱于LSTM模型。LSTM模型能够实现对东北3省区耕地面积变化的高精度预测，LSTM模型较其他模型的准确性更高和适应性更广。故此，研究选用LSTM模型对未来黑龙江、吉林、辽宁3省的耕地面积变化进行预测。

表 9-2 不同模型对耕地面积预测的测试效果评价

Table 9-2 Evaluation of prediction testing performance of models on cultivated land area

模型	黑龙江省		吉林省		辽宁省	
	RMSE	MAPE（%）	RMSE	MAPE（%）	RMSE	MAPE（%）
ARIMA	5.31	0.27	1.14	0.15	1.20	0.19
HOLT	5.25	0.27	0.44	0.06	1.27	0.20
BROWN	2.38	0.15	0.20	0.03	2.12	0.35
SVM	3.23	0.20	0.48	0.07	0.67	0.13
NARNET	1.51	0.09	0.19	0.02	0.23*	0.04*
LSTM	0.23*	0.01*	0.12*	0.02*	0.06*	0.01*

注：*表示在95%水平显著

3. 未来耕地面积预测结果

基于上述分析结果，LSTM 模型对耕地面积变化具有良好的拟合和预测效果，可以用来预测未来耕地面积变化。为了充分利用历史时间序列信息，提高预测可靠性，利用 1990—2016 年黑龙江、吉林、辽宁 3 省耕地面积分别训练 LSTM 模型。以黑龙江、吉林、辽宁 3 省 2017 年耕地面积分别进行测试，筛选预测值与实际值之间的绝对误差小于 0.10 万 hm^2的 LSTM 模型，分别对 2018—2030 年黑龙江、吉林、辽宁 3 省区耕地面积进行预测（表 9-3）。

预测结果显示，2018—2030 年黑龙江、吉林、辽宁 3 省的耕地面积将呈持续减少的趋势，且耕地减少速度均有放缓之势。到 2020 年，黑龙江、吉林、辽宁 3 省耕地面积将分别为 1 584.07 万 hm^2、698.16 万 hm^2、496.42 万 hm^2，合计约占全国当期规划耕地保有量的 22.35%。与 2017 年相比，2020 年黑龙江、吉林、辽宁 3 省耕地面积将分别减少 0.50 万 hm^2、0.51 万 hm^2、0.74 万 hm^2，但仍分别高出本轮土地利用规划提出的 2020 年耕地保有量的规划指标 196.94 万 hm^2、91.49 万 hm^2、36.29 万 hm^2，不会突破耕地数量红线。到 2030 年，黑龙江、吉林、辽宁 3 省耕地面积将分别为 1 583.36万 hm^2、697.6 万 hm^2、495.52 万 hm^2，合计约占全国当期规划耕地保有量的 22.82%。与 2017 年相比，2030 年黑龙江、吉林、辽宁 3 省耕地面积分别减少 1.21 万 hm^2、1.07 万 hm^2、1.64 万 hm^2，但在全国规划耕地保有量中比重将有所增加，预计耕地面积均可保持在耕地数量红线范围之内，未来东北 3 省区对于全国严守耕地红线，稳定耕地数量的支撑作用将进一步强化。

表 9-3 基于 LSTM 模型的东北地区耕地面积预测

Table 9-3 Prediction of cultivated land area based on LSTM model in 2020 and 2030

预测	2020 年（万 hm^2）			2030 年（万 hm^2）		
	黑龙江省	吉林省	辽宁省	黑龙江省	吉林省	辽宁省
PRED	1 584.07	698.16	496.42	1 583.36	697.6	495.52
ULC	1 584.37	698.33	496.69	1 584.50	698.08	496.34
LLC	1 583.67	697.95	496.18	1 581.97	696.90	494.70

注：PRED 为预测值，ULC 为 90%置信区间上限，LLC 为 90%置信区间下限

（二）粮食作物面积比例变化预测

1. 模型训练拟合效果评价

粮食面积比例是指粮食作物播种面积占农作物播种总面积比重。为评价各模型对前序时间序列的拟合能力，以黑龙江、吉林、辽宁 3 省 1990—2012 年粮食面积占比数据作为训练数据，分别利用 LINE、QUADR、CUB、LOG、INV、POW、S、GROW、VERH、GM（1，1）、ARIMA、HOLT、BROWN、SVM、NARNET、LSTM 建立拟合模型，基于模型拟合值与实测值计算各模型的 RMSE 和 MAPE，结果如表 9-4 所示。各模型对于黑龙江、吉林、辽宁 3 省

粮食面积占比的拟合效果显示，ARIMA、HOLT、BROWN、SVM、NARNET、LSTM 对于黑龙江省粮食面积占比的训练拟合效果优于其他模型，其中，SVM、NARNET、LSTM 训练拟合效果最优。ARIMA、HOLT、NARNET、LSTM 对于吉林省粮食面积占比的训练拟合效果优于其他模型，其中，NARNET、LSTM 训练拟合效果最优。ARIMA、HOLT、SVM、NARNET、LSTM 对于辽宁省粮食面积占比的训练拟合效果优于其他模型，其中，NARNET、LSTM 训练拟合效果最优。总体来看，NARNET、LSTM 对黑龙江、吉林、辽宁 3 省的粮食面积占比的训练效果均为最优，ARIMA、HOLT、SVM 对黑龙江和辽宁两省训练拟合效果较好，BROWN 模型对黑龙江省拟合效果较好。故选取 ARIMA、HOLT、BROWN、SVM、NARNET、LSTM 模型进入测试阶段。

表 9-4　各模型对东北地区粮食面积比例的训练拟合效果

Table 9-4　Evaluation of training fitting performance of models on grain crops area proportion

模型	黑龙江省		吉林省		辽宁省	
	RMSE	MAPE（%）	RMSE	MAPE（%）	RMSE	MAPE（%）
LINE	0.027	2.55	0.019	1.69	0.030	2.66
QUADR	0.019	1.88	0.015	1.33	0.027	2.51
CUB	0.019	1.78	0.015	1.28	0.027	2.53
LOG	0.032	2.79	0.019	1.71	0.029	2.58
INV	0.034	3.10	0.020	1.70	0.030	2.64
POW	0.032	2.79	0.019	1.72	0.029	2.61
S	0.034	3.08	0.020	1.70	0.030	2.68
GROW	0.027	2.55	0.019	1.70	0.030	2.70
VERH	0.064	5.98	0.022	1.77	0.033	2.66
GM(1,1)	0.027	2.55	0.018	1.71	0.030	2.74
ARIMA	0.015*	1.34*	0.014	1.16*	0.022	1.72*
HOLT	0.015*	1.34*	0.014	1.16*	0.022	1.72*

（续表）

模型	黑龙江省		吉林省		辽宁省	
	RMSE	MAPE（%）	RMSE	MAPE（%）	RMSE	MAPE（%）
BROWN	0.016*	1.31**	0.016	1.32	0.026	2.19
SVM	0.014**	1.29**	0.014	1.19	0.021*	1.77*
NARNET	0.012**	1.04**	0.011**	0.91**	0.013**	1.15**
LSTM	0.006**	0.59**	0.002**	0.19**	0.004**	0.35**

注：* 表示在95%水平显著，** 为在99%水平显著

2. 模型预测效果测试

为进一步评价模型对后序时间序列的预测效果，利用经黑龙江、吉林、辽宁3省粮食面积占比训练集数据训练好的ARIMA、HOLT、BROWN、SVM、NARNET、LSTM模型，分别预测东北3省区2013—2017年粮食面积占比，分别与本省该时期实际粮食面积占比进行比较，并计算各模型预测的RMSE和MAPE（表9-5）。各模型对黑龙江、吉林、辽宁3省2013—2017年粮食面积占比预测的测试结果显示，对于黑龙江、吉林、辽宁3省，LSTM模型预测RMSE和MAPE均为最小，预测值与实际值间误差最小，预测精度显著高于其他模型。可见LSTM模型能够实现对东北3省耕地复种指数变化的高精度预测，并且LSTM模型较其他模型的准确性更高和适应性更广。故此，研究选用LSTM模型对未来黑龙江、吉林、辽宁3省的粮食面积占比变化进行预测。

表9-5　各模型对东北地区粮食面积比例的测试拟合效果

Table 9-5　Evaluation of testing performance of models on grain crops area proportion

模型	黑龙江省		吉林省		辽宁省	
	RMSE	MAPE（%）	RMSE	MAPE（%）	RMSE	MAPE（%）
ARIMA	0.016	0.56	0.014	1.25	0.016	1.62

（续表）

模型	黑龙江省		吉林省		辽宁省	
	RMSE	MAPE（%）	RMSE	MAPE（%）	RMSE	MAPE（%）
HOLT	0.014	0.56	0.015	1.34	0.014	1.38
BROWN	0.014	2.10	0.009	0.83	0.014	1.38
SVM	0.010	2.20	0.033	3.50	0.012	1.31
NARNET	0.011	1.48	0.011	1.18	0.011	1.22
LSTM	0.003*	0.31*	0.003*	0.22*	0.003*	0.26*

注：*表示在95%水平显著

3. 未来粮食面积比例预测结果

基于上述分析结果，LSTM模型对黑龙江、吉林、辽宁3省粮食面积占比的拟合和预测效果显著优于其他模型，可以用来预测未来粮食面积占比变化。为了充分利用历史时间序列信息，提高预测可靠性，研究利用1990—2016年黑龙江、吉林、辽宁3省区粮食面积占比分别训练LSTM模型。以黑龙江、吉林、辽宁3省区2017年粮食面积占比分别进行测试，筛选预测值与实际值之间的绝对误差小于0.30%的LSTM模型，分别对2018—2030年黑龙江、吉林、辽宁3省粮食面积占比进行预测（表9-6）。

预测结果显示，2018—2030年，黑龙江、吉林、辽宁3省的粮食面积占比未来将保持总体增加趋势，黑龙江省和吉林省在2020年前后粮食面积占比将保持较快增速，而后将逐步转入逐年小幅变动的高位平台期；辽宁省在2020年前后其粮食面积占比将保持低速增加态势，而后年际波动幅度变大，至2030年其粮食面积占比将总体略有增加。到2020年，黑龙江、吉林、辽宁省粮食面积占比将分别为97.22%（90%置信区间：96.62%~97.85%）、92.56%（90%置信区间：91.90%~93.35%）、83.22%（90%置信区间：83.05%~83.34%），较2017年水平分别提高1.37个百分点、1.47个百分点、0.11个百分点。届时黑龙江、吉林、辽宁3省粮食作物播种面积将分别为 1 445.16 万 hm^2、576.35 万 hm^2、350.94 万 hm^2，与 2017 年相比，分别增加 29.74 万 hm^2、21.96 万 hm^2、4.19 万 hm^2。到 2030 年，黑龙江、吉林、辽宁 3 省粮食面积占比将分别为 97.95%（90%置信区间：96.96%~98.87%）、92.90%（90%置信区间：92.01%~93.90%）、83.97%（90%置信区间：82.97%~84.77%），较 2017 年水平分别提高 2.10 个百分点、1.81 个百分点、0.86 个百分点。届时黑龙江、吉林、辽宁 3 省粮食作物播种面积将分别为 1 462.54 万 hm^2、586.36 万 hm^2、352.81 万 hm^2，与 2017 年相比，分别增加 47.11 万 hm^2、31.97 万 hm^2、6.06 万 hm^2。

表 9-6 LSTM 模型对东北地区粮食面积比例预测结果（%）

Table 9-6 Prediction of grain crops area proportion based on LSTM model in 2020 and 2030（%）

预测	2020 年			2030 年		
	黑龙江省	吉林省	辽宁省	黑龙江省	吉林省	辽宁省
PRED	97.22	92.56	83.22	97.95	92.90	83.97
ULC	97.85	93.35	83.34	98.87	93.90	84.77
LLC	96.62	91.90	83.05	96.96	92.01	82.97

注：PRED 为预测值，ULC 为 90%置信区间上限，LLC 为 90%置信区间下限

三、粮食种植结构变化预测

（一）水稻播种面积预测

1990—2017 年，东北 3 省区水稻播种面积增加了 362.67 万 hm^2，增加了 2.22 倍；其中，吉林省和黑龙江省面积分别增加了 40.24 万 hm^2 和 327.49 万 hm^2，分别增加了 0.96 倍和 4.86 倍，但辽宁省水稻播种面积减少了 5.06 万 hm^2。在东北 3 省区水稻播种面积增量中，90.3%来自于黑龙江省。2004 年以来，作为我国

口粮主体的稻谷生产得到大力政策扶持，东北地区稻谷播种面积开始恢复性增长，并于随后多年保持连年高速增长，至 2015 年播种面积增至 516.64 万 hm^2，较 2003 年增长 1.32 倍。2015 年以来，随着种植业结构调整的推进，东北地区稻谷播种面积和产量趋于稳定。根据农业农村部市场预警专家委员会预测，受农业供给侧结构性改革步伐的推进和最低收购价政策改革的影响，稻谷生产者补贴在地区间的执行差异也会对粳稻种植造成影响，未来低质低效区粳稻播种面积会逐步减少。

鉴于 LSTM 模型在粮食生产耕地利用状况的时间序列数据的训练和测试效果均显著优于其他所选模型，具备准确性更高和适应性更广的优势，研究采用 LSTM 模型黑龙江、吉林、辽宁 3 省水稻播种面积变化进行预测。LSTM 模型训练、测试和预测的过程如下：对于黑龙江省，研究利用 1990—2016 年该省水稻播种面积时间序列数据对 LSTM 模型进行训练，利用训练得到的 LSTM 模型预测 2017 年水稻播种面积，并与实测值进行对比，以测试模型预测效果，通过多轮训练和测试，筛选测试结果的绝对误差小于 1%的多个 LSTM 模型，利用训练好的 LSTM 模型分别对 2018—2030 年该省水稻面积进行预测，然后从预测数据集中筛选出具有上述水稻播种面积变化趋势特征的预测数据，作为预测结果；对于吉林省和辽宁省，分别采用上述方法对 LSTM 模型进行训练和测试，得到测试效果好的多个 LSTM 模型，分别对 2018—2030 年吉林省和辽宁省水稻播种面积面积进行预测，然后从预测数据集中筛选出具有上述水稻播种面积变化趋势特征的预测数据。预测结果显示（表 9-7），2020 年，黑龙江、吉林、辽宁 3 省水稻播种面积预计将分别调整为 388.86 万 hm^2（90%置信区间：386.00 万～396.56 万 hm^2）、86.74 万 hm^2（90%置信区间：86.01 万～87.40 万 hm^2）、49.60 万 hm^2（90%置信区间：48.36 万～50.27 万 hm^2），在粮食作物播种面积中所占比例分别调整为 26.91%、15.05%、14.13%。2030 年，黑龙江、吉林、辽宁 3 省水稻播种面积预计将分别调整为

384.06 万 hm^2（90%置信区间：377.52 万~398.32 万 hm^2）、90.71 万 hm^2（90%置信区间：85.02 万~93.62 万 hm^2）、52.65 万 hm^2（90%置信区间：45.03 万~64.41 万 hm^2），在粮食作物播种面积中所占比例分别调整为 26.26%、15.47%、14.92%。

表 9-7 基于 LSTM 模型的东北地区水稻播种面积预测

Table 9-7 Prediction of rice planting area based on LSTM model in 2020 and 2030

预测	2020 年（万 hm^2）			2030 年（万 hm^2）		
	黑龙江省	吉林省	辽宁省	黑龙江省	吉林省	辽宁省
PRED	388.86	86.74	49.60	384.06	90.71	52.65
ULC	396.56	87.40	50.27	398.32	93.62	64.41
LLC	386.00	86.01	48.36	377.52	85.02	45.03

注：PRED 为预测值，ULC 为 90%置信区间上限，LLC 为 90%置信区间下限

（二）玉米播种面积预测

1990—2017 年，辽宁省、吉林省和黑龙江省玉米播种面积分别增加了 132.63 万 hm^2、194.49 万 hm^2 和 369.38 万 hm^2，分别增加了 1.97 倍、1.88 倍和 2.70 倍。1990—2015 年东北 3 省玉米播种面积呈波动性增长之势，2015 年成为历史最高点，之后随着种植业结构调整，东北地区玉米播种面积开始下降，至 2017 年东北地区玉米播种面积下降 181.59 万 hm^2，调减初见成效。根据农业农村部市场预警专家委员会预测，未来受到政策、市场等因素影响，东北地区玉米播种面积在短期内还将继续下调，但从中长期来看，在玉米产需缺口较大、供求关系趋紧、中长期价格预期看涨等因素的影响下，玉米播种面积将出现恢复性增长。

结合上述对于未来玉米播种面积变化趋势的判断，研究采用 LSTM 模型黑龙江、吉林、辽宁 3 省玉米播种面积变化进行预测。LSTM 模型

训练、测试和预测的过程如下：对于黑龙江省，研究利用 1990—2016 年该省玉米播种面积时间序列数据对 LSTM 模型进行训练，利用训练得到的 LSTM 模型预测 2017 年玉米播种面积，并与实测值进行对比，以测试模型预测效果，通过多轮训练和测试，筛选测试结果的绝对误差小于 1%的多个 LSTM 模型，利用训练好的 LSTM 模型分别对 2018—2030 年该省玉米面积进行预测，然后从预测数据集中筛选出具有上述玉米播种面积变化趋势特征的预测数据，作为预测结果；对于吉林省和辽宁省，分别采用上述方法对 LSTM 模型进行训练和测试，得到测试效果好的多个 LSTM 模型，分别对 2018—2030 年吉林省和辽宁省玉米播种面积面积进行预测，然后从预测数据集中筛选出具有上述玉米播种面积变化趋势特征的预测数据。预测结果显示（表 9-8），2020 年，黑龙江、吉林、辽宁 3 省玉米播种面积预计将分别调整为 605.60 万 hm^2（90%置信区间：603.68 万~607.52 万 hm^2）、420.11 万 hm^2（90%置信区间：419.75 万~420.48 万 hm^2）、270.76 万 hm^2（90%置信区间：269.20 万~272.31 万 hm^2），在粮食作物播种面积中所占比例分别调整为 41.91%、72.89%、77.15%。2030 年，黑龙江、吉林、辽宁 3 省玉米播种面积预计将分别调整为 613.77 万 hm^2（90%置信区间：612.23 万~615.32 万 hm^2）、422.35 万 hm^2（90%置信区间：421.54 万~423.16 万 hm^2）、272.41 万 hm^2（90%置信区间：271.47 万~273.35 万 hm^2），在粮食作物播种面积中所占比例分别调整为 41.97%、72.03%、77.21%。

表 9-8　基于 LSTM 模型的东北地区玉米播种面积预测

Table 9-8　Prediction of maize planting area based on LSTM model in 2020 and 2030

预测	2020 年（万 hm^2）			2030 年（万 hm^2）		
	黑龙江省	吉林省	辽宁省	黑龙江省	吉林省	辽宁省
PRED	605.60	420.11	270.76	613.77	422.35	272.41

（续表）

预测	2020 年（万 hm^2）			2030 年（万 hm^2）		
	黑龙江省	吉林省	辽宁省	黑龙江省	吉林省	辽宁省
ULC	607.52	420.48	272.31	615.32	423.16	273.35
LLC	603.68	419.75	269.20	612.23	421.54	271.47

注：PRED 为预测值，ULC 为 90%置信区间上限，LLC 为 90%置信区间下限

（三）大豆播种面积预测

2016 年以来，在种植业结构调整和国际贸易问题的影响下，东北地区大豆生产规模开始回升，至 2017 年播种面积回升到 403.00 万 hm^2。根据农业农村部市场预警专家委员会预测，未来受大豆振兴计划实施以及经济发展和人口膳食结构改善影响，预计大豆播种面积将大幅增加。结合上述对于未来大豆播种面积变化趋势的判断，研究采用 LSTM 模型黑龙江、吉林、辽宁 3 省大豆播种面积变化进行预测。LSTM 模型训练、测试和预测的过程如下：对于黑龙江省，研究利用 1990—2016 年该省大豆播种面积时间序列数据对 LSTM 模型进行训练，利用训练得到的 LSTM 模型预测 2017 年大豆播种面积，并与实测值进行对比，以测试模型预测效果，通过多轮训练和测试，筛选测试结果的绝对误差小于 1%的多个 LSTM 模型，利用训练好的 LSTM 模型分别对 2018—2030 年该省大豆面积进行预测，然后从预测数据集中筛选出具有上述大豆播种面积变化趋势特征的预测数据，作为预测结果；对于吉林省和辽宁省，分别采用上述方法对 LSTM 模型进行训练和测试，得到测试效果好的多个 LSTM 模型，分别对 2018—2030 年吉林省和辽宁省大豆播种面积面积进行预测，然后从预测数据集中筛选出具有上述大豆播种面积变化趋势特征的预测数据。预测结果显示（表 9-9），2020 年黑龙江、吉林、辽宁 3 省大豆播种面积预计将分别调整为 407.49 万 hm^2（90%置信区间：399.74 万~415.25 万 hm^2）、26.61 万 hm^2

（90%置信区间：24.40 万~30.76 万 hm^2）、9.09 万 hm^2（90%置信区间：8.24 万~9.67 万 hm^2），在粮食作物播种面积中所占比例分别调整为 28.14%、4.62%、2.59%。2030 年，黑龙江、吉林、辽宁 3 省大豆播种面积预计将分别调整为 416.42 万 hm^2（90%置信区间：408.22 万~424.63 万 hm^2）、35.69 万 hm^2（90%置信区间：29.18 万~45.06 万 hm^2）、10.44 万 hm^2（90%置信区间：8.57 万~14.67 万 hm^2），在粮食作物播种面积中所占比例分别调整为 28.51%、6.09%、2.96%。

表 9-9　基于 LSTM 模型的东北地区大豆播种面积预测

Table 9-9　Prediction of soybean planting area based on LSTM model in 2020 and 2030

预测	2020 年（万 hm^2）			2030 年（万 hm^2）		
	黑龙江省	吉林省	辽宁省	黑龙江省	吉林省	辽宁省
PRED	407.49	26.61	9.09	416.42	35.69	10.44
ULC	415.25	30.76	9.67	424.63	45.06	14.67
LLC	399.74	24.40	8.24	408.22	29.18	8.57

注：PRED 为预测值，ULC 为 90%置信区间上限，LLC 为 90%置信区间下限

（四）其他粮食作物播种面积预测

在小麦种植上，1990—2017 年东北地区小麦生产规模逐步萎缩，至 2017 年东北地区小麦播种面积仅 10.56 万 hm^2，其中，吉林省和辽宁省播种面积仅 0.02 万 hm^2 和 0.36 万 hm^2，两省小麦生产几近消亡。目前，东北地区小麦播种面积主要集中在大兴安岭沿麓优势产区，预计未来小麦优势产区小麦播种面积有望得到进一步巩固，而非优势产区小麦播种面积将继续处于极低位运行。研究采用 LSTM 模型分别对黑龙江、吉林、辽宁 3 省小麦播种面积变化进行预测，预测结果显示，到 2020 年黑龙江、吉林、辽宁 3 省小麦播种面积分别

约为 10.99 万 hm^2（90%置信区间：10.69 万~11.28 万 hm^2）、0.20 万 hm^2（90%置信区间：0.19 万~0.21 万 hm^2）、0.38 万 hm^2（90%置信区间：0.36 万~0.41 万 hm^2），在粮食作物播种面积中所占比例分别为 0.76%、0.04%、0.11%。到 2030 年，黑龙江、吉林、辽宁 3 省小麦播种面积分别约为 9.43 万 hm^2（90%置信区间：8.60 万~10.27 万 hm^2）、0.21 万 hm^2（90%置信区间：0.19 万~0.22 万 hm^2）、0.53 万 hm^2（90%置信区间：0.42 万~0.63 万 hm^2），在粮食作物播种面积中所占比例分别为 0.65%、0.03%、0.15%。未来黑龙江、吉林、辽宁 3 省小麦播种面积仍将继续保持在低位。

在杂粮种植上，1990—2017 年东北地区杂粮播种面积总体呈波动减少趋势，其中，黑龙江、吉林、辽宁 3 省杂粮播种面积分别减少 21.17 万 hm^2、2.78 万 hm^2、54.58 万 hm^2。根据上述预测结果，利用黑龙江、吉林、辽宁 3 省粮食播种面积预测值分别扣除各自水稻、玉米、大豆、小麦播种面积预测值，得到杂粮播种面积预测值。结果显示，到 2020 年，黑龙江、吉林、辽宁 3 省杂粮播种面积分别约为 33.07 万 hm^2、42.68 万 hm^2、21.11 万 hm^2，在粮食作物播种面积中所占比例分别为 2.29%、7.40%、6.01%。到 2030 年黑龙江、吉林、辽宁 3 省杂粮播种面积分别约为 38.28 万 hm^2、37.40 万 hm^2、16.79 万 hm^2，在粮食作物播种面积中所占比例分别为 2.62%、6.38%、4.76%。未来黑龙江、吉林、辽宁 3 省杂粮播种面积也将继续保持在低位。

（五）粮食作物种植结构预测

根据预测（表 9-10），到 2020 年，黑龙江省水稻、玉米、大豆、小麦、杂粮播种面积在粮食作物播种面积中所占比例预计将分别调整为 26.91%、41.91%、28.14%、0.76%、2.29%；到 2030 年，黑龙江省水稻、玉米、大豆、小麦、杂粮播种面积在粮食作物播种面积中所占比例预计将分别调整为 26.26%、41.97%、28.51%、0.65%、2.62%。到 2020 年吉林省水稻、玉米、大豆、小麦、杂粮播种面积在粮食作物播种面积中所占比例预计将分别调整为15.05%、72.89%、4.62%、0.02%、7.42%；到2030年，吉林省水稻、玉米、大豆、小麦、杂粮播种面积在粮食作物播种面积中所占比例预计将分别调整为15.47%、72.03%、6.09%、0.02%、6.39%。到2020年，辽宁省水稻、玉米、大豆、小麦、杂粮播种面积在粮食作物播种面积中所占比例预计将分别调整为14.13%、77.15%、2.59%、0.07%、6.06%；到2030年，辽宁省水稻、玉米、大豆、小麦、杂粮播种面积在粮食作物播种面积中所占比例预计将分别调整为14.92%、77.21%、2.96%、0.07%、4.84%。

表9-10　基于LSTM模型的东北地区粮食作物种植结构预测（%）

Table 9-10　Prediction of grain crop planting structure based on LSTM model in 2020 and 2030（%）

作物	2020年			2030年		
	黑龙江省	吉林省	辽宁省	黑龙江省	吉林省	辽宁省
水稻	26.91	15.05	14.13	26.26	15.47	14.92
玉米	41.91	72.89	77.15	41.97	72.03	77.21
大豆	28.14	4.62	2.59	28.51	6.09	2.96
小麦	0.76	0.02	0.07	0.65	0.02	0.07
杂粮	2.29	7.42	6.06	2.62	6.39	4.84

四、粮食生产水资源利用情况预测

（一）粮食综合灌溉定额预测

粮食作物综合灌溉定额直接受粮食作物种植结构的影响，研究利用1990—2017年黑龙江、吉林、辽宁3省各自水稻、玉米、大豆、小麦、杂粮作物占比为自变量，综合灌溉定额为因变量，对东北3省分别建立回归模型（表9-11），黑龙江、吉林、辽宁3省综合灌溉定额回归模型的 R^2 和调整后 R^2 均达到 0.99 以上，表明能够利用所建立的回归模型来预测粮食作物综合灌溉定额。

表 9-11　粮食作物综合灌溉定额回归模型

Table 9-11　regression model of comprehensive irrigation quota for grain crops

地区	综合定额回归模型	R^2	Adj-R^2
黑龙江省	$\hat{M}_H = 1\,170.355 + 4\,629.773 \cdot P_r + 47.584 \cdot P_b + 8.789 \cdot P_w + 172.262 \cdot P_o$	0.999	0.999
吉林省	$\hat{M}_J = 1\,179.201 + 3\,713.367 \cdot P_r - 306.479 \cdot P_b + 1\,259.888 \cdot P_w - 25.230 \cdot P_o$	0.994	0.993
辽宁省	$\hat{M}_L = 1\,027.168 + 7\,728.007 \cdot P_r - 108.917 \cdot P_b + 865.819 \cdot P_w - 1\,237.476 \cdot P_o$	0.997	0.996

注：式中 P_r、P_b、P_w、P_o 分别为水稻、大豆、小麦、杂粮播种面积在粮食作物播种面积中的占比

根据黑龙江、吉林、辽宁 3 省粮食作物种植结构预测结果，利用所建立的综合灌溉定额回归模型分别预测 2020 年和 2030 年黑龙江、吉林、辽宁 3 省粮食作物综合灌溉定额。结果显示（表 9-12），2020 年黑龙江、吉林、辽宁 3 省粮食作物综合灌溉定额将分别为 2 229.99m^3/hm^2、2 121.75m^3/hm^2、1 872.97m^3/hm^2。2030 年黑龙江、吉林、辽宁 3 省粮食作物综合灌溉定额将分别为 2 204.54m^3/hm^2、2 142.98m^3/hm^2、1 931.44m^3/hm^2。

表 9-12　粮食作物综合灌溉定额预测结果

Table 9-12　Prediction of comprehensive irrigation quota in 2020 and 2030

	2020 年（m^3/hm^2）			2030 年（m^3/hm^2）		
	黑龙江省	吉林省	辽宁省	黑龙江省	吉林省	辽宁省
综合定额	2 433.90	2 173.85	2 192.08	2 403.50	2 197.59	2 192.08

（二）粮食灌溉用水量预测

根据《实行最严格水资源管理制度考核办法》，2020 年黑龙江、吉林、辽宁 3 省的用水总量控制目标为 353.34 亿 m^3、165.49 亿 m^3、160.60 亿 m^3，2013 年以来黑龙江、吉林、辽宁 3 省灌溉用水量在用水总量中占比多年平均值分别为 85.05%、63.40%、56.14%，若按此比例计，到 2020 年黑龙江、吉林、辽宁 3 省的用水总量控制目标中灌溉水用量分别约为 300.52 亿 m^3、104.92 亿 m^3、90.16 亿 m^3。

根据《全国水资源综合规划》，2030 年黑龙江、吉林、辽宁 3 省配置水量分别为 377.60 亿 m^3、181.00 亿 m^3、166.70 亿 m^3，根据《实行最严格水资源管理制度考核办法》，2030 年黑龙江、吉林、辽宁 3 省的用水总量控制目标为 370.05 亿 m^3、178.35 亿 m^3、164.58 亿 m^3，用水总量控制目标与配置水量差距不大。根据《全国水资源综合规划》，黑龙江、吉林、辽宁 3 省 2030 年农业配置水量占到各行业配置水量总和的 69.53%、67.99%、56.58%，若农业用水量在用水总量控制目标中所占比例按此计，预计农业用水量约 257.29 亿 m^3、121.26 亿 m^3、93.12 亿 m^3。2003—2017 年，黑龙江、吉林、辽宁 3 省灌溉用水量在农业用水量中占比多年平均值分别为 96.97%、92.63%、89.07%，按此比例计，到 2030 年用水总量控制目标中灌溉水用量分别约为 250.74 亿 m^3、113.07 亿 m^3、85.29 亿 m^3。

（三）农田灌溉用水效率预测

灌溉水有效利用系数既是灌溉用水效率的表征指标，又是水资源管理“三条红线”控制目标的一项主要指标，提高灌溉水有效利用系数，对于提高农田灌溉用水效率，推进农业绿色发展具有重要作用。根据《黑龙江省国民经济和社会发展第十三个五年规划纲要》，2020 年黑龙江省农田灌溉水有效利用系数将达到 0.60，较

2015 年水平提高 0. 01。根据《吉林省水利发展“十三五”规划》2020 年吉林省农田灌溉水有效利用系数将达到 0. 60，较 2015 年水平提高 0. 037。根据《辽宁省水利发展“十三五”规划》2020 年辽宁省农田灌溉水有效利用系数将达到 0. 592，较 2015 年水平提高 0. 013。根据全国水资源综合规划，2030 年黑龙江、吉林、辽宁 3 省农田灌溉水有效利用系数分别达到 0. 620、0. 623、0. 650，分别较 2015 年水平提高 0. 03、0. 06、0. 063。可见 2020 年和 2030 年，随着农田灌溉水有效利用系数的提高，黑龙江、吉林、辽宁 3 省农田灌溉用水效率将进一步得到提升。

（四）灌溉耕地面积预测

耕地灌溉面积是反映我国农田水利建设的重要指标，能够直接影响农业用水需求。1990—2017 年，东北 3 省耕地灌溉面积总体呈快速增加趋势，与 1990 年相比，2017 年黑龙江省、吉林省和辽宁省耕地灌溉面积分别增加了 495. 23 万 hm^2、109. 07 万 hm^2 和 55. 20 万 hm^2。“十三五”以来，黑龙江、吉林、辽宁 3 省都将扩大耕地灌溉面积作为了“十三五”规划目标的一项重要内容。研究采用 LSTM 模型对黑龙江、吉林、辽宁 3 省耕地灌溉面积变化进行预测。预测结果显示（表 9–13），2020 年，黑龙江、吉林、辽宁 3 省灌溉耕地面积预计将分别达到 628. 82 万 hm^2（90%置信区间：626. 13 万～631. 51 万 hm^2）、194. 11 万 hm^2（90%置信区间：192. 82 万～195. 40 万 hm^2）、163. 45 万 hm^2（90%置信区间：162. 54 万～164. 36 万 hm^2），分别较 2015 年增加 68. 32 万 hm^2、15. 02 万 hm^2、11. 45 万 hm^2；届时黑龙江、吉林、辽宁 3 省耕地灌溉率将分别达到 39. 23%、27. 80%、32. 93%。2030 年，黑龙江、吉林、辽宁 3 省灌溉耕地面积预计将分别调整为 651. 82 万 hm^2（90%置信区间：644. 43 万～659. 21 万 hm^2）、205. 53 万 hm^2（90%置信区间：199. 14 万～211. 91 万 hm^2）、166. 72 万 hm^2（90%置信区间：165. 46 万～167. 97 万 hm^2），分别较 2015 年增加 92. 27

万 hm^2、26.44 万 hm^2、14.72 万 hm^2；届时黑龙江、吉林、辽宁 3 省耕地灌溉率分别为 40.76%、29.46%、33.64%。

表 9-13　基于 LSTM 模型的灌溉耕地面积预测

Table 9-13　Prediction of irrigated cultivated land area based on LSTM model

预测	2020 年（万 hm^2）			2030 年（万 hm^2）		
	黑龙江省	吉林省	辽宁省	黑龙江省	吉林省	辽宁省
PRED	628.82	194.11	163.45	651.82	205.53	166.72
ULC	626.13	192.82	162.54	644.43	199.14	165.46
LLC	631.51	195.40	164.36	659.21	211.91	167.97

五、未来水—耕地—粮食关联关系预测

基于上述预测结果，研究测算了 2020 年和 2030 年黑龙江、吉林、辽宁 3 省的水—耕地—粮食关联系数 $W_{UI}L_FF_A$，以分析粮食生产与灌溉用水量及耕地利用总体状况之间的关联关系。结果表明，到 2020 年黑龙江、吉林、辽宁 3 省水—耕地—粮食关联系数 $W_{UI}L_FF_A$ 分别为 0.52、0.46、0.69，黑龙江省、辽宁省均处于轻度缺水状况，吉林省处于中度缺水。与 2017 年相比，2020 年黑龙江省水—耕地—粮食关联系数 $W_{UI}L_FF_A$ 下降 0.04，吉林省、辽宁省分别提高了 0.05、0.03。到 2030 年，黑龙江、吉林、辽宁 3 省水—耕地—粮食关联系数 $W_{UI}L_FF_A$ 分别为 0.44、0.55、0.70，黑龙江省将处于中度缺水状态，吉林省和辽宁省仍处于轻度缺水状态。与 2020 年相比，2030 年黑龙江省水—耕地—粮食关联系数 $W_{UI}L_FF_A$ 下降 0.08，吉林省、辽宁省分别提高了 0.09、0.01。从粮食生产与灌溉用水量及耕地利用总体状况之间的关联关系来看，黑龙江、辽宁、吉林 3 省仍将处于总体缺水状态，粮食生产可利用

水资源量仍无法满足其所利用耕地面积上全部粮食作物的灌溉需水。因此，东北地区要在努力提高灌溉水利用率，促进灌溉用水开源，降低粮食灌溉需水量的同时，大力发展旱作雨养粮食生产，实现东北地区雨养旱粮稳产高产将对保障粮食安全具有重要意义。

为进一步以分析粮食生产与灌溉用水量及灌溉耕地状况之间的关联关系来看，研究对黑龙江、吉林、辽宁 3 省的水—耕地—粮食关联系数 $W_{UI}\ L_I\ F_I$ 进行了测算。结果显示，2020 年黑龙江、吉林、辽宁 3 省水—耕地—粮食关联系数 $W_{UI}\ L_F\ F_A$ 分别为 0.83、0.81、1.13，与 2017 年相比，黑龙江、辽宁两省分别下降 0.07、0.05，吉林省提高 0.05，黑龙江、吉林、辽宁 3 省总体处于平衡状态。到 2030 年，黑龙江、吉林、辽宁 3 省水—耕地—粮食关联系数 $W_{UI}\ L_F\ F_A$ 分别为 0.69、0.83、1.02，与 2017 年相比，黑龙江省下降 0.21，吉林省、辽宁省提升 0.07、0.06，黑龙江省将转变为轻度缺水状况，吉林省和辽宁省处于平衡状态。从粮食生产与灌溉用水量及灌溉耕地状况之间的关联关系来看，未来辽宁、吉林两省仍可处于平衡状态，黑龙江省将处于程度较轻的缺水状态，粮食生产可利用水资源量总体上基本能够满足其所利用灌溉耕地面积上粮食作物的灌溉需水。因此，如何针对各地市水—耕地—粮食关联特点，通过调整粮食生产结构，改善水资源和耕地资源利用状况，实现区域均衡，将是未来发展需要关注的重点。

六、水—耕地—粮食关联调控策略

从基于 4 种情境水—耕地—粮食关联关系时空变化及未来水—耕地—粮食关联关系总体状况来看，东北地区水—耕地—粮食关联关系仍有需要进一步改善和优化。通过调控对水—耕地—粮食关联关系具有直接影响作用的影响因素，是改善水—耕地—粮食关联关系最直接有效的手段。研究根据各影响因素在不同情境下和不同时期中对水—耕地—粮食关联关系的影响作用所表现出的特征，提出以下调控策略。

（一）耕地资源保护与利用

充足的粮食种植规模、高效的粮食产出能力、安全的粮食产品质量，是建立在充足的耕地数量、优良的耕地质量状况和耕地生态状况的基础上的，为稳定提升东北地区粮食综合生产能力，保障国家粮食安全，需要进一步加强耕地“数量、质量、生态”三位一体保护。

1. 加强耕地数量保护

充足的粮食种植规模需要建立充足的耕地数量上。黑龙江、吉林、辽宁3省耕地面积均保持持续减少态势，未来一段时期里东北3省耕地数量减少之势也难以逆转。尽管预测期内东北3省耕地面积均能保持在耕地保护红线以上，但并不意味着耕地保护就可以放松。一方面，当前建设用地大规模占用依然是东北地区减少耕地的主要去向，2020年3月国务院发布《关于授权和委托用地审批权的决定》（国发〔2020〕4号），将永久基本农田以外的农用地转为建设用地审批权下放给省级民政府，土地审批放权将给省级政府更多自主权，因地制宜、因城施策以破解项目用地“落地难”“落地慢”难题，但同时也恐将进一步助长建设用地占耕地，进一步扩大因建设用地大规模占用的减少耕地数量。另一方面，东北地区新增耕地主要来源于林地和草地等生态用地，而减少耕地去向由以往的主要流向生态用地为主，转变为主要流向建设用地，形成了当前“建设用地占用耕地，耕地开垦占用生态用地”土地利用转换格局，随着生态红线约束和环境保护力度加大，将使东北地区新增耕地来源日趋收紧。2018年3月国办印发《跨省域补充耕地国家统筹管理办法》，推进跨省域补充耕地国家统筹，黑龙江、吉林省被国家纳入首批跨省域补充耕地省份，其中，黑龙江省承担首批跨省域国家统筹补充耕地任务，涉及补充耕地1 519.32hm²，中央拨付国家统筹补充耕地经费16.93亿元。因承担跨省域补充耕地任务，能够为耕地大省带来直观的经济效益，未来随着跨省域补充耕地的深入开展，黑龙江省、吉林省后备耕地资源恐将会加速消耗。新增耕地来源日趋收紧和后备耕地资源加速消耗，将使东北地区继续保持大规模新增耕地面积难度加大。可见未来东北地区耕地总量动态平衡将面临着建设用地占用耕地不可避免，新增耕地来源生态约束加大，耕地后备资源加速消耗等现实问题，其耕地数量保护可以尝试将“保护永久基本农田”作为耕地保护制度的核心，进行优先重点保护，并在永久基本农田之外其他质量较好的耕地中，划定数量充足的永久基本农田储备区，将耕地总量动态平衡置于从属地位，耕地总量动态平衡来调整永久基本农田和永久基本农田储备区之外的一般农田与建设用地的关系。

2. 加强耕地质量保护

高效的粮食产出能力需要有良好的耕地质量状况作保障。由于长期的高强度利用和水土流失，土壤有机质含量下降，理化性质和生态功能退化，严重影响了东北地区农业的可持续发展。近 60 年来，东北黑土有机质含量下降了 1/3，部分地区下降了 50%。保护和提升东北地区耕地质量，是守住“谷物基本自给、口粮绝对安全”战略底线的重要保障，东北地区应针对耕地质量存在的主要障碍因素，以解决土“变瘦、变硬、变薄”等问题为导向，因地制宜选择技术模式，保护与提升耕地质量。针对东北平原地区旱地土壤有机质普遍下降，耕作层不优，犁底层变厚，土壤养分偏耗大等问题，采取建立以大豆为中轴作物的轮作制度，实施秸秆全量翻埋和碎混还田，增加有机肥施用等措施保护耕地。针对浅山区向低平原过渡带坡耕地水土流失严重、耕作层浅、土壤贫瘠等问题，采取横坡打垄、垄向区田、修筑地埂植物带，增施有机肥、秸秆免耕覆盖等措施保护耕地。针对东北地区西部风沙干旱区耕地风蚀严重、耕作层浅、土壤结构不良、保水性差、肥力低等问题，采取建设农田林网，秸秆覆盖免耕，推广保护性技术措施，开展玉米大豆轮作，加大有机肥投入量等措施保护耕地。针对东北地区水田区耕地土壤结构不良、透水性差、养分低等问题，采取水稻休耕、秸秆还田、施用有机肥等措施保护耕地。结合高标准农田建设，优先在粮食生产功能区和重要农产品保护区开展耕地保护工程建设，巩固和提高“两区”综合生产能力。

3. 加强耕地生态保护

安全的粮食产品质量需要以良好的耕地的生态状况为基础。为加强耕地生态保护，东北地区需要严格控制工矿企业排放和城市垃圾、污水等外源性污染，深入实施农业“三减”行动计划，实现化肥、农药等农业投入品减量化，开展农药包装物、农用残膜回收处理，各地因地制宜，采取适合本地的农药废弃物回收、农用残膜模式，减少对耕地的污染。改变利用方式，推行粮豆轮作，推进农牧结合，形成复合稳定的农田生态系统。治理耕地水土流失，加大对风沙干旱、漫川漫岗、低山丘陵等地区耕地水土流失综合治理，综合运用采取工程、农艺和生物措施，配套保护性耕作、坡面蓄排水体系、生态修复等工程建设，防止耕地水土流失。结合“三北”防护林工程，建设农田防护林、防风林、固沙林和绿化带，防治农田荒漠化。在黑土冷凉区和农牧交错带，实施退耕还林还草还湿，使农田生态与草地生态、森林生态相协调。

有序推进耕地休养生息。耕地资源因素变化对各情境的2015—2017年水—耕地—粮食关联系数变化均有较大影响作用，其中，对情境三和情境四的水—耕地—粮食关联系数影响作用居各因素之首。可见，通过调整耕地利用结构，可作为调控水—耕地—粮食关联系数短期即可见效的重要手段之一。东北地区可通过积极开展耕地轮作，重点在北部冷凉区、西部农牧交错区以及松嫩平原、辽河平原、三江平原的旱地区耕地，推广以玉米与大豆轮作为主，以玉米与薯类作物、饲草作物、油料作物、杂粮杂豆轮作为辅的“一主四辅”耕地轮作种植模式，即可促进农业生产和耕地资源保护协调发展，又可以通过调控耕地利用结构，改善水—耕地—粮食关联关系。东北地区应有序开展耕地休耕，在保证国家粮食安全和不影响农民收入的前提下，重点对东北地区北部和中西部生态环境脆弱、生态功能退化的地区不宜连续耕种的耕地以及三江平原东北部、松嫩平原中部等地下水开发利用程度较高的井灌稻田区和其他积温带渴水及低洼易涝稻田区的水田，实行定期休耕，不仅能改善生态环境，还能通过压减粮食作物播种面积来改善水—耕地—粮食关联关系。同时，在耕地休耕期间要加强地力保护和管理，鼓励种植肥田养地作物，提升耕地质量，确保急用之时能够复耕。东北地区应科学合理开展生态退耕，在统筹考虑生态建设、粮食安全、耕地保护、农民意愿的前提下，科学合理确定退耕还林还草规模，制订新一轮省级退耕还林还草实施方案，将水土流失严重的坡耕地、严重污染耕地、严重沙化耕地适时退出耕种，形成新的生态空间，既可通过压缩耕地利用面积优化水—耕地—粮食关联关系，还可促进生态环境保护。

4. 因地制宜调控耕地灌溉面积

基于水资源与灌溉耕地匹配的情境下，调控灌溉耕地利用状况可作为平衡水—耕地—粮食关联关系的首要手段。东北地区应对水资源进行全面评价和论证，研究制定灌溉发展阈值，并分解落实到市县。针对东北地区水资源过度，水—耕地—粮食关联系数偏低的地区，应合理确定灌溉耕地发展规模、发展区域，适度调减灌溉面积，特别是三江平原东部、松嫩平原中部地下水超采地区，加强地表水和地下水联合调度，科学配置水资源，在地表水替代工程未建成前，适当压缩水田面积，以提升水—耕地—粮食关联系数。同时可利用水田弃水连同灌区富余水对湿地进行补水，从而保护湿地生物多样性和湿地生态功能。针对东北地区水资源尚有开发潜力，水—耕地—粮食关联系数偏高的地区，可按照综合治理旱、涝、洪、渍、盐、碱，统一规划田、路、水、林，重点推进农艺及生物措施与工程措施同步的思路，通过新建水源工程、灌区新建和改扩建工程适度发展灌溉面积，通过提高有效灌溉面积以调减水—耕地—粮食关联系数。同时，在发展灌溉面积时，要充分考虑水土资源的承载能力和水资源优化配置，不能盲目开采利用，以免造成新的环境问题。

（二）灌溉水资源管理

水资源因素变化对各情境的水—耕地—粮食关联系数影响作用都较大，其中，对情境一和情境二的水—耕地—粮食关联系数影响作用居各因素之首。因此，通过调控区域灌溉可利用水资源量，以改善区域水—耕地—粮食关联关系。明确用水总量控制指标中灌溉用水配置，确保合理的灌溉用水量。

健全用水总量控制指标体系，加强水资源用途管制。完善省、市、县三级行政区域的水量分配方案和取水许可总量控制指标体系，将用水总量控制指标明确到具体江河、湖泊、水库和地下水源。以区域用水总量控制指标和水量分配方案为依据，将用水总量控制指标进一步细化到生活、农业、工业等主要用水行业，明确各行业的水资源用途。按照保障粮食安全的要求，逐级分解省、市、县行政区域的灌溉用水指标，并对水资源用途变更进行严格监管，禁止灌溉用水转变为其他用途，切实保障合理灌溉可利用水资源量。

实施农业用水开源措施，实现多元水源保障。东北地区各级行政区域应充分利用天然降水，重视利用非常规水源，加强非常规水多元、梯级和安全利用，推动非常规水纳入水资源统一配置，合理利用非常规水用于农业灌溉，提高灌溉用水总体保障水平。在没有常规灌溉条件的地区，通过当地的水窖、水池、塘坝等方式收集和储存雨水，解决干旱播种和保苗的问题。支持具备条件地区合理开发利用黑龙江、乌苏里江、绥芬河、图们江、鸭绿江、兴凯湖等国境界河湖的过境水资源，如黑龙江省除现有的常规水资源可利用量外，国境边界河湖过境水资源可利用量达 164.7 亿 m^3，三江平原地区的松花江、黑龙江、乌苏里江和兴凯湖的过境水资源丰富地区，可通过开发利用过境地表水资源，实现水资源合理开发和高效利用。

建立完善水权制度，推动水权流转，促进空间均衡。逐级分解区域总用水量控制指标，制订河道水量分配方案，明确区域取取水权益。推进灌区农业水权认定，逐步细化、农民用水合作组织、村集体组织等主体的用水指标，并落实到具体水源。制定落实省级水权交易管理实施细则，建立符合东北3省省情的水权交易制度。发挥市场配置水资源的作用，鼓励多种形式的水权交易，推进灌区水资源在区域间、流域间、流域上下游、用水户间的有效流转。支持县级以上地方政府或其授权单位以指标内结余水量为标的开展行政区域之间水权交易。用水总量达到或超过总量控制指标的地区，新增用水需求可通过水权交易解决。支持灌区间、农村集体经济组织之间或农户之间，开展农业水权交易，通过市场机制实现灌溉水资源在流域上下游及地区间、用水户间的有效流转。建立农业节余水量转让机制，倡导地方政府建立农业水权回购制度，对灌区内农业用水户的节余水量予以回购，用于灌区水权重新配置或跨区域水权交易。

（三）灌溉用水效率优化

灌溉水有效利用系数因素变化对四种情境下的水—耕地—粮食关联系数变化均具有一定的影响作用，在长时期过程的贡献作用显著强于短时期过程，在短时期过程的影响作用较小。可见，灌溉水有效利用系数因素需要经长期持续性累计后，才能够对水—耕地—粮食关联系数变化起到较大影响，因此，可将调整灌溉水有效利用系数，作为改善水—耕地—粮食关联关系的长期性手段。

加快推进现代灌区建设。2016年，黑龙江、吉林、辽宁3省大型灌区农田灌溉水有效利用系数分别为0.442、0.478、0.507，中型灌区农田灌溉水有效利用系数分别为0.478、0.504、0.530，其中，黑龙江、吉林两省大中型灌区农田灌溉水有效利用系数低于全国平均水平。东北地区应继续开展大中型灌区续建配套与现代化改造，对灌区渠首、骨干输水渠道、排水沟、渠系建筑物等进行配套完善和更新改造，着力解决现有灌区设施不足、配套不全、标准不高、老化失修等突出问题，促进骨干工程改造效益发挥，提高灌区骨干渠系水利用系数。同时，强化灌溉末级渠系，完善田间斗渠、农渠和毛渠配套工程，形成农田灌溉网络，着力解决灌溉“最后一公里”等问题，提高灌区农田灌溉水有效利用系数。

扩大高效节水灌溉面积。根据《节水灌溉工程技术标准》渠道防渗输水灌溉、管道输水灌溉、喷灌、微灌等节水灌溉技术的灌溉水利用系数分别可达 0.70、0.80、0.80、0.85 以上。东北地区应结合高标准农田建设，以粮食生产功能区、重要农产品生产保护区，以及水资源紧缺、地下水严重超采、生态环境脆弱地区为重点大规模开展渠道防渗输水灌溉、管道输水灌溉、喷灌、微灌等田间节水改造工程，扩大灌区高效节水灌溉面积，提升灌溉水利用率。在东北地区西部水资源紧缺地区，应根据水资源承载能力，积极推广新型节水灌溉技术，合理发展膜下滴灌，在具备规模化耕作条件的地区，集中连片发展机械化行走式喷灌。在东北地区东部水资源较丰富地区，在现有灌区续建配套与节水改造的基础上，积极推广应用渠道防渗、管道输水技术，保证新建灌区达到节水灌溉工程规范要求。在东北地区因地制宜开展灌溉信息化建设，推广灌溉自动化、信息化管理等技术，逐步建立农田水利管理信息网络，提高灌溉效率，促进农业节水。

推进标准化规范化管理。深化灌区管理体制与运行机制改革，制订深化灌区管理体制机制改革方案，科学界定政府、灌区专管机构、群管组织等各自的责任、权利、义务，理顺管理体制，落实管护主体，健全工程运行维护经费保障机制，畅通经费渠道，完善支持政策，加快健全灌区工程良性运行管护机制。以大中型灌区管理体制改革为契机，建立适应现代灌溉体系的灌区管理体制，结合灌区节水改造开展灌区信息化和智能化建设，加强量测水设施建设，灌区信息技术应用，实现灌区用水有监控、节水有考核，提高管理水平。加大灌区灌溉试验站网建设，开展节水灌溉基础理论试验研究，为大型灌区续建配套节水改造、推行科学的灌溉制度和灌水技术提供支撑。

（四）灌溉定额管理

综合定额因素变化对四种情境下的水—耕地—粮食关联系数变化均具有较大的影响作用，特别在短期过程的影响作用居各因素之首，因此，通过调整粮食作物种植结构来调整综合灌溉定额进而影响水—耕地—粮食关联关系，可作为快速均衡水—耕地—粮食关联关系的首选手段。

优化调整作物种植结构。充分考虑水资源禀赋条件，优化配置水、土、种子等资源，合理调整农业生产布局，优化农业种植结构，推进量水生产。水稻种植比例扩大是东北地区粮食作物种植结构向耗水化方向发展的主要影响因素。东北地区应以粮食生产功能区和重要农产品生产保护区划定范围内水田建设为重点，制定完善水田灌溉发展规划，科学确定水田发展规模。积极开展水稻轮作休耕，压减低产低效区水稻种植面积，特别是水资源超载流域要严格控制水稻等高耗水农作物种植面积，限制和减少三江平原井灌水稻面积。同时，东北地区应针对干旱缺水地区适度压减高耗水作物种植比例，扩大低耗水和耐旱作物种植比例，选育和推广优质、高效、耐旱高产品种，提高作物水分利用效率，实现节水增产和节水增效目标。

推广节水型种植模式。《寒地水稻控制灌溉技术模式研究与应用》研究表明，与传统浅湿灌溉方式相比，水稻节水控制灌溉技术，亩节水100~150m^3，节水率为30%~40%，增产5%~10%，并能提高肥效，增强水稻抗倒伏和抗稻瘟病能力。东北地区应充分利用高校、科研单位、水稻灌溉试验站、农业技术推广中心等技术力量，建设水稻控制灌溉技术节水示范区，推广水稻节水控制灌溉。同时，积极研究探索水稻旱作栽培技术模式和灌溉模式，示范推广促进水稻旱作栽培模式。大力推广旱作节水农业种植模式。充分利用自然降雨，推进适水种植，使作物生长需水期与雨季同步，变被动抗旱为主动避旱，缓解用水供需矛盾。推广抗旱坐水种、注水灌，科学应用抗旱剂、保水剂，解决春季抗旱保苗问题。大力推广深松整地、中耕除草、镇压耙耱、覆盖保墒等技术，营造土壤水库，提高土壤吸收和保持水分的能力。在有灌溉条件的地区，大力发展高效节水技术，在干旱和易发生水土流失地区，加快推广保护性耕作技术。

优化灌溉用水定额管理。建立节水标准定额体系，分级制定灌溉用水定额通用值和先进值，以更好地体现节水要求。根据农业种植结构调整、节水灌溉技术发展，科学合理确定灌溉定额，及时修订完善灌溉用水定额。《全国水资源综合规划》研究专题“全国农业灌溉用水及节水指标与标准研究”提出，经济灌溉定额一般约为充分灌溉定额的70%~75%，在水资源紧缺的地区满足经济灌溉定额也可基本实现预定产量，可以分区推广。强化用水定额管理，将灌溉用水定额作为农业用水总量分配、水资源论证、取水许可审批、节水评价、灌溉排水工程规划设计等方面的重要基础，建立灌溉节水激励机制，对实现灌溉定额先进值或实行经济灌溉定额的主体给予奖励，促进用水效率的提升和节水技术的进步。充分利用注水灌、坐水种等抗旱灌溉措施，东北地区春季经常发生严重干旱的情况，严重影响了农作物的播种和出苗，但如果出苗后赶上雨季，正常年份的降雨基本能满足作物后期生长的需要，因此，保障全苗和壮苗成为生产的重要环节，吉林、黑龙江两省的经验表明，保障可靠水源和取水、运水设备，采取注水灌就能取得良好效果。

第十章　结论与讨论

一、主要结论

水—耕地—粮食关联关系如何？种植结构调整对水—耕地—粮食的影响如何？未来水—耕地—粮食关联如何调控？这是困扰决策层及学术界的重大热点问题。本研究从资源耦合视角切入，综合资源经济、农业经济、资源地理学等多学科知识，以东北 3 省为例，从空间与时间多尺度以及二元与三元的多种关联视角对上述问题进行了分析，得出以下主要结论。

（一）东北地区是我国地多、粮多、水资源短缺地区

东北地区耕地面积2 780.40万 hm^2，占全国的 20.61%；人均耕地面积 0.26hm^2，为全国平均水平的 2.63 倍，是我国耕地较丰富的地区。有效灌溉总面积和水田均呈增长趋势，区域上有效灌溉面积在中部及东北部地区增幅较大，其中，水田呈现“北增南减”的空间变化特征。有效灌溉面积，尤其是水田面积的增加，使得耕地灌溉水需求量持续增加，受到水资源约束也逐步加大。东北地区新增耕地主要来源于林地和草地等生态用地，而减少耕地去向已由以往的主要流向生态用地为主，转变为主要流向建设用地，形成了当前“建设用地占用耕地，耕地开垦占用生态用地”占补转换格局。

东北地区粮食作物播种面积和粮食产量为2 316.58万 hm^2 和 13 895.00万 t，分别占全国的 19.63% 和 21.00%，人均产粮

1.28 t，为全国平均水平的2.68倍，是我国粮食最大产区，其中，黑龙江省是我国第一大产粮省；粮食总面积呈增长之势，1990—2017年增长了909.82万 hm^2；水稻、玉米、大豆、小麦、杂粮面积占比分别从1990年的11.63%、40.90%、20.56%、13.89%、13.02%调整为2017年的22.72%、54.90%、17.40%、0.47%、4.51%，水稻和玉米分别上升了11.09个和14.00个百分点，大豆、小麦、杂粮分别下降了3.16个、13.42个、8.51个百分点。从空间分布看，玉米在向中部至南部快速扩张，逐步发展成为绝大多数地市粮食生产结构中的主导作物，水稻向松嫩平原和三江平原逐步扩张，大豆在中西部及南部减退，向北部冷凉区巩固。

东北地区水资源总量只占全国的5.54%，人均水资源仅为全国平均水平的73.35%，水资源相对短缺，且年际波动较大，水资源总量空间分布呈现“北丰南欠、东多西少、山区多、平原少”的特征；供水及用水量总体呈增加态势，空间分布呈现“中部多、南北少，平原多、山区少”的特征，水资源总量与水资源开发利用状况的空间分布不一致。

（二）粮食作物种植结构调整和单产变动决定了虚拟耕地变化的时空差异

从省级层面看，1990—2017年黑龙江、吉林、辽宁3省单位粮食作物产品虚拟耕地含量呈下降趋势，分别由0.321 hm^2/t、0.172 hm^2/t、0.209 hm^2/t 下降为0.191 hm^2/t、0.134 hm^2/t、0.149 hm^2/t，表明其粮食生产总体均向节地方向演变。黑龙江、吉林、辽宁3省粮食种植结构中低产作物转向高产作物，是推动虚拟耕地保持下降趋势的主要原因。从地市层面看，1990—2017年35个地市虚拟耕地含量有所减少，其粮食生产向节地方向演变，北部和西部地区虚拟耕地减幅较大。粮食虚拟耕地较高地市的空间分布大幅收缩，较低地市的空间分布大幅扩张，演变为南部-中部-东北部的连片聚集分布。不同时期各地市虚拟耕地增减变化差异较大，粮食作物结构调整和单产变动的贡献差异决定了虚拟耕地变化的时空差异。

（三）粮食作物种植结构向高耗水型发展，粮食灌溉需水总量持续增加

东北地区及黑龙江省、吉林省粮食作物综合灌溉定额呈增加态势，表明粮食生产向高耗水型方向变化。从其时空变化来看，粮食作物综合灌溉定额总体呈现由“南部高、北部低”向“中西至东北高、北部及中东至南部低”演化的空间分布特征，地处松嫩平原和三江平原的地区逐步成为高耗水粮食生产结构地市的聚集区。水稻占比的上升是推动东北地区粮食种植结构向高耗水型发展的主要原因。

东北地区粮食作物灌溉需水量总体呈增加态势，黑龙江省、吉林省和辽宁省总体也均呈增加态势。粮食作物灌溉需水量空间演变总体与综合灌溉定额的空间变化相似，也呈“北增南减”之势。作物需水强度变化的正向贡献作用强于用水效率的负向贡献作用，是推动粮食作物灌溉需水量增加的主要原因。从分作物来看，水稻需水变化是影响东北 3 省及各地市粮食灌溉需水量变化的主要原因。

（四）不同情境下水—耕地—粮食关联分析表明，其关联关系尚有改善和优化空间

情境一和情境二分别仅有 12.04%和 17.59%的地市处于平衡状态，表明基于当前粮食生产结构和规模，东北地区大多数地市，特别是平原地区的地市，无论是基于水资源自然本底状况，还是基于用水总量控制的粮食生产可利用水资源量都不能满足其所利用耕地面积上全部粮食作物的灌溉需水，可见将全部耕地发展为灌溉耕地是不现实的。情境三仅有不到 10%的地市处于平衡状态，结合

情境三和情境一分析结果，仅依靠区域水资源自然本底条件，无论是以耕地总体状况，还是以灌溉耕地面积来计算，三大平原地区大多数地市均严重缺水，大兴安岭及长白山山区大多数地市均严重缺地，可见仅靠区域水资源本底无法有效支撑其粮食生产，开展跨区域水资源调配十分必要。情境四分别有 37.04% 和 35.19% 的地市处于平衡状态和轻度失衡状态，可见在水量分配和用水总量控制情况下，以灌溉耕地面积计算，东北地区水—耕地—粮食关联关系有较大改善，但区域间不均衡问题依然存在，仍有进一步改善和优化空间。

（五）优化粮食种植结构和水土资源配置，是改善水—耕地—粮食关联关系的有效手段

未来黑龙江、吉林、辽宁 3 省的耕地面积将呈继续减少态势。粮食播种面积将继续保持增加趋势，粮食种植结构将会趋于优化。伴随粮食种植结构变化，黑龙江省粮食作物综合灌溉定额将小幅降低，吉林省和辽宁省综合定额将小幅增加。未来黑龙江、吉林、辽宁 3 省的灌溉耕地面积将继续保持增加趋势。到 2030 年，在灌溉用水总量控制情景下，基于粮食生产用地总面积，水—耕地—粮食关联关系总体将处于水资源紧平衡状态；基于粮食灌溉耕地面积，吉林省和辽宁省水—耕地—粮食关联关系总体将继续保持平衡状态，黑龙江省将变为轻度缺水状态。

耕地资源、水资源、灌溉水有效利用系数、灌溉定额变化对水—耕地—粮食关联具有直接的影响，针对各地市水—耕地—粮食关联特点，优化粮食种植结构和水土资源配置，是改善水—耕地—粮食关联关系的有效手段。在耕地保护与利用方面，应加强耕地数量、质量、生态“三位一体”保护，有序推进耕地休养生息，因地制宜调控耕地灌溉面积。在灌溉水资源管理方面，应健全用水总量控制指标体系，加强水资源用途管制，实施农业用水开源措施，实现多元水源保障，建立完善水权制度，推动水权流转，促进空间均衡。在灌溉用水效率优化方面，应加快推进现代灌区建设，扩大高效节水灌溉面积，推进标准化规范化管理。在灌溉定额管理方面，应优化调整作物种植结构，推广节水型种植模式，优化灌溉用水定额管理。

二、创新之处

（一）方法创新

一是针对粮食生产水土资源要素匹配度和约束度研究不足的问题，建立了水—耕地—粮食关联模型，并分四种情境，揭示区域粮食生产可供利用水资源及可利用耕地资源与粮食生产的关联关系、区域粮食生产对水资源需求和可利用耕地资源利用与粮食生产的关联关系、区域粮食生产可供利用水资源及可利用灌溉耕地资源与粮食生产的关联关系、区域粮食生产对水资源需求和可利用灌溉耕地资源利用与粮食生产的关联关系，评价了水资源、耕地资源与粮食生产的适宜程度和满足程度，丰富了水—耕地—粮食系统研究方法。

二是采用逆向思维，以作物灌溉定额推算综合灌溉定额和灌溉需水量，以作物对综合灌溉定额和灌溉需水量的贡献率来量化种植结构调整对其的影响大小。此前，有关综合灌溉定额和灌溉需水量的研究局限于利用气象数据来量化，并分析气象因子对其的影响。此类研究已取得丰富成果，但由于受气象站点数据获得的限制以及空间插值的误差等一系列局限性，不适合区域、省域以及市域等以行政区划为研究单元的综合对比研究。故此，本研究利用黑龙江、吉林、辽宁各省投入大量调研、监测、统计、分析编制完成的各类粮食作物的灌溉定额为基础，开展水与粮食的关联研究，增加了研究的实用价值与现实可操作性。

（二）内容创新

以往研究多认为，单位面积耕地所拥有的水资源量越高，区域水土资源匹配程度就越高，农业生产的基础条件就越优越。若照此标准，则大兴安岭、白山等地市将成为东北地区水土匹配状况最优的区域，而上述地区水土资源匹配系数奇高的原因是耕地资源严重稀缺，而水资源极大丰富，实应为水土资源严重的不匹配，显然采用“若水土匹配系数越高，则水土资源均衡程度越优”标准进行评价的结果与实际情况相悖。可见，区域粮食生产所拥有的水土资源匹配程度的优劣，不宜简单采用“若高则优”的标准来评价。研究认为，应以区域粮食生产所拥有的水资源和耕地资源的匹配状况，与当前粮食生产结构对水资源和耕地资源的利用状况的适应程度和满足程度如何作为标准，来进行评价。

本研究基于不同指标的选取改善了单位面积耕地所拥有的水资源量法，提出了基于区域水资源本底的水土资源匹配和基于用水总量控制的水土资源匹配，从两个新的视角来进行研究。一是基于区域水资源本底的水土资源匹配，本研究在前人所用的水资源总量、水资源量、水资源总量中农业用水量、水资源可利用量中农业用水量、用水总量中农业用水量、用水总量中灌溉用水量直接作为农业生产可供的水资源量的基础上，利用区域可利用水资源量中灌溉可利用水资源量计算水土资源匹配系数，可以消除区域间水量分配和过境水利用的影响，更能直观反映区域自然本底状况下匹配状态。二是基于用水总量控制的水土资源匹配，利用区域用水总量控制指标中灌溉可利用水资源量计算水土资源匹配系数，以破除区域水资源自然本底条件的限制，有效反映在水量分配和水资源总量控制情况下区域的粮食生产水资源量与耕地资源的匹配状态。更加值得一提的是，本研究不仅关注水土资源总量与资源变化量，更加关注水土资源可利用量。在计算水土匹配时，耕地资源方面，提出了粮食生产可利用耕地面积模型，更加精确的定位到粮食生产的水土匹配状态。

(三) 实践创新

LSTM 深度学习模型广泛应用于住宅负荷、碳排放、石油产量、城市代谢、交通流量和股票指数等领域的时间序列预测，均表现了出色的预测性能。本研究尝试将 LSTM 深度学习模型引入水—耕地—粮食的综合预测，有助于丰富耕地面积预测方法、提升耕地预测精度。为验证 LSTM 深度学习模型耕地面积预测效果，本研究选择常用的趋势外推模型、指数平滑模型、灰色模型、移动平均自回归、支持向量机、NAR 动态神经网络等 6 类模型进行对比，并以东北三省区作为案例进行分析。结果表明，无论是在训练阶段，还是在预测阶段，LSTM 深度学习模型精准度更高、适应性更优。此研究为 LSTM 深度学习模型在农业领域的实践起到了“添砖加瓦”的作用。

三、不足与展望

水—耕地—粮食的综合研究是一项复杂的科学工作，同时又涵盖了区域、省域、地市等不同研究尺度的时间与空间上的分离与结合。本研究虽然取得了一定的研究进展，但由于内容多、工作量大，同时，所涉及的是相互交叉的多学科领域，因此，还有许多工作有待于进一步研究和探讨。

粮食生产的农业水土资源的匹配不仅与降水资源分布影响下区域水资源的丰缺程度有关，还与农业用水的来源（蓝水、绿水、灰水）及耕地用地类型（如水田、旱地）或耕作方式（旱作农业和灌溉农业）等有密切联系。粮食生产的农业水土资源的匹配程度不是单纯地对单位面积水资源量的衡量，而是多种要素综合的结果。本研究主要分析现实中可以控制和管理的蓝水部分，有利于提出合理的农业水土资源开发利用与管理方案，但实际上绿水和灰水也是作物需水的重要来源，在研究条件允许的情况下，综合分析更有利于实现粮食生产的水土资源高效合理利用的最终目标。

水—耕地—粮食匹配程度评价，侧重于一定区域水资源、耕地资源、粮食生产数量匹配的测度，为评判区域农业可持续发展的基础条件和进行农业发展的科学规划，提供宏观决策依据。从提高农业综合生产能力的角度，水土匹配程度评价还应细化到对不同地区土地利用适宜性及其不同种植作物生理需水适应性的微观状况评价，据此进行流域或县域中小尺度的水土资源时空优化配置，才更具有实践操作性。这也是需要进一步深化研究的重要方面。

在农业水土资源利用及粮食生产的分析过程中主要采用的是统计数据资料，虽然本研究尽量对数据进行多渠道搜集，以对其进行校验和判断，从而确保数据的完整性和可靠性，但由于所需的数据量大、范围广、区域较多，不同区域对数据统计的精确程度可能有所差别，同时，由于统计口径的不同、统计误差等限制因素，可能会对研究结果的计算产生一定影响。此外，在运用统计学方法过程中还要注重实际调研工作的开展，以避免理论与实际的偏离，从而提高研究结果的实用性和准确性，这将是下一步需要加强的方向。

参考文献

白洁芳，李洋洋，周维博，2017. 榆林市农业水土资源匹配与承载力［J］. 排灌机械工程学报，35（7）：609-615+626.

白玮，邱爱军，张秋平，等，2010. 黄淮海地区水土资源粮食安全价值核算［J］. 中国人口·资源与环境，20（1）：66-70.

柏林川，武兰芳，宋小青，2013. 1995—2010 年山东省粮食单产变化空间分异及均衡增产潜力［J］. 地理科学进展，32（8）：1257-1265.

贲培琪，吴绍华，李啸天，等，2016. 中国省际粮食贸易及其虚拟耕地流动模拟［J］. 地理研究，35（8）：1447-1456.

BERGSTROM J C，RANDALL A，谢关平，朱方明，2015. 资源经济学：自然资源与环境政策的经济分析［M］. 北京：中国人民大学出版社：26-30.

蔡运龙，傅泽强，戴尔阜，2002. 区域最小人均耕地面积与耕地资源调控［J］. 地理学报（2）：127-134.

蔡运龙，汪涌，李玉平，2009. 中国耕地供需变化规律研究［J］. 中国土地科学，23（3）：11-18+31.

操信春，吴普特，王玉宝，等，2014. 中国灌区粮食生产水足迹及用水评价［J］. 自然资源学报，29（11）：1826-1835.

曹隽隽，周勇，叶青清，等，2013. 江汉平原耕地资源空间格局变化分析［J］. 经济地理，33（11）：130-135.

曹志宏，2013. 基于谷物当量的中国居民食物消费变化及其对农业生产需求分析［J］. 资源科学，35（11）：2181-2187.

车明亮，聂宜民，刘登民，等，2010. 区域耕地数量变化预测方法的对比研究［J］. 中国土地科学，24（5）：13-18.

陈百明，杜红亮，2006. 试论耕地占用与 GDP 增长的脱钩研究［J］. 资源科学（5）：36-42.

陈百明，张凤荣，2011. 我国土地利用研究的发展态势与重点领域［J］. 地理研究，30（1）：1-9.

陈丹玲，卢新海，匡兵，2019. 基于随机森林的耕地利用效率测度模型构建及其应用［J］. 自然资源学报，34（6）：1331-1344.

陈迪，吴文斌，周清波，等，2018. 亚洲耕地利用格局十年变化特征研究［J］. 中国农业科学，51（6）：1 106-1 120.

陈健，王忠义，李良涛，等，2008. 基于比较优势分析法的冬小麦产量差异［J］. 应用生态学报，19（9）：1 971-1 976.

陈太政，侯景伟，陈准，2013. 中国水资源优化配置定量研究进展［J］. 资源科学，35（1）：132-139.

陈新建，濮励杰，2015. 中国资源地理学学科地位与近期研究热点［J］. 资源科学，37（3）：425-435.

陈学渊，唐华俊，吴永常，等，2015. 耕地格局时空动态变化过程和差异分析—以浙江安吉为例［J］. 中国农业科学，48（21）：4 302-4 313.

陈印军，向雁，金轲，2019. 论耕地质量红线［J］. 中国农业资源与区划，40（3）：1-4.

陈印军，肖碧林，方琳娜，等，2011. 中国耕地质量状况分析［J］. 中国农业科学（17）：3 557-3 564.

陈印军，易小燕，陈金强，等，2016. 藏粮于地战略与路径选择［J］. 中国农业资源与区划，37（12）：8-14.

陈印军，易小燕，方琳娜，等，2016. 中国耕地资源与粮食增产潜力分析［J］. 中国农业科学，49（6）：1 117-1 131.

陈展图，杨庆媛，2017. 中国耕地休耕制度基本框架构建［J］.

中国人口·资源与环境，12：126-136.
程文仕，曹春，黄鑫，2015. 趋势移动平均法在耕地面积预测中的应用研究—基于 1985—2010 年甘肃省耕地面积分析［J］. 干旱区资源与环境，29（8）：185-189.
程叶青，张平宇，2005. 中国粮食生产的区域格局变化及东北商品粮基地的响应［J］. 地理科学（5）：3-10.
仇相玮，胡继连，2014. 我国粮食安全视角下的农业用水保障战略研究［J］. 水利经济（6）：50-53+71-72.
丛振涛，姚本智，倪广恒，2011. SRA1B 情景下中国主要作物需水预测［J］. 水科学进展，22（1）：38-43.
单纯宇，王素芬，2016. 海河流域作物水足迹研究［J］. 灌溉排水学报，35（5）：50-55.
邓宗兵，封永刚，张俊亮，等，2013. 中国粮食生产空间布局变迁的特征分析［J］. 经济地理，33（5）：117-123.
邓宗兵，封永刚，张俊亮，等，2014. 中国粮食生产区域格局变动及成因的实证分析［J］. 宏观经济研究（3）：94-113.
丁雪丽，2018. 粮食生产中的水资源利用效率分析［J］. 经济研究导刊（7）：30-35.
董雯，杨宇，张豫芳，2013. 绿洲城镇发展与水土资源开发的耦合效应及其时空分异［J］. 资源科学，35（7）：1 355-1 362.
杜国明，春香，于凤荣，等，2017. 东北地区水田分布格局的时空变化分析［J］. 农业现代化研究，38（4）：728-736.
段春青，刘昌明，陈晓楠，等，2010. 区域水资源承载力概念及研究方法的探讨［J］. 地理学报，65（1）：82-90.
樊鹏飞，梁流涛，许明军，等，2018. 基于虚拟耕地流动视角的省际耕地生态补偿研究［J］. 中国人口·资源与环境，28（1）：91-101.
封志明，刘宝勤，杨艳昭，2005. 中国耕地资源数量变化的趋势分析与数据重建：1949—2003［J］. 自然资源学报（1）：35-43.

封志明，杨艳昭，游珍，2014. 中国人口分布的水资源限制性与限制度研究［J］. 自然资源学报，29（10）：1 637-1 648.

冯变变，刘小芳，赵勇钢，等，2018. 山西省主要粮食作物生产水足迹研究［J］. 干旱区资源与环境，32（3）：133-137.

付强，刘烨，李天霄，等，2017. 水足迹视角下黑龙江省粮食生产用水分析［J］. 农业机械学报（6）：184-192.

盖力强，谢高地，李士美，等，2010. 华北平原小麦、玉米作物生产水足迹的研究［J］. 资源科学，32（11）：2 066-2 071.

高明杰，罗其友，2008. 水资源约束地区种植结构优化研究：以华北地区为例［J］. 自然资源学报，23（2）：204-210.

耿庆玲，2014. 西北旱区农业水土资源利用分区及其匹配特征研究［J］. 北京：中国科学院研究生院（教育部水土保持与生态环境研究中心），20-30.

宫雪，李玉环，吕玮，等，2017. 泰安市粮食耕地人口承载力评价［J］. 中国人口·资源与环境，27（S1）：258-261.

谷树忠，1998. 资源经济学的学科性质、地位与思维［J］. 资源科学（1）：18-24.

顾莉丽，孙立新，2016. 吉林省农业水土资源时空匹配格局研究［J］. 中国农机化学报，37（3）：205-208.

顾世祥，何大明，李远华，等，2008. 怒江干旱河谷灌溉定额变化趋势分析［J］. 农业工程学报（7）：54-59.

郭珍，吴宇哲，2016. 基本农田保护制度应优先于耕地总量动态平衡制度［J］. 湖南财政经济学院学报，32（2）：54-62.

国土资源部，国家统计局，1999. 全国农业普查办公室：关于土地利用现状调查主要数据成果的公报［J］. 中国统计（12）：5+14.

韩宇平，曲唱，贾冬冬，2019. 河北省主要农作物水足迹与耗水结构分析［J］. 灌溉排水学报 38（10）：121-128.

何秀丽，刘文新，2012. 中国东北粮食安全评价及政策模拟［J］. 农业现代化究，33（6）：678-681.

洪思扬，宋志松，程涛，等，2017. 基于基尼系数的南水北调受水区水资源空间匹配分析［J］. 北京师范大学学报（自然科学版），53（2）：175-179.

侯鹏，陈新平，崔振岭，等，2013. 基于 Hybrid-Maize 模型的黑龙江春玉米灌溉增产潜力评估［J］. 农业工程学报，29（9）：103-112+295.

侯薇，刘小学，魏晓妹，2012. 陕西关中地区农业水土资源时空匹配格局研究［J］. 水土保持研究，19（1）：134-138.

胡继连，葛颜祥，2004. 黄河水资源的分配模式与协调机制——兼论黄河水权市场的建设与管理［J］. 管理世界（8）：43-52+60.

胡琼，吴文斌，项铭涛，等，2018. 全球耕地利用格局时空变化分析［J］. 中国农业科学，51（6）：1 091-1 105.

黄克威，袁鹏，刘刚，2015. 基于 DEA 的四川省水土资源匹配研究［J］. 中国农村水利水电（10）：58-61+65.

季翔，刘黎明，起晓星，2014. 区域耕地粮食生产保障能力及其风险评价方法［J］. 农业工程学报，30（7）：219-226.

贾绍凤，封志明，李丽娟，等，2010. 资源地理与水土资源研究成果与展望［J］. 自然资源学报，25（9）：1 445-1 457.

姜宁，付强，2010. 基于基尼系数的黑龙江省水资源空间匹配分析［J］. 东北农业大学学报，41（5）：56-60.

姜秋香，付强，王子龙，等，2011. 三江平原水土资源空间匹配格局［J］. 自然资源学报，26（2）：270-277.

姜秋香，付强，王子龙，2011. 三江平原水资源承载力评价及区域差异［J］. 农业工程学报，27（9）：184-190.

姜秋香，巩书鑫，仇志强，等，2018. 粮食增产期黑龙江省农业水土资源时空匹配格局研究［J］. 南水北调与水利科技，16（4）：160-168.

姜秋香，周智美，王子龙，等，2017. 基于水土资源耦合的水资源短缺风险评价及优化［J］. 农业工程学报，33（12）：136-143.

姜文来，雷波，唐曲，2005. 水资源管理学及其研究进展［J］. 资源科学（11）：153-157.

姜文来，刘洋，2015. 农业用水保障粮食安全展望［J］. 农业展望（1）：56-60.

金涛，陆建飞，2011. 江苏粮食生产地域分化的耕地因素分解［J］. 经济地理，31（11）：1 886-1 890.

金涛，2014. 中国粮食生产时空变化及其耕地利用效应［J］. 自然资源学报，29（6）：911-919.

金涛，2019. 中国粮食作物种植结构调整及其水土资源利用效应［J］. 自然资源学报，34（1）：14-25.

孔祥斌，2016. "休养生息" 意在提质增效［J］. 国土资源（2）：9.

孔星河，梅昀，柯新利，2016. 耕地占用与经济增长脱钩关系的倒 U 型曲线检验：武汉市的实证［J］. 中国土地科学，30（3）：46-54.

李保国，黄峰，2010. 1998—2007 年中国农业用水分析［J］. 水科学进展，21（4）：575-583.

李保国，黄峰，2015. 蓝水和绿水视角下划定 "中国农业用水红线" 探索［J］. 中国农业科学，48（17）：3 493-3 503.

李保国，黄峰，2015. 蓝水和绿水视角下划定中国农业用水红线探索［J］. 中国农业科学，48（17）：3 493-3 503.

李斌，陈午，王红瑞，等，2016. 基于生态功能的水资源三级区水资源开发利用率研究［J］. 自然资源学报，31（11）：

1 918-1 925.

李春华，李宁，史培军，2007. 基于SOM模型的中国耕地压力分类研究［J］. 长江流域资源与环境（3）：318-322.

李慧，周维博，庄妍，等，2016. 延安市农业水土资源匹配及承载力［J］. 农业工程学报，32（5）：156-162.

李静，孙有珍，2015. 资源与环境双重约束下的粮食生产用水效率研究［J］. 水资源保护（6）：67-75.

李丽娟，郑红星，2000. 海滦河流域河流系统生态环境需水量计算［J］. 地理学报（4）：495-500.

李天祥，朱晶，2014. 近十年来中国粮食内部种植结构调整对水土资源利用的影响分析［J］. 中国人口·资源与环境，24（9）：96-102.

李天霄，付强，孟凡香，2017. 黑龙江省农业水土资源时空匹配格局研究［J］. 东北农业大学学报，48（6）：51-58.

李艳梅，张雷，程晓凌，2010. 中国碳排放变化的因素分解与减排途径分析［J］. 资源科学，32（2）：218-222.

李月，孔祥斌，张安录，等，2016. 基于LMDI模型的我国省域粮食生产变化影响因素分析［J］. 中国农业大学学报，21（1）：129-140.

李子良，李新旺，门明新，等，2011. 唐山市耕地占用与经济发展关系分析析［J］. 中国土地科学，25（4）：57-63.

梁变变，石培基，王伟，等，2016. 甘肃省农业水土资源时空匹配格局［J］. 资源开发与市场，32（12）：1 461-1 465.

梁流涛，祝孔超，2019. 区际农业生态补偿：区域划分与补偿标准核算—基于虚拟耕地流动视角的考察［J］. 地理研究，38（8）：1 932-1 948.

刘保花，陈新平，崔振岭，等，2015. 三大粮食作物产量潜力与产量差研究进展［J］. 中国生态农业学报，23（5）：525-534.

刘斌涛，张素，熊东红，等，2018. 横断山地水土要素时空分布格局与耦合特征［J］. 自然杂志，40（1）：55-63.

刘丙军，邵东国，沈新平，2007. 作物需水时空尺度特征研究进展［J］. 农业工程学报（5）：258-264.

刘聪，2017. 中国粮食生产的水资源利用特征评价［J］. 华中农业大学学报（社会科学版）（4）：22-29+146.

刘丹，巩前文，杨文杰，2018. 改革开放40年来中国耕地保护政策演变及优化路径［J］. 中国农村经济，（12）：37-51.

刘纪远，匡文慧，张增祥，等，2014，20世纪80年代末以来中国土地利用变化的基本特征与空间格局［J］. 地理学报，69（1）：3-14.

刘佳骏，董锁成，李泽红，2011. 中国水资源承载力综合评价研究［J］. 自然资源学报，26（2）：258-269.

刘俊，胡晓寒，鲁欣，等，2011. 缺水地区农业种植结构调整和经济灌溉定额研究［J］. 水利水电技术，42（2）：58-62+67.

刘路广，吴瑕，王丽红，等，2016. 鄂北地区不同灌溉模式水稻需水及生长特性研究［J］. 灌溉排水学报，35（3）：32-36+50.

刘璐璐，宋戈，黄善林，等，2018. 基于粮食安全的黑龙江省耕地压力时空特征分析［J］. 东北师大学报（自然科学版），50（1）：138-143.

刘瑞，朱道林，2010. 基于转移矩阵的土地利用变化信息挖掘方法探讨［J］. 资源科学，32（8）：1 544-1 550.

刘小刚，符娜，李闯，等，2015. 河南省主粮作物需水量变化趋势与成因分析［J］. 农业机械学报，46（9）：188-197.

刘彦随，甘红，张富刚，2006. 中国东北地区农业水土资源匹配格局［J］. 地理学报，61（8）：847-854.

刘彦随，彭留英，陈玉福，2005. 东北地区土地利用转换及其生态效应分析［J］. 农业工程学报（11）：183-186.

刘彦随，王介勇，郭丽英，2009. 中国粮食生产与耕地变化的时空动态［J］. 中国农业科学，42（12）：4 269-4 274.

刘彦随，翟荣新，2009. 中国粮食生产时空格局动态及其优化策略探析［J］. 地域研究与开发，28（1）：1-5.

刘影，肖池伟，李鹏，等，2015. 1978—2013 年中国粮食主产区"粮-经"关系分析［J］. 资源科学，37（10）：1 891-1 901.

刘玉，高秉博，潘瑜春，等，2014. 基于 LMDI 模型的中国粮食产量变化及作物构成分解研究［J］. 自然资源学报，29（10）：1 709-1 720.

刘玉杰，杨艳昭，封志明，2007. 中国粮食生产的区域格局变化及其可能影响［J］. 资源科学（2）：8-14.

刘珍环，李正国，唐鹏钦，等，2013. 近 30 年中国水稻种植区域与产量时空变化分析［J］. 地理学报，68（5）：680-693.

柳长顺，陈献，刘昌明，等，2005. 虚拟水交易：解决中国水资源短缺与粮食安全的一种选择［J］. 资源科学（2）：10-15.

柳长顺，杜丽娟，张春，2019. 灌溉用水权确权到户有关问题的思考［J］. 水利经济，37（4）：17-19+75-76.

龙花楼，李秀彬，2006. 中国耕地转型与土地整理：研究进展与框架［J］. 地理科学进展，25（5）：67-76.

龙玉琴，王成，杨庆媛，等，2019. 基于粮食安全与生态安全的省域耕地休耕规模测算［J］. 西南大学学报（自然科学版），41（1）：51-59.

卢新海，韩璟，2015. 中国海外耕地投资战略与对策：基于粮食安全视角［M］. 北京：科学出版：15-20.

卢新海，柯善淦，2017. 基于海外耕地投资的中国粮食供给安全研究［J］. 中国人口·资源与环境，27（5）：102-110.

罗翔，曾菊新，朱媛媛，等，2016. 谁来养活中国：耕地压力在粮食安全中的作用及解释［J］. 地理研究，35（12）：2 216-2 226.

罗翔，张路，朱媛媛，2016. 基于耕地压力指数的中国粮食安全［J］. 中国农村经济（2）：83-96.

罗亦泳，张豪，张立亭，2015. 基于自适应进化相关向量机的耕地面积预测模型［J］. 农业工程学报，31（9）：257-264.

马利邦，田亚亚，郭晓东，等，2018. 基于格网的河西绿洲乡村聚落时空演变及其与水土资源的空间耦合关系［J］. 自然资源学报，33（5）：775-787.

马述忠，叶宏亮，任婉婉，2015. 基于国内外耕地资源有效供给的中国粮食安全问题研究［J］. 农业经济问题，36（6）：9-19+110.

满卫东，王宗明，刘明月，等，2016. 1990—2013 年东北地区耕地时空变化遥感分析［J］. 农业工程学报（7）：1-10.

梅旭荣，康绍忠，于强，等，2013. 协同提升黄淮海平原作物生产力与农田水分利用效率途径［J］. 中国农业科学，46（6）：1 149-1 157.

苗鸿，魏彦昌，姜立军，等，2003. 生态用水及其核算方法［J］. 生态学报（6）：1156-1164.

南纪琴，王景雷，秦安振，等，2017. 中国西北旱区农业水土资源利用情景潜力研究［J］. 自然资源学报，32（2）：292-300.

南纪琴，王景雷，陶国通，等，2015. 西北旱区农业水土资源匹配格局研究［J］. 灌溉排水学报，34（5）：41-45.

聂晓，刘兴土，王毅勇，2016. 松嫩—三江平原地区农业水土资源匹配格局研究［J］. 湖北农业科学，55（18）：4 894-4 897.

聂英，2015. 中国粮食安全的耕地贡献分析［J］. 经济学家

（1）：83-93.
潘忠文，徐承红，2019. 我国水资源利用与经济增长脱钩分析［J］. 华南农业大学学报（社会科学版），18（2）：97-108.
漆信贤，张志宏，黄贤金，2018. 面向新时代的耕地保护矛盾与创新应对［J］. 中国土地科学，32（8）：9-15.
齐学斌，黄仲冬，乔冬梅，等，2015. 灌区水资源合理配置研究进展［J］. 水科学进展，26（2）：287-295.
乔家君，李小建，2005. 近 50 年来中国经济重心移动路径分析［J］. 地域研究与开发，24（1）：12-16.
乔姗姗，潘红卫，商崇菊，2016. 贵州省农业净灌溉需水量与灌溉需求指数时空分布［J］. 农业工程学报，32（12）：115-121.
乔伟峰，盛业华，方斌，等，2013. 基于转移矩阵的高度城市化区域土地利用演变信息挖掘—以江苏省苏州市为例［J］. 地理研究，32（8）：1 497-1 507.
曲福田，韩洪云，石晓平，2011. 资源与环境经济学［M］. 北京：中国农业出版社：106-107.
曲福田，2001. 面向 21 世纪课程教材资源经济学经济管理专业用［M］. 北京：中国农业出版社：8-1.
人民论坛，2019. 粮食安全：一场输不起的战争［J］. http：//www. rmlt. com. cn/2019/1122/562291. Shtml.
山仑，张岁岐，2006. 能否实现大量节约灌溉用水—我国节水农业现状与展望［J］. 自然杂志（2）：71-74.
施炯林，1999. 农作物灌溉定额与产量的优化模型及其求解方法［J］. 中国农村水利水电（03）：10-11.
施雅风，曲耀光，1992. 乌鲁木齐河流域水资源承载力及其合理利用［M］. 北京：科学出版社：10-15.
石培礼，耿守保，2018. 山地水土要素耦合效应及土地利用的优化配置［J］. 自然杂志，40（1）：25-32.

石全红，刘建刚，王兆华，等，2012. 南方稻区水稻产量差的变化及其气候影响因素［J］. 作物学报，38（5）：896-903.

宋小青，欧阳竹，2012. 1999—2007 年中国粮食安全的关键影响因素［J］. 地理学报，67（6）：793-803.

宋小青，吴志峰，欧阳竹，2014. 1949 年以来中国耕地功能变化［J］. 地理学报，69（4）：435-447.

苏冰倩，王茵茵，上官周平，2017. 西北地区新一轮退耕还林还草规模分析［J］. 水土保持研究，24（4）：59-65.

孙才志，汤玮佳，邹玮，2012. 中国粮食贸易中的虚拟资源生态要素估算及效应分析［J］. 资源科学，34（3）：589-597.

孙晶华，张吴平，吴亚楠，等，2017. 山西省农业水土资源时空匹配及短缺分析［J］. 山西农业科学，45（3）：443-447+464.

孙景生，康绍忠，2000. 我国水资源利用现状与节水灌溉发展对策［J］. 农业工程学报（2）：1-5.

孙强，王乐，蔡运龙，2008. 基于 SOFM 网络的中国耕地压力综合分区［J］. 北京大学学报（自然科学版）（4）：625-631.

孙通，封志明，杨艳昭，2017. 2003—2013 年中国县域单元粮食增产格局及贡献因素研究［J］. 自然资源学报（2）：3-11.

孙侦，贾绍凤，吕爱锋，2018. 中国海外耕地投资状况研究［J］. 资源科学，40（8）：1 495-1 504.

孙侦，贾绍凤，严家宝，等，2018. 中国水土资源本底匹配状况研究［J］. 自然资源学报，33（12）：2057-2066.

谈明洪，吕昌河，2005. 城市用地扩展与耕地保护［J］. 自然资源学报（1）：52-58.

唐咸正，王娟，2004. 论资源经济学的研究对象［J］. 自然资源学报（3）：273-278.

陶国芳，蒋兆恒，秦丽杰，2012. 基于基尼系数的通化地区水土资源匹配分析［J］. 中国农业资源与区划，33（4）：67-71.

田贵良，2008. 虚拟水战略的经济学解释—比较优势理论的一个分析框架［J］. 经济学家（5）：39-47.

田贵良，2018. 我国水价改革的历程、演变与发展—纪念价格改革40周年［J］. 价格理论与实践（11）：5-10.

田文凯，侯保灯，陈海涛，等，2018. 基于粮食安全的黑龙江省水资源承载力评价［J］. 中国农村水利水电（5）：119-122+133.

田园宏，诸大建，王欢明，等，2013. 中国主要粮食作物的水足迹值：1978—2010［J］. 中国人口·资源与环境（6）：122-128.

汪涌，王滨，马仓，等，2008. 基于耕地面积订正的中国复种指数研究［J］. 中国土地科学，22（12）：46-52.

王斌，2015. 黑龙江省粮食生产与耗水问题探讨［J］. 节水灌溉（12）：77-80.

王丹，2016. 虚拟水贸易研究综述［J］. 经济研究导刊（24）：10-12.

王国强，毋黎明，2012. 河南省农业水土资源空间匹配格局对产能的影响［J］. 河南理工大学学报（自然科学版），31（2）：225-231.

王浩，游进军，2016. 中国水资源配置30年［J］. 水利学报，47（3）：265-271+282.

王建生，徐子恺，姚建文，1999. 单位水量粮食生产能力分析［J］. 水科学进展（4）：429-434.

王介勇，刘彦随，2009. 1990年至2005年中国粮食产量重心演进格局及其驱动机制［J］. 资源科学，31（7）：1188-1194.

王静，杨晓光，吕硕，等，2012. 黑龙江省春玉米产量潜力及产量差时空分布特征［J］. 中国农业科学，45（10）：1 914-1 925.

王全喜，孙鹏举，刘学录，等，2018. 基于随机森林算法的耕地面积预测及影响因素重要性分析—以甘肃省庆阳市为例［J］. 水土保持通报，38（5）：341-346.

王若梅，马海良，王锦，2019. 基于水-土要素匹配视角的农业碳排放时空分异及影响因素—以长江经济带为例［J］. 资源科学，41（8）：1 450-1 461.

王薇，吕宁江，王昕，等，2014. 黄河三角洲水土资源空间匹配格局探析［J］. 水资源与水工程学报，25（2）：66-70.

王西琴，张远，2008. 中国七大河流水资源开发利用率阈值［J］. 自然资源学报（3）：500-506.

王祥雪，许伦辉，2018. 基于深度学习的短时交通流预测研究［J］. 交通运输系统工程与信息，18（1）：81-88.

王鑫，吴际，刘超，等，2018. 基于 LSTM 循环神经网络的故障时间序列预测［J］. 北京航空航天大学学报，44（4）：772-784.

王亚迪，左其亭，刘欢，等，2018. 河南省水土资源匹配特征及均衡性分析［J］. 人民黄河，40（4）：55-59+64.

王永春，王秀东，2018. 改革开放 40 年中国粮食安全国际合作发展及展望［J］. 农业经济问题（11）：70-77.

王友贞，施国庆，王德胜，2005. 区域水资源承载力评价指标体系的研究［J］. 自然资源学报（4）：597-604.

王震，吴颖超，张娜娜，等，2015. 我国粮食主产区农业水资源利用效率评价［J］. 水土保持通报（2）：292-296.

文倩，孟天醒，郧雨旱，2017. 河南省农业水土资源时空分异与匹配格局［J］. 水土保持研究，24（5）：233-239.

吴宇哲，鲍海君，2003. 区域基尼系数及其在区域水土资源匹配分析中的应用［J］. 水土保持学报，17（5）：123-125.
吴宇哲，孙小峰，2018. 改革开放40周年中国土地政策回溯与展望：城市化的视角［J］. 中国土地科学，32（7）：7-14.
吴宇哲，许智钇，2019. 休养生息制度背景下的耕地保护转型研究［J］. 资源科学，41（1）：9-22.
向雁，陈印军，侯艳林，2019. 基于东北地区耕地增减变化的资源环境保护策略［J］. 科技导报，37（12）：60-66.
肖丽群，吴群，2012. 基于脱钩指数的2020年江苏省耕地保有量目标分析［J］. 资源科学，34（3）：442-448.
谢高地，周海林，甄霖，等，2005. 中国水资源对发展的承载能力研究［J］. 资源科学，27（4）：2-7.
谢树春，朱建军，宋永永，2016. 基于粮食安全的宁夏耕地需求量预测［J］. 农业现代化研究，37（4）：663-670.
谢先红，崔远来，顾世祥，2007. 云南水稻灌溉定额与农业综合灌溉定额的空间变异性［J］. 农业工程学报（5）：95-99.
徐海亚，朱会义，2015. 基于自然地理分区的1990—2010年中国粮食生产格局变化［J］. 地理学报，70（4）：582-590.
徐建华，岳文泽，2001. 近20年来中国人口重心与经济重心的演变及其对比分析［J］. 地理科学，21（5）：385-389.
徐志宇，宋振伟，邓艾兴，等，2013. 近30年我国主要粮食作物生产的驱动因素及空间格局变化研究［J］. 南京农业大学学报，36（1）：79-86.
徐中民，宋晓谕，程国栋，2013. 虚拟水战略新论［J］. 冰川冻土，35（2）：490-495.
许长新，林剑婷，宋敏，2016. 水土匹配、空间效应及区域农业经济增长—基于中国2003—2013的经验分析［J］. 中国人口·资源与环境，26（7）：153-158.
许丽丽，李宝林，袁烨城，等，2015. 2000—2010年中国耕地变化与耕地占补平衡政策效果分析［J］. 资源科学，37

（8）：1 543-1 551.

晏永刚，任宏，况明玥，2011. 区域碳排放变化的驱动因素、分解模型与实证研究［J］. 重庆大学学报：社会科学版，17（4）：19-24.

杨贵羽，汪林，王浩，2010. 基于水土资源状况的中国粮食安全思考［J］. 农业工程学报，26（12）：1-5.

杨建波，王莉，宋富强，等，2017. 粮食主产区耕地质量影响因素与粮食产能关系分析［J］. 中国农业资源与区划，38（9）：15-22.

杨庆媛，毕国华，陈展图，等，2018. 喀斯特生态脆弱区休耕地的空间配置研究—以贵州省晴隆县为例［J］. 地理学报，73（11）：2 250-2 266.

杨万江，陈文佳，2011. 中国水稻生产空间布局变迁及影响因素分析［J］. 经济地理，31（12）：2 086-2 093.

杨晓光，刘志娟，2014. 作物产量差研究进展［J］. 中国农业科学，47（14）：2731-2741.

姚海娇，周宏飞，苏风春，2013. 从水土资源匹配关系看中亚地区水问题［J］. 干旱区研究，30（3）：391-395.

易福金，肖蓉，王金霞，2019. 计量水价、定额管理还是按亩收费—海河流域农业用水政策探究［J］. 中国农村观察（1）：33-50.

易玲，张增祥，汪潇，等，2013. 近 30 年中国主要耕地后备资源的时空变化［J］. 农业工程学报，29（6）：1-12+293.

于法稳，2008. 中国粮食生产与灌溉用水脱钩关系分析［J］. 中国农村经济（10）：34-44.

余建辉，张文忠，2010. 基于社会属性的北京市居民群体空间自相关分析［J］. 地理研究，29（5）：820-829.

张灿灿，孙才志，2018. 基于 CiteSpace 的水足迹文献计量分析

[J]. 生态学报，38（11）：4 064-4 076.
张慧，王洋，2017. 中国耕地压力的空间分异及社会经济因素影响—基于342个地级行政区的面板数据［J］. 地理研究，36（4）：731-742.
张晋科，张凤荣，张琳，等，2006. 中国耕地的粮食生产能力与粮食产量对比研究［J］. 中国农业科学（11）：2 278-2 285.
张利国，2011. 我国区域粮食安全演变：1949—2008［J］. 经济地理，31（5）：833-838.
张琳，张凤荣，薛永森，等，2007. 中国各省耕地数量占补平衡趋势预测［J］. 资源科学（6）：114-119.
张士锋，孟秀敬，2012. 粮食增产背景下松花江区水资源承载力分析［J］. 地理科学（3）：342-347.
张文斌，陈英，张仁陟，等，2013. 基于脱钩分析方法的耕地占用与经济发展的关系研究—以甘肃省康乐县为例［J］. 自然资源学报，28（4）：560-570.
张星星，曾辉，2014. 基于多尺度主成分面板模型的中国耕地压力动态变化及驱动力分析［J］. 中国人口·资源与环境，24（S3）：204-208.
张莹，雷国平，张弘强，等，2019. 微观尺度分析挠力河流域耕地利用水土资源匹配时空动态［J］. 农业工程学报，35（8）：185-194.
张勇，汪应宏，张乐勤，等，2013. 安徽省建设占用耕地与经济发展的脱钩分析［J］. 中国土地科学，27（5）：71-77.
张展羽，司涵，冯宝平，等，2014. 缺水灌区农业水土资源优化配置模型［J］. 水利学报，45（4）：403-409.
张正斌，段子渊，徐萍，等，2013. 中国粮食和水资源安全协同战略［J］. 中国生态农业学报（12）：1 441-1 448.
章卫红，2008. 引大工程供水区水资源优化配置研究［J］. 甘肃农业大学：45-50.

赵爱栋，彭冲，许实，等，2017. 生态安全约束下耕地潜在转换及其对粮食生产的影响—以东北地区为例［J］. 中国人口·资源与环境，27（11）：124-131.

赵其国，滕应，黄国勤，2017. 中国探索实行耕地轮作休耕制度试点问题的战略思考［J］. 生态环境学报，26（1）：1-5.

郑亚楠，张凤荣，谢臻，等，2019. 中国粮食生产时空演变规律与耕地可持续利用研究［J］. 世界地理研究，28（6）：120-131.

郑重，张凤荣，2008. 系统耦合效应与水土资源优化配置的诠释［J］. 石河子大学学报（自然科学版）（4）：415-418.

钟太洋，黄贤金，韩立，等，2010. 资源环境领域脱钩分析研究进展［J］. 自然资源学报（8）：166-178.

周惠成，彭慧，张弛，等，2007. 基于水资源合理利用的多目标农作物种植结构调整与评价［J］. 农业工程学报，23（9）：45-49.

周建，张凤荣，王秀丽，等，2014. 中国土地整治新增耕地时空变化及其分析［J］. 农业工程学报（19）：282-289.

周志刚，郑明亮，2015. 基于对数均值迪氏指数法的中国粮食产量影响因素分解［J］. 农业工程学报，31（2）：1-6.

朱波，罗怀良，杜海波，等，2004. 长江上游退耕还林工程合理规模与模式［J］. 山地学报（6）：675-678.

朱红波，张安录，2007. 中国耕地压力指数时空规律分析［J］. 资源科学（2）：104-108.

朱一中，夏军，谈戈，2003. 西北地区水资源承载力分析预测与评价［J］. 资源科学（4）：43-48.

左其亭，2011. 净水资源利用率的计算及阈值的讨论［J］. 水利学报，42（11）：1 372-1 378.

ALDAYA M M，ALLAN J Aand HOEKSTRA A Y，2010.

Strategic importance of green water in international crop trade [J]. Ecological Economics, 69 (4): 887 - 894. DOI: 10.1016/j. ecolecon, 2009. 11. 001.

AN Q X, WEN Y, DING T and LI Y L, 2019. Resource sharing and payoff allocation in a three - stage system: Integrating network DEA with the Shapley value method [J]. Journal of Cleaner Production, 85: 16 - 25. DOI: 10. 1016/j. omega, 2018. 05. 008.

ANG B W, 2005. The LMDI approach to decomposition analysis: A practical guide [J]. Energy Policy, 33 (7): 867 - 871. DOI: 10. 1016/j. enpol, 2003. 10. 010.

BAO C, FANG C L, 2007. Water resources constraint force on urbanization in water deficient regions: A case study of the Hexi Corridor, arid area of NW China [J]. Ecological Economics, 62 (3-4): 508-517.

BAZILIAN M, ROGNER H, HOWELLS M, HERMANN S, ARENT D, GLELEN D, STEDUTO P, MUELLER A, KOMOR P and TOL R S J, 2011. Considering the energy, water and food nexus: towards an integrated modelling approach [J]. Energy Policy, 39 (12): 7896 - 7906. DOI: 10. 1016/j. enpol, 2011. 09. 039.

BOSIRE C K, KROL M S, MEKONNEN M M, OGUTU J O, DE LEEUW J and LANNERSTAD M, 2016. Meat and milk production scenarios and the associated land footprint in Kenya [J]. Agricultural Systems, 145: 64 - 75. DOI: 10. 1016/j. agsy, 2016. 03. 003.

BRINDHA K, 2017. International virtual water flows from agricultural and livestock products of India [J]. Journal of Cleaner Production, 161: 922-930. DOI: 10. 1016/j. jclepro, 2017.

06. 005

CAI J P, HE Y, XIE R and LIU Y, 2019. A footprint-based water security assessment: An analysis of Hunan province in China [J]. Journal of Cleaner Production, 245: 118 485. DOI: 10.1016/j. jclepro, 2019. 118 485.

CARR T, YANG H and RAY C, 2016. Temporal variations of water productivity in irrigated corn: an analysis of factors influencing yield and water use across central Nebraska [J]. Plos One 11, e161944. DOI: 10. 1371/journal. pone. 0161 944.

CHAPAGAIN A K, HOEKSTRA A Y, 2011. The blue, green and grey water footprint of rice from production and consumption perspectives [J]. Ecological Economics, 70 (4): 749-758. DOI: 10. 1016/j. ecolecon, 2010. 11. 012.

CHAPAGAIN A K, ORR S, 2009. An improved water footprint methodology linking global consumption to local water resources: A Case of Spanish tomatoes [J]. Journal of Environmental Management, 90: 1 219-1 228.

Chen Z M, Chen G Q, 2013. Virtual water accounting for the globalized world economy: National water footprint and international virtual water trade [J]. Ecological Indicators, 28 (5): 142-149. DOI: 10. 1016/j. ecolind, 2012. 07. 024.

CORTEZ B, CARRERA B, KIM Y J and JUNG J Y, 2018. An architecture for emergency event prediction using LSTM recurrent neural networks [J]. Expert Systems with Applications, 97: 315-324.

DA SILVA A M, NASCIMENTO L R D, DA ALDEA M, VIEIRA M Z and ROQUE C D, 2019. Assessing the relations among the features of the land cover and of the soil on the soil-water interactions through a functional eco-hydrological indicator [J]. Ecological Indicators, 104: 59-66. DOI: 10. 1016/j. ecolind, 2019. 04. 068.

DAHER B T, MOHTAR R H, 2015. Water - energy - food (WEF) nexus tool 2. 0: guiding integrative resource planning and decision-making [J]. Water International, 40 (5-6): 748-771. DOI: 10. 1080/ 0250-8060, 2015. 1074148.

DAVIS K F, RULLI M C, SEVESO A and PAOLO D, 2017. Increased food production and reduced water use through optimized crop distribution [J]. Nature Geoscience, 12 (10): 919-924. DOI: 10. 1038/s41561-017-0004-5.

DE FRAITURE C, CAIX, AMARASINGHE U, ROSEGRANT M, MOLDEN D, 2004. Does international cereal trade save water: the impact of virtual water trade on global water use [J]. International Water Management Institute.

DE STRASSER L, LIPPONEN A, HOWELLS M, STEC S and BRETHAUT C, 2016. A methodology to assess the water energy food ecosystems nexus in transboundary river basins [J]. Water, 8 (2): 59. DOI: 10. 3390/w8020059.

DING C, 2007. Policy and praxis of land acquisition in China [J]. Land Use Policy, 24 (1): 0-13. DOI: 10. 1016/j. landusepol, 2005. 09. 002.

ENEKO G, PETR M, IBON T, IAKI A and ANE Z, 2012. Assessing the effect of alternative land uses in the provision of water resources: Evidence and policy implications from southern Europe [J]. Land Use Policy, 29 (4): 761-770. DOI: 10. 1016/j. landusepol, 2011. 12. 001.

ERCIN A E, HOEKSTRA A Y, 2014. Water foot print scenarios for 2050: a global analysis [J]. Environment International, 64: 71-82. DOI: 10. 1016/j. envint, 2013. 11. 019.

FARM INDUSTRY NEWS，2019. Gap growing between irrigated，rain-fed yields [J]. https：//search. proquest. com/docview/2276738774? accountid=26514.

FISCHER G，TUBIELLO F N，VAN VELTHUIZEN H and WIBERG D A，2007. Climate change impacts on irrigation water requirements：effects of mitigation，1990-2080 [J]. Technological Forecasting and Social Change，74：1 083-1 107.

GAO Y，DUAN A W，SUN J S，LI F，LIU Z and LIU H，2009. Crop coefficient and water-use efficiency of winter wheat/spring maize strip intercropping [J]. Field Crops Research，111 (1/2)：65-73. DOI：10. 1016/j. fcr，2008. 10. 007.

HAN M，DUNFORD M，CHEN G，LIU W，LI Y and LIU S，2017. Global water transfers embodied in mainland china's foreign trade：production-and consumption-based perspectives [J]. Journal of Cleaner Production，161：188-199. DOI：10. 1016/j. jclepro，2017. 05. 024.

HANG M Y L P，MARTINEZ-HERNANDEZ E，LEACH M and YANG A，2016. Designing integrated local production systems：a study on the food-energy-water nexus [J]. Journal of Cleaner Production，135：1065 - 1084. DOI：10. 1016/j. jclepro，2016. 06. 194.

HANJRA M A，QURESHI M E，2010. Global water crisis and future food security in an era of climate change [J]. Food Policy，35：365-377.

HUANG J，PRAY C and ROZELLE S，2002. Enhancing the crops to feed the poor [J]. Nature，418：678-684. DOI：10. 1038/nature01015.

HUANG J，YANG G，2017. Understanding recent challenges and new food policy in China [J]. Global Food Security，12：

119-126.

HUANG Y S, SHEN L and LIU H, 2019. Grey relational analysis, principal component analysis and forecasting of carbon emissions based on long short-term memory in China [J]. Journal of Cleaner Production, 209: 415-423.

JIANG S, WANG J, ZHAO Y, SHANG Y, GAO X and LI H, 2017. Sustainability of water resources for agriculture considering grain production, trade and consumption in China from 2004 to 2013 [J]. Journal of Cleaner Production, 149: 1 210-1 218. DOI: 10. 1016/j. jclepro, 2017. 02. 103.

KANG S, ZHANG L and TROUT T, 2017. Improving Agricultural Water Productivity to Ensure Food Security under Changing Environments [J]. Agricultural Water Management, 179: 1-4.

KHAN S, HANJRA M A, 2009. Footprints of water and energy inputs in food production-global perspectives [J]. Food policy, 34 (2): 130-140. DOI: 10. 1016/j. foodpol, 2008. 09. 001.

KHOO, HSIEN H, 2015. Review of bio-conversion pathways of lignocellulose-to-ethanol: Sustainability assessment based on land footprint projections [J]. Renewable and Sustainable Energy Reviews, 46: 100-119. DOI: 10. 1016/j. rser, 2015. 02. 027.

KUMAR S, 2017. Reference evapotranspiration (ET0) and irrigation water requirement of different crops in Bihar [J]. Journal of Agrometeorology, 19 (3): 238-241.

LIU X, ZHAO C and SONG W, 2017. Review of the evolution of cultivated land protection policies in the period following China's reform and liberalization [J]. Land Use Policy, 67: 660-669.

LIU Z, YANG X, HUBBARD K G and LIN X, 2012. Maize potential yields and yield gaps in the changing climate of Northeast

China [J]. Global Change Biology, 18: 3 441-3 454. DOI: 10. 1111/j. 1 365-2 486, 2012. 02774. x.

LU C, FAN L, 2013. Winter wheat yield potentials and yield gaps in the North China Plain [J]. Field Crops Research, 143: 398-405.

LU Y, JENKINS A, FERRIER R C, BAILEY M, GORDON I Jand SONG S, 2015. Addressing china's grand challenge of achieving food security while ensuring environmental sustainability [J]. Science Advances, 1 (1): e1400039-e1400039. DOI: 10. 1126/sciadv. 1400039.

LV Z, LIU Xand CAO W, 2017. A Model-Based Estimate of Regional Wheat Yield Gaps and Water Use Efficiency in Main Winter Wheat Production Regions of China [J]. Scientific Reports 7, 6081. DOI: 10. 1038/s41598-017-06312-x.

MA L, YANGYM, YANG YH, XIAO D P and BI X J, 2011. The distribution and driving factors of irrigation water requirements in the North China Plain [J]. Journal of Remote Sensing, 15 (2): 324-339. DOI: 10. 3724/SP. J. 1011, 2011. 00403.

MAITE M, ALDAYA P M S and RAMÓN L M, 2010. Incorporating the water footprint and virtual water into policy: Reflections from the Mancha Occidental Region, Spain [J]. Water Resources Management, 24: 941-958.

MANZARDO A, MAZZI A, LOSS A, BUTLER M, WILLIAMSON A and SCIPIONI A, 2016. Lessons learned from the application of different water footprint approaches to compare different food packaging alternatives [J]. Journal of Cleaner Production, 112: 4 657-4 666. DOI: 10. 1016/j. jclepro, 2015. 08. 019.

MASAKI Y, HANASAKIN and TAKAHASHI K, 2014.

Global-scale analysis on future changes in flow regimes using Gini and Lorenz asymmetry coefficients [J]. Water Resources Research, 50 (5): 4 054-4 078.

MEKONNEN M M, HOEKSTRA A Y, 2011. The green, blue and grey water footprint of crops and derived crop products [J]. Hydrology and Earth System Sciences, 15 (5): 1 577-1 600. DOI: 10. 5194/hess-15-1577-2011.

MICHAEL M, ANKERST D P, ANNETTE M and LUIS G A J, 2017. Interactions between temperature and drought in global and regional crop yield variability during 1961-2014 [J]. Plos One, 12 (5): e0178339. DOI: 10. 1371/journal. pone. 0178339.

MUELLER N D, GERBER J S, JOHNSTON M, RAY D K, RAMANKUTTY N and FOLEY J A, 2012. Closing yield gaps through nutrient and water management [J]. Nature, 490 (7419): 254-257. DOI: 10. 1038/nature11 420.

MUELLER N D, GERBER J S, JOHNSTON M, RAY D K, RAMANKUTTY N and FOLEY J A, 2012. Closing yield gaps through nutrient and water management [J]. Nature, 490: 254-257. DOI: 10. 1038/ nature11 420.

PRIESS J A, SCHWEITZER C and WIMMER F, 2011. The consequences of land use change and water demands in Central Mongolia [J]. Land Use Policy, 28 (1): 4-10. DOI: 10. 1016/ j. landusepol, 2010. 03. 002.

RAUP H F, 1932. Land use and water supply problems in southern California: the case of the peris valley [J]. Geographical Review, 22 (2): 270-278.

RIDOUTT B G, PAGE G, OPIE K, HUANG J and BELLOTTI W, 2014. Carbon, water and land use footprints of beef cattle production systems in southern Australia [J]. Journal of Cleaner

Production, 73 (15): 24 - 30. DOI: 10. 1016/j. jclepro, 2013. 08. 012.

RODRIGUEZ R G, SCANLON B R, KING C W, SCARPARE F V, XAVIER A Cand PRUSKI F F, 2018. Biofuel-water-land nexus in the last agricultural frontier region of the Brazilian Cerrado [J]. Applied Energy, 231: 1 330-1 345.

SAGHEER A, KOTB M, 2018. Time series forecasting of petroleum production using deep LSTM recurrent networks [J]. Neurocomputing, 323: 203-213.

SHERWOOD J, CLABEAUX R and CARBAJALES-DALE A, 2017. An extended environmental input-output lifecycle assessment model to study the urban food-energy-water nexus [J]. Environmental Research Letters, 12 (10), 105003. DOI: 10. 1088/1748-9326/aa83f0.

SHIFFLETT S D, CULBRETH A, HAZEL D, DANIELS H and NICHOLS E G, 2016. Coupling aquaculture with forest plantations for food, energy, and water resiliency [J]. Science of the Total Environment, 571 (15): 1262-1270. DOI: 10. 1016/j. scitotenv, 2016. 07. 161.

SIEBERT S, BURKE J, FAURES J M, FRENKEN K, HOOGEVEEN J, DOLL P and PORTMANN F T, 2010. Groundwater use for irrigation - a global inventory [J]. Hydrology and Earth System Sciences Discussions, 14 (10): 1863-1880. DOI: 10. 5194/hess-14-1863-2010.

SONG W, PIJANOWSKI B C, 2014. The effects of China's cultivated land balance program on potential land productivity at a national scale [J]. Applied Geography, 46: 158-170. DOI: 10. 1016/j. apgeog, 2013. 11. 009.

SUáREZ C, QUIROGA Sand FERNÁNDEZ Z, 2014. Do water

rights affect technical efficiency and social disparities of crop production in the Mediterranean [J]. Water, 6 (11): 3 300-3 319.

TIETENBERG T H, 高岚, 李怡, 等, 2012. 自然资源经济学 [M]. 北京: 人民邮电出版社: 125-136.

VARIS O, VAKKILAINEN P, 2001. China's 8 challenges to water resources management in the first quarter of the 21st Century [J]. Geomorphology, 41: 93-108.

WANG X J, ZHANG J Y and SHAHID S, 2012. Gini coefficient to assess equity in domestic water supply in the Yellow River [J]. Mitigation and Adaptation Strategies for Global Change, 17 (1): 65-75.

WU Y, SHAN L, GUO Z and PENG Y, 2017. Cultivated land protection policies in China facing 2030: Dynamic balance system versus basic farmland zoning [J]. Habitat International, 69: 126-138. DOI: 10. 1016/j. habitatint, 2017. 09. 002.

WURBS R A, 2001. Assessing Water Availability under a Water Rights Priority System [J]. Journal of Water Resources Planning and Management, 127 (4): 235-243.

XIN L J, Li X B, 2018. China should not massively reclaim new farmland [J]. Land Use Policy, 72: 12-15.

YEW C P, 2012. Pseudo-Urbanization Competitive government behavior and urban sprawl in China [J]. Journal of Contemporary China, 21 (74): 281-298.

YOO S H, CHOI J Y and JANG M W, 2008. Estimation of design water requirement using FAO Penman-Monteith and optimal probability distribution function in South Korea [J]. Agricultural Water Management, 95 (7): 0-853. DOI: 10. 1016/j. agwat, 2008. 02. 010.

ZAVERI E B, LOBELL D, 2019. The role of irrigation in changing wheat yields and heat sensitivity in India [J]. Nature Communication 10, 4144. DOI: 10. 1038/s41467 - 019 - 12183-9.

ZHANG F, CHEN X and VITOUSEK P, 2013. Chinese agriculture: an experiment for the world [J]. Nature, 497 (7447): 33-35. DOI: 10. 1038/497033a.

ZHANG H, Li X and SHAO X, 2006. Impacts of China's Rural Land Policy and Administration on Rural Economy and Grain Production [J]. Review of Policy Research, 23 (2): 18.

ZHENG H F, BIAN Q Q, YIN Y L, YING H, YANG Q H and CUI Z L, 2018. Closing water productivity gaps to achieve food and water security for a global maize supply [J]. Scientific Reports (8): 14762. DOI: 10. 1038/s41598-018-32964-4.

ZHOU Y J, ZHOU J X, LIU H L and XIA M, 2019. Study on eco-compensation standard for adjacent administrative districts based on the maximum entropy production [J]. Journal of Cleaner Production, 221: 644-655. DOI: 10. 1016/j. jclepro, 2019. 02. 239.

ZHU J W, ZHOU L N, ZHAI Z and WANG C, 2016. Financing Model Decision of Inter-basin Water Transfer Projects [J]. Frontiers of Engineering Management, 4: 100-107.